Sabine Schlitt
Kerstin Berndt
Christine M. Freitag

Das Frankfurter Autismus-Elterntraining (FAUT-E)

Psychoedukation, Beratung
und therapeutische Unterstützung

Verlag W. Kohlhammer

Dieses Werk einschließlich aller seiner Teile ist urheberrechtlich geschützt. Jede Verwendung außerhalb der engen Grenzen des Urheberrechts ist ohne Zustimmung des Verlags unzulässig und strafbar. Das gilt insbesondere für Vervielfältigungen, Übersetzungen, Mikroverfilmungen und für die Einspeicherung und Verarbeitung in elektronischen Systemen.

Die Wiedergabe von Warenbezeichnungen, Handelsnamen und sonstigen Kennzeichen in diesem Buch berechtigt nicht zu der Annahme, dass diese von jedermann frei benutzt werden dürfen. Vielmehr kann es sich auch dann um eingetragene Warenzeichen oder sonstige geschützte Kennzeichen handeln, wenn sie nicht eigens als solche gekennzeichnet sind.

Es konnten nicht alle Rechtsinhaber von Abbildungen ermittelt werden. Sollte dem Verlag gegenüber der Nachweis der Rechtsinhaberschaft geführt werden, wird das branchenübliche Honorar nachträglich gezahlt.

1. Auflage 2015

Alle Rechte vorbehalten
© W. Kohlhammer GmbH, Stuttgart
Gesamtherstellung: W. Kohlhammer GmbH, Stuttgart

Print:
ISBN 978-3-17-023353-9

E-Book-Formate:
pdf: ISBN 978-3-17-024997-4
epub: ISBN 978-3-17-024998-1
mobi: ISBN 978-3-17-024999-8

Für den Inhalt abgedruckter oder verlinkter Websites ist ausschließlich der jeweilige Betreiber verantwortlich. Die W. Kohlhammer GmbH hat keinen Einfluss auf die verknüpften Seiten und übernimmt hierfür keinerlei Haftung.

Geleitwort der Autorinnen

Die Diagnose einer Autismus-Spektrum-Störung (ASS) bei dem eigenen Kind ist für viele Eltern zwar oft eine Erleichterung, da die Diagnose viele zuvor manchmal unverständliche Verhaltensweisen, Sprach- oder andere Entwicklungsprobleme erklären hilft. Trotzdem beginnen mit einer Diagnose auch neue Fragen: Wie kann ich mein Kind richtig fördern? Wie gehe ich gut, aber auch effektiv mit für mich schwierigen Verhaltensweisen um? Welche Bedeutung hat die Diagnose für die Geschwisterkinder? Und viele andere mehr.

Da viele Eltern ähnliche Fragen und Sorgen haben, haben wir in Frankfurt begonnen, den Eltern ein psychoedukatives Elterntraining in der Gruppe anzubieten. Eine Elterngruppe bietet sehr viel besser als ein Einzelgespräch mit einer Therapeutin Raum für gegenseitigen Austausch, Übungsmöglichkeiten in Form von Dialogen und Rollenspielen und die gegenseitige Unterstützung der Eltern, die auch das entlastende Gefühl mit sich bringt, nicht alleine mit bestimmten Erziehungsproblemen aufgrund der autismus-spezifischen Verhaltensweisen des eigenen Kindes da zu stehen. Die sehr positiven Reaktionen der Eltern haben uns ermutigt, das Programm nun zu manualisieren und damit auch anderen Therapeutinnen und Therapeuten zur Verfügung zu stellen.

Kriterien für Form und Inhalt waren folgende: (1) Das Programm sollte in der Häufigkeit für Eltern mit mehreren Kindern oder beruflicher Eingebundenheit praktisch umsetzbar sein. Das bedeutet, dass eine begrenzte Anzahl an Stunden angeboten werden, da sonst die zeitliche Belastung für die Eltern zu groß ist. Die Anzahl von acht Doppelstunden hat sich hierbei als praktisch umsetzbar erwiesen. (2) Das Training wurde von Beginn an als geschlossene Elterngruppe konzipiert, da dies zahlreiche Vorteile hat, z. B.: Die Inhalte des Trainings bauen aufeinander auf, im Verlauf kann auf die vorangegangenen Inhalte zurückgegriffen werden. Gegenseitiges Vertrauen, das auch Voraussetzung für das Einbringen persönlicher Beispiele oder die Teilnahme an Rollenspielen ist, kann durch die regelmäßige Teilnahme wachsen. (3) Thematisch wurde eine Kombination aus Psychoedukation zu Autismus-Spektrum-Störungen (Basismodule 1, 3, 4, 5, Erweiterungsmodule 1–4), effektiven Erziehungsmethoden für autismus-spezifische Verhaltensweisen (Basismodule 4, 5) sowie den eigenen Ressourcen und den Ressourcen des Kindes gewählt (Basismodule 2, 6). Da sich die Kinder mit ASS stark bezüglich Schweregrad, kognitiven Fertigkeiten und Alter bei der Diagnosestellung unterscheiden, wurden spezifische inhaltliche Erweiterungsmodule ergänzt, die auf Besonderheiten bei jüngeren Kindern und Kindern mit geistiger Behinderung (Erweiterung KK 1, 2) oder bei älteren Kindern (Erweiterung SK1–3) eingehen. (4) In allen Sitzungen werden thematisch konkrete Beispiele und Anregungen der Eltern aufgenommen. Die Eltern beteiligen sich aktiv an der Gruppe und erhalten auch die Möglichkeit, praktische Übungen anhand von Rollenspielen durchzuführen.

Im Rahmen eines umfassenden Therapieprogramms für ein Kind mit einer ASS kann das Elterntraining problemlos zusätzlich zu einer Einzel- oder Gruppentherapie des Kindes durchgeführt werden. Es ist dabei sicherlich hilfreich, wenn sich die jeweiligen Therapeutinnen und Therapeuten bezüglich zentraler Inhalte austauschen, so dass die Eltern übereinstimmende Informationen in den jeweiligen Therapien erhalten und auch an gemeinsamen Zielen gearbeitet werden kann. Das vorliegende Elterntraining FAUT-E eignet sich dabei insbesondere zu Beginn einer therapeutischen Intervention, da es primär für Eltern konzipiert ist, die erst kürzlich die Diagnose ihres Kindes erfahren haben.

Wir hoffen sehr, mit diesem Elterntrainingsmanual die Versorgung von Kinder und Jugendlichen mit ASS zu verbessern und ihre Eltern und Familien auf diesem Weg unterstützen zu können.

Frankfurt, August 2014

Sabine Schlitt, Kerstin Berndt, Christine Freitag

Vorwort

Nachdem seit Anfang der 1990er Jahre an der Klinik für Psychiatrie, Psychosomatik und Psychotherapie des Kindes- und Jugendalters des Universitätsklinikums der Goethe-Universität in Frankfurt am Main die Diagnostik autistischer Störungen durch den Einsatz des Autismus-Diagnostischen Interviews ADI-R und des Autismus-Diagnostischen Beobachtungsinstruments ADOS wesentlich verbessert wurde und mittlerweile in vielen kinder- und jugendpsychiatrischen Kliniken und Praxen möglich ist, kommt von den Eltern immer wieder die Frage »Und was machen wir jetzt?«

Die Eltern haben häufig eine lange Odyssee von Arztbesuchen und verschiedenste Ratschläge hinter sich, bis sie eine Erklärung für die oft unverständlichen Verhaltensweisen ihres Kindes bekommen. Das Frankfurter Elterntraining FAUT-E hat eben das zum Ziel: Den Eltern ein grundlegendes Verständnis für die Besonderheiten ihres Kindes zu vermitteln und ihnen auch wirksame Umgehensweisen mit dem Kind beizubringen, die förderlich für die Entwicklung des Kindes, aber auch der eigenen Selbstwirksamkeit als Eltern sind.

Das vorliegende Elterntraining ist als eigenständige Intervention geplant und entwickelt, kann aber auch in Ergänzung zu anderen Therapieverfahren durchgeführt werden, wie z. B. einer Einzel- oder Gruppentherapie des Kindes oder Jugendlichen. Häufig sind die Wartelisten für solche Kind-zentrierten Therapien sehr lange, so dass eine Unterstützung der Eltern mit den Herausforderungen im Alltag, bei der Erziehung und im Umgang mit ihren Kindern eine raschere und wirkungsvolle Hilfe darstellt. Die Eltern sind ohnehin die Personen, die die meiste Zeit mit ihren oft sehr anstrengenden Kindern verbringen. Sie kommen dabei oft an die Grenze ihrer Belastbarkeit. An dieser Stelle setzt FAUT-E an, indem es neben dem betroffenen Kind auch die Eltern und die Familie in den Blick nimmt.

Der Austausch mit anderen betroffenen Eltern stellt für viele, die noch am Anfang des therapeutischen Prozesses stehen, eine besonders geschätzte Unterstützung dar. Oft ist es auch ein Weg, aus der Isolation heraus zu kommen, in die die Familien aufgrund der schwierigen, unverständlichen Verhaltensweisen ihrer autistischen Kinder geraten können. Die Erfahrungen und Erfolge anderer betroffener Eltern helfen oft, das Gefühl, vor kaum lösbaren Problemen zu stehen, nicht im Vordergrund zu sehen, sondern eher die Ermutigung und die vorhandenen Hilfsmöglichkeiten zu nutzen. Dabei müssen die Ressourcen der Eltern beachtet werden, denn sie sollten in erster Linie die Eltern und nicht die Therapeuten ihrer Kinder sein.

Ich möchte daher allen Eltern, die an einer FAUT-E-Gruppe teilnehmen, sowie den Therapeuten viel Erfolg und Freude bei der Arbeit wünschen.

Gabriele Schmötzer

Inhaltsverzeichnis

Geleitwort der Autorinnen 5

Vorwort 7

I   Autismus-Spektrum-Störungen **15**

1   Erscheinungsbild 17
   1.1   Hauptsymptome 17
   1.2   Klassifikation 19
   1.3   Komorbide Erkrankungen und häufige Begleitsymptome ... 19
       1.3.1   Neurologische und psychische Komorbiditäten 19
       1.3.2   Genetische Befunde 22
       1.3.3   Motorik und Visuomotorik 22
   1.4   Perzeptive und kognitive Besonderheiten 23
       1.4.1   Auditorische und visuelle Perzeption 23
       1.4.2   Allgemeine kognitive Fertigkeiten 24
       1.4.3   Exekutive Funktionen 25
       1.4.4   Soziale Kognition 26
   1.5   Soziale Motivation 26
   1.6   Vorläuferfunktionen sozialer Interaktion und
       Kommunikation: Imitation und gemeinsame
       Aufmerksamkeit 28
   1.7   Zusammenfassung Erscheinungsbild 29

2   Ätiologie und Verlauf 30
   2.1   Ätiologie 30
       2.1.1   Genetische Befunde 30
       2.1.2   Prä-, peri- und postnatale Einflussfaktoren 31
       2.1.3   Befunde aus Bildgebungsstudien 32
       2.1.4   Allergien und Nahrungsmittelunverträglichkeiten ... 33
       2.1.5   Zusammenfassung Ätiologie 33
   2.2   Verlauf 33

3	Behandlungsansätze		36
	3.1	Exkurs: Kriterien für wissenschaftlich überprüfte Therapiewirksamkeit und unterschiedliche Evidenzgrade	36
	3.2	Behandlungsprinzipien	37
	3.3	Kindzentrierte Interventionen	38
		3.3.1 Frühförderprogramme im Vorschulalter	38
		3.3.2 Wirksamkeit von Frühförderprogrammen im Vorschulalter	39
		3.3.3 Soziale Kompetenztrainings in Gruppen	40
		3.3.4 Wirksamkeit sozialer Kompetenztrainings	40
		3.3.5 Visuelle Strukturierung	41
		3.3.6 Programme zum Aufbau von Sprache und Kommunikation	42
	3.4	Elterntrainings	43
		3.4.1 In Deutschland angebotene Elterntrainings und ihre Wirksamkeit	44
		3.4.2 International angebotene Elterntrainings und ihre Wirksamkeit	45
		3.4.3 Zusammenfassung Wirksamkeit von Elterntrainings	47
	3.5	Medikamentöse Behandlung	48
	3.6	Alternative Behandlungsmethoden	48
		3.6.1 Nahrungsergänzungsmittel und Diäten	49
		3.6.2 Hormone	49
		3.6.3 Alternative Medikamente	50
		3.6.4 Ausleitung von Schwermetallen	50
		3.6.5 Neurofeedback	50
		3.6.6 Musiktherapie	51
	3.7	Zusammenfassung Behandlungsansätze	52
4	Eltern von Kindern und Jugendlichen mit Autismus-Spektrum-Störungen		53
	4.1	Erleben von Erziehungskompetenz und Stress	53
	4.2	Bewältigungsstrategien (»Coping«)	54
5	Geschwister von Kindern und Jugendlichen mit Autismus-Spektrum-Störungen		56
	5.1	Subjektiv erlebte Geschwisterverhältnisse	57
	5.2	Krankheitsverständnis	58
	5.3	Soziale Kompetenzen und Problemverhalten von Geschwistern	58
	5.4	Ergebnisse aus dem Forschungsbereich Geschwister von Menschen mit einer Behinderung	59
	5.5	Interventionen zur Verbesserung des Verhaltens und Verhältnisses der Geschwister	60

| II | **Frankfurter Autismus-Elterntraining (FAUT-E)** .... | **63** |

6	**Aufbau, Ziele und Rahmenbedingungen**	**65**
	6.1 Hintergrund und Zielgruppe	65
	6.2 Allgemeine Zielsetzung	65
	6.3 Gruppenzusammensetzung und Gruppengröße	66
	6.4 Voraussetzungen der Teilnehmer/innen	67
	6.5 Voraussetzungen der Therapeuten und Therapeutinnen	67
	6.6 Anzahl und Dauer der Trainingssitzungen	68
	6.7 Auswahl der Trainingsmodule	68
	6.8 Ablauf der Sitzungen	68
	6.9 Vorgespräche und individuelle Gespräche als Ergänzung ...	69
	6.10 Handhabung des Manuals	69
	6.10.1 Auswahl der Trainingsmodule und Zeitplanung ...	69
	6.10.2 Hinweise zu den Beschreibungen der Module	70
	6.10.3 Hinweise zum elektronischen Zusatzmaterial	70
	6.11 Therapeutisches Verständnis der Situation und der Rolle der Eltern	70
	6.12 Leitungsfunktion und -verständnis der Therapeuten/Therapeutinnen	71
	6.13 Generelle therapeutische Prinzipien	72
	6.14 Spezifische Methoden	72
	6.15 Übersicht der Trainingsmodule	73

7	**Basismodule des Trainings**	**75**
	7.1 Basis 1: Vorstellung, Kennenlernen, mit meinen Anliegen ins Gespräch kommen und mehr über Autismus-Spektrum-Störungen erfahren	75
	7.1.1 Übersicht der ersten Sitzung	75
	7.1.2 Ablauf der ersten Sitzung	76
	7.2 Basis 2: Positive Seiten sehen und gemeinsam schöne Zeit verbringen	88
	7.2.1 Übersicht der zweiten Sitzung	88
	7.2.2 Ablauf der zweiten Sitzung	89
	7.3 Basis 3: Das Verhalten meines Kindes verstehen	95
	7.3.1 Übersicht der dritten Sitzung	95
	7.3.2 Ablauf der dritten Sitzung	96
	7.4 Basis 4: Problemverhalten meines Kindes ändern I – Strukturierungsmaßnahmen	101
	7.4.1 Übersicht der vierten Sitzung	101
	7.4.2 Ablauf der vierten Sitzung	102
	7.5 Basis 5: Problemverhalten meines Kindes ändern II – Konsequenzen	106
	7.5.1 Übersicht der fünften Sitzung	106

		7.5.2 Ablauf der fünften Sitzung	107
	7.6	Basis 6: Eigene Kraftquellen und Unterstützung im Alltag	111
		7.6.1 Übersicht der sechsten Sitzung	111
		7.6.2 Ablauf der sechsten Sitzung	113
8	Erweiterungsmodule für alle Gruppen		117
	8.1	Erweiterung E1: Welche Therapien gibt es und wie wirksam sind diese?	117
		8.1.1 Übersicht Erweiterung E1	117
		8.1.2 Ablauf Erweiterung E1	118
	8.2	Erweiterung E2: Wie unterstütze ich mein Kind im Kindergarten/in der Schule?	121
		8.2.1 Übersicht Erweiterung E2	121
		8.2.2 Ablauf Erweiterung E2	123
	8.3	Erweiterung E3: Welche Rechte haben wir und wie setzen wir diese durch?	125
		8.3.1 Übersicht Erweiterung E3	126
		8.3.2 Ablauf Erweiterung E3	126
	8.4	Erweiterung E4: Wie gehe ich mit Geschwisterkindern um?	129
		8.4.1 Übersicht Erweiterung E4	129
		8.4.2 Ablauf Erweiterung E4	130
9	Erweiterungsmodule für Kleinkinder und Kinder mit geistiger Behinderung		137
	9.1	Erweiterung KK1: Wie kann ich mein Kind bei der Sprachentwicklung unterstützen?	137
		9.1.1 Übersicht Erweiterung KK1	137
		9.1.2 Ablauf Erweiterung KK1	138
	9.2	Erweiterung KK2: Wie kann ich mein Kind bei der Sauberkeitsentwicklung unterstützen?	144
		9.2.1 Übersicht Erweiterung KK2	144
		9.2.2 Ablauf Erweiterung KK2	145
10	Erweiterungsmodule für (Vor-) Schulkinder ohne geistige Behinderung		150
	10.1	Erweiterung SK1: Wie kann ich mein Kind darin unterstützen, soziale Situationen zu verstehen und sich angemessen zu verhalten?	150
		10.1.1 Übersicht Erweiterung SK1	150
		10.1.2 Ablauf Erweiterung SK1	151

	10.2	Erweiterung SK2: Wie erkläre ich meinem Kind seine Besonderheit? 155
		10.2.1 Übersicht Erweiterung SK2 155
		10.2.2 Ablauf Erweiterung SK2 156
	10.3	Erweiterung SK3: Was habe ich in der Pubertät zuerwarten? 157
		10.3.1 Übersicht Erweiterung SK3 158
		10.3.2 Ablauf Erweiterung SK3 159
11	Evaluation	162
Literaturverzeichnis		164
Stichwortverzeichnis		177

I   Autismus-Spektrum-Störungen

1 Erscheinungsbild

Die Begriffe Autismus, autistische Störungen und Autismus-Spektrum-Störungen umfassen im aktuellen Klassifikationssystem psychischer Erkrankungen, der ICD-10, die Diagnosen frühkindlicher Autismus (F84.0), Asperger Syndrom (F84.5) sowie atypischer Autismus (F84.1) (http://www.who.int/classifications/icd/en/; Remschmidt, Schmidt & Poustka, 2001). In der neuen Klassifikation der US-Amerikanischen Psychiatrischen Gesellschaft (APA, American Psychiatric Association), dem DSM-5, sind sie zu einer Diagnose, den Autismus-Spektrum-Störungen (ASS), die einen unterschiedlichen Schweregrad aufweisen, zusammengefasst worden (DSM-5; APA, 2013). Der Begriff Autismus-Spektrum-Störungen bzw. die Abkürzung ASS wird auch im Folgenden verwendet und schließt alle oben genannten ICD-10 Diagnosen ein.

1.1 Hauptsymptome

Die Erstbeschreiber autistischer Störungen waren der österreichische, später in den USA arbeitende Kinderarzt Leo Kanner (1943) sowie der österreichische Arzt Hans Asperger (1944). Sie benannten schon damals Beeinträchtigungen der sozialen Interaktion, Einschränkungen der verbalen und non-verbalen Kommunikation sowie ritualisiertes Verhalten und besondere Interessen, die zur Symptomtrias soziale Interaktion, Kommunikation sowie stereotypes Verhalten nach ICD-10/DSM-IV-TR bzw. den beiden Hauptbereichen soziale Interaktion und Kommunikation sowie stereotypes Verhalten und Sonderinteressen nach DSM-5 gehören.

Trotz dieser übereinstimmenden Kriterien sagt eine Redewendung auch: »Wer ein Kind mit Autismus gesehen hat, hat *ein* Kind mit Autismus gesehen.« Ein anderes Kind mit einer ASS verhält sich sicher nicht genau gleich, auch wenn es der gleichen Diagnosegruppe zugeordnet werden kann und spezifische Einschränkungen in den genannten Bereichen aufweist. Bereits Wing und Gould (1979) beschrieben die Verschiedenheit von Kindern mit Beeinträchtigungen in der sozialen Interaktion, darunter auch Kinder mit frühkindlichem Autismus, in Bezug auf ihr Kontaktverhalten und unterschieden die folgenden drei Gruppen: (1) Zurückgezogene Kinder (»aloof«), die kaum Blickkontakt aufnehmen, wenig Interesse an ihrer Umgebung haben und sich oft in stereotyper und repetitiver Weise beschäftigen. (2) Passive Kinder, die von sich aus ebenfalls keinen Kontakt herstellen, aber die Kontaktaufnahme von anderen akzeptieren. Die nonverbale und verbale Kommunikation ist nicht so stark eingeschränkt wie die der zurückgezogenen Kinder. (3) Aktive, sich ungewöhnlich verhaltende Kinder (»active but odd«), die spontan auf andere zugehen, sich dabei jedoch eher distanzlos verhalten.

Beeinträchtigungen der sozialen Interaktion und Kommunikation: Im Gespräch mit einem betroffenen Kind bemerkt man oft den reduzierten oder wenig modulierten Blickkontakt. Die sprachbegleitende Gestik und Mimik ist häufig eingeschränkt. Bei manchen Kindern mit ASS sind allerdings der Gesprächskontakt und die soziale Interaktion mit Erwachsenen recht unauffällig. Schwierigkeiten bestehen vor allem in der Kontaktaufnahme und Kontaktgestaltung zu Gleichaltrigen. Einige Kinder mit ASS scheinen sich überhaupt nicht für andere Kinder zu interessieren, andere fallen durch aggressives Verhalten gegenüber Gleichaltrigen auf. Vielen Kindern und Jugendlichen mit ASS gelingt es nicht ausreichend, sich im Spielkontakt kooperativ zu verhalten und Vorschläge der anderen zu berücksichtigen, so dass es häufig zu Konflikten kommt oder ein eher paralleles Spielen der Kinder festzustellen ist.

Manche Kinder mit ASS lernen Sprache sehr spät oder gar nicht, wobei sich die Prognose der Sprachentwicklungsverzögerung durch eine entsprechende Förderung deutlich verbessert hat. Wenn die Kinder und Jugendlichen sprechen können, gelingt eine wechselseitige Konversation oft nicht ausreichend. Es werden gestellte Fragen eher kurz beantwortet, oder es werden überwiegend eigene Themen angesprochen. Ein dialogischer sprachlicher Austausch ist oft eingeschränkt. Darüber hinaus bestehen teilweise sprachliche Besonderheiten, wie förmliches Sprechen oder die Verwendung von Neologismen, beispielsweise wird ein Fenster »Lichtloch« genannt, oder das Kind erzählt, dass sein »Phantasievorrat« bald aufgebraucht sei.

Repetitives, stereotypes Verhalten und Sonderinteressen: Repetitive Handlungen sind teilweise beim Spielen beobachtbar und beziehen sich im Kleinkindalter auf das Aufreihen von Spielsachen oder das wiederholte Räderdrehen bei Spielzeugautos. Auch wiederholtes auf und ab Bewegen der Türklinke oder Ein- und Ausschalten des Lichtschalters werden häufiger von Eltern beschrieben. Kinder mit ASS und guten intellektuellen Fähigkeiten zeigen eher selten diese klassisch repetitiven Verhaltensmuster, sondern vermehrt zwanghafte Verhaltensweisen, die teilweise den familiären Alltag stark beeinträchtigen können. Des Weiteren besteht bei manchen Kindern mit ASS ein sehr selektives Essverhalten, wobei es teilweise nicht nur um die Art des Nahrungsmittels geht, sondern um ein bestimmtes Aussehen und eine bestimmte Konsistenz. Manche Kinder trinken nur aus Bechern einer bestimmten Farbe oder möchten unabhängig von Jahreszeit und Gebrauchsspuren immer die gleichen Kleidungsstücke tragen. Veränderungsversuche rufen deutlichen Unmut hervor und Kompromisse sind oft kaum möglich.

Einige Kinder und Jugendliche mit ASS fallen durch Fachwissen in bestimmten Sachgebieten auf, durch das sie sich von Gleichaltrigen deutlich unterscheiden. Wenn das Kind oder der Jugendliche zudem viel Zeit, insbesondere außerhalb der Schule, mit diesem Themengebiet verbringt, handelt es sich um ein Sonderinteresse.

1.2 Klassifikation

In dem aktuell in Europa/Deutschland gültigen Klassifikationssystem für psychische Störungen, der ICD-10 (http://www.who.int/classifications/icd/en/; Remschmidt, Schmidt & Poustka, 2001), werden verschiedene Diagnosen innerhalb des Autismus-Spektrums unterschieden. Beim *frühkindlichen Autismus* (ICD-10, F84.0) liegen in allen drei Diagnosebereichen Auffälligkeiten vor, d. h. bezogen auf die soziale Interaktion und Kommunikation sowie repetitive, restriktive und stereotype Verhaltens- und Interessensmuster, die vor dem 3. Lebensjahr beginnen.

Das *Asperger Syndrom* (F84.5) ist über Auffälligkeiten im Bereich der sozialen Interaktion sowie repetitive, stereotype Interessens- oder Verhaltensmuster definiert. Es besteht jedoch im Unterschied zum frühkindlichen Autismus keine Sprachentwicklungsverzögerung und zudem keine kognitive Beeinträchtigung.

Der *atypische Autismus* (F84.1) ist durch einen späteren Beginn oder eine unvollständige Symptomatik gekennzeichnet, beispielsweise wenn keine repetitiven, stereotypen Verhaltensweisen vorliegen oder wenn soziale Interaktion und Kommunikation weniger stark als bei einem frühkindlichen Autismus eingeschränkt sind.

Obwohl diese kategorialen Diagnosen in dem Klassifikationssystem ICD-10 vorgesehen sind, hat sich als Sichtweise eher das *Kontinuum-Modell* mit unterschiedlichen Schweregraden durchgesetzt, von einer starken Symptomausprägung hin zu einer gering ausgeprägten autistischen Symptomatik (z. B. Wing, 1988). Dieses Kontinuum-Modell wird im neuen Diagnostic und Statistical Manual of Mental Disorders der American Psychiatric Association, dem DSM-5 aus dem Jahr 2013, zugrunde gelegt. Es werden nicht mehr die oben genannten Diagnosen unterschieden, stattdessen steht die Kategorie *autism spectrum disorder* zur Verfügung. Diese ist definiert über ein Symptomcluster aus sozial-kommunikativen Auffälligkeiten sowie ein Cluster aus repetitiven, stereotypen Verhaltensweisen und Interessen zur Schweregradeinteilung der autistischen Symptomatik (Level 1–3), wobei zudem kognitive und sprachliche Beeinträchtigungen spezifiziert werden können.

1.3 Komorbide Erkrankungen und häufige Begleitsymptome

1.3.1 Neurologische und psychische Komorbiditäten

Es gibt eine Reihe neurologischer Erkrankungen und psychischer Störungen, die gehäuft zusammen mit ASS auftreten, wobei die Art der begleitenden Erkrankung in Abhängigkeit vom intellektuellen Niveau unterschiedlich ausgeprägt ist. Eine mit ca. 10 % (Fombonne, 2003) bis 24% (Mouridsen, Rich & Isager, 2011) bei Personen mit frühkindlichem Autismus auftretende, relativ häufige neurologische Erkrankung ist *Epilepsie*, wobei der Krankheitsbeginn bei autistischen Personen auch im Jugend- und Erwachsenenalter und nicht nur im Kindesalter liegt (Bolton et al., 2011). Auch bei Kindern mit der so genannten »*Infantilen Zerebralparese*« ist die Rate an ASS erhöht (Fombonne, 2003; Mouridsen, Rich & Isager, 2011). Sollte der Verdacht auf epileptische Anfälle oder andere neurologische Erkrankungen im Raum stehen, sollten diese umgehend über entsprechend spezialisierte Kinderneurologen abgeklärt werden, da hier oft eine gezielte Behandlung möglich ist.

Eine mit ca. 30 % häufige, psychische Begleiterkrankung ist die *Aktivitäts- und Aufmerksamkeitsstörung* mit oder ohne Hyperaktivität (ADHS/ADS) (Hofvander et al., 2009; Mattila et al., 2010; Simonoff et al., 2008). Möglicherweise gibt es teilweise gemeinsame genetische Risikofaktoren für ASS und ADHS, die das gehäufte gemeinsame Auftreten beider Erkrankungen begründen können (Smalley, Loo, Yang & Cantor, 2005). Differenzialdiagnostisch ist allerdings aufgrund der Symptomüberlappungen der Krankheitsbilder nicht immer leicht zu entscheiden, ob eine gesonderte Aufmerksamkeitsstörung zusätzlich vorliegt. Viele autistische Personen wirken unaufmerksam, da sie weniger an ihrer (sozialen) Umwelt interessiert sind als nicht autistische Menschen oder sich auf andere Aspekte fokussieren.

Als weitere psychische Erkrankungen liegen gehäuft *depressive Störungen* sowie *Angst-, Zwangs- und Tic-Störungen* (Freitag, 2012; Hofvander et al., 2009; Mattila et al. 2010; Simonoff et al., 2008) und auch *Schlafstörungen* vor (Sivertsen, Posserud, Gillberg, Lundervold & Hysing, 2011). Angst- und depressive Störungen finden sich gehäuft bei Personen mit ASS ohne geistige Behinderung (Strang et al., 2012), bei höherer Intelligenz und milderer ASS-Symptomatik (Mazurek & Kanne, 2010; Sterling, Dawson, Estes & Greenson, 2008). In einer Stichprobe Erwachsener mit ASS (Altersbereich 18–44 Jahre) hatten 43 % relevante *depressive Symptome* und es bestand ein korrelativer Zusammenhang zwischen Depression mit höherem IQ und milderer ASS-Symptomatik. Die Autoren vermuten aufgrund der Ergebnisse, dass sich diese Betroffenen ihren sozialen Schwierigkeiten und ihrer Unterschiedlichkeit zu Gleichaltrigen stärker bewusst sind und dass negative soziale Erfahrungen bei vorhandener sozialer Motivation außerdem zur Bewusstwerdung eigener Defizite beitragen (Sterling et al., 2008). Dies ist auch vor dem Hintergrund zu sehen, dass bei den Betroffenen der Wunsch besteht, zur Gleichaltrigengruppe zu gehören (Stewart, Barnard, Pearson, Hasan & O'Brien, 2006). Bereits Wing (1992) vermutete, dass das Bewusstwerden eigener sozialer Schwierigkeiten und Beeinträchtigungen mit emotionaler Belastung einhergehen könnte, so dass die Selbsterkenntnis sozialer Schwierigkeiten einen potenziellen Einflussfaktor auf den Zusammenhang von ASS und Depression darstellen könnte. In einer weiteren Studie (Mazefsky, Conner & Oswald, 2010) zeigte sich ein Zusammenhang zwischen Angst- und depressiven Symptomen der ASS-Betroffenen und ihrer Mütter. Dies weist darauf hin, dass sowohl genetische als auch Aspekte sozialen Lernens eine Rolle spielen könnten. Nach einer Übersicht von Stewart et al. (2006) ist aufgrund von Symptomüberlappungen von ASS und Depression (z. B.

reduzierte Mimik und Kommunikation, sozialer Rückzug) die Diagnosestellung erschwert. Als Kernsymptom einer depressiven Erkrankung bei ASS werden in der Studienübersicht von den Eltern berichtete depressive Stimmung und eine Verminderung des Funktionsniveaus des Betroffenen in unterschiedlichen Bereichen genannt.

Typische *Angststörungen,* die bei Kindern, Jugendlichen und Erwachsenen mit ASS in einer klinischen Stichprobe feststellbar waren, waren spezifische und soziale Phobien, generalisierte Angststörungen und Trennungsangst (Leyfer et al., 2006), die möglicherweise auch eher bei autistischen Kindern mit höherer Intelligenz vorkommen (Sukhodolsky et al., 2008). Die Symptomatik von Angststörungen ist in der Regel bei Personen mit ASS ähnlich ausgeprägt wie bei Personen ohne diese Erkrankung. Oft können allerdings die eigenen Ängste von Personen mit ASS nicht gut beschrieben werden. Zudem kann im Zusammenhang mit komorbid bestehenden spezifischen Phobien und generalisierten Angststörungen häufiger aggressives Verhalten auftreten (Evans, Canareva, Kleinpeter, Maccubbin & Taga, 2005; Green, Gilchrist, Burton & Cox, 2000).

Die *Therapie* der Wahl bei komorbiden Erkrankungen ist vergleichbar mit der Therapie bei diesen psychischen Störungen, wenn sie ohne ASS vorkommen. Bei komorbidem ADHS ist (niedrig dosiertes) Methylphenidat Mittel der Wahl (Freitag & Jarczok, 2014). Bei Angststörungen bietet sich bei entsprechenden kognitiven und sprachlichen Voraussetzungen eine kognitive Verhaltenstherapie entweder als Einzel- oder als Gruppentherapie an, die neben Interventionen zur Angstreduktion, wie kognitive und Expositionsübungen, auch den Aufbau sozialer Fertigkeiten beinhaltet (Sukhodolsky, Bloch, Panza & Reichow, 2013). Die Wirksamkeit bei Kindern und Jugendlichen mit ASS und Ängsten wurde in der Metaanalyse von Sukhodolsky et al. (2013) gezeigt. Zur Behandlung einer komorbiden depressiven Erkrankung bieten sich ebenfalls kognitiv-verhaltenstherapeutische Verfahren an, wobei hierzu keine randomisiert kontrollierte Studie zur Wirksamkeit bei ASS und Depression vorliegt. In drei Fallstudien junger Erwachsener mit ASS und Depression bzw. Angststörungen war eine gute Akzeptanz eines 12-wöchigen kognitiv-verhaltenstherapeutischen Gruppenprogramms feststellbar, wobei sich keine Reduktion der selbstberichteten depressiven Symptomatik zeigte. Aufgrund der Lebensumstände der Erwachsenen mit fehlender sozialer Einbindung wird die Ergänzung des Programms um eine alltagsbezogene Unterstützung überlegt (Weiss & Lunsky, 2010). Darüber hinaus ist bei Angst- und depressiven Störungen oft auch eine zusätzliche medikamentöse Behandlung mit einem Antidepressivum sinnvoll. Grundlage hierfür ist der generelle Einsatzbereich bei diesen internalisierenden Störungen, außerdem zeigen selektive Serotonin-Wiederaufnahmehemmer (SSRI) Wirksamkeit bei ASS und Depression (Stewart et al., 2006).

Bei komorbiden Tic- und Zwangsstörungen ist vor allem die Behandlung mit Risperidon oder Aripiprazol Erfolg versprechend, ggf. kann bei ausgeprägter Zwangsstörung auch noch ein SSRI zusätzlich gegeben werden (Freitag & Jarczok, 2014). Bei einer Zwangsstörung sollte dazu auch eine klassische Expositionstherapie mit Reaktionsverhinderung bei entsprechender Motivation des Kindes/Jugendlichen durchgeführt werden.

Das Erkennen und die frühe, störungsspezifische Behandlung komorbider Erkrankungen sind wichtig, um die damit verbundene zusätzliche Beeinträchtigung von Kindern und Jugendlichen mit ASS zu reduzieren.

1.3.2 Genetische Befunde

Zahlreiche genetische Syndrome und monogene Erkrankungen gehen mit einer erhöhten Rate an ASS einher. Dazu gehören z. B. das fragile-X-Syndrom, das Prader-Willi-Syndrom, Mikrodeletions- und Duplikationssyndrome auf den Chromosomen 7, 15, 16 und 22 sowie einige X-chromosomal vererbte monogene Erkrankungen und die Tuberöse Hirnsklerose. Eine humangenetische Diagnostik ist grundsätzlich zu empfehlen, auch wenn aktuell nur bei 10–20 % der betroffenen Kinder und Jugendlichen eine genetische Ursache beschrieben werden kann (Freitag, 2011). In der Mehrzahl der Fälle lässt sich ASS nicht auf einen bestimmten genetischen Mechanismus zurückführen (▶ Kap. 2.1.1). Die molekulargenetische Forschung geht jedoch ständig voran und durch den Einsatz der neuen Sequenziertechnologien können in Zukunft häufiger ätiologisch relevante genetische Risikofaktoren gefunden werden. Da es bei manchen genetisch bedingten Formen von ASS (z. B. Duplikation 15q11-13, Prader-Willi-Syndrom, fragiles-X-Syndrom) häufig körperliche Befunde gibt (wie z. B. ein erhöhtes Epilepsie-Risiko oder muskuläre Hypotonie, die behandelt werden können), ist es sinnvoll, diese Erkrankungen zu diagnostizieren. Daneben ist eine genetische Diagnose auch für die genetische Beratung der Familien hilfreich, wenn diese gewünscht wird.

1.3.3 Motorik und Visuomotorik

Auffälligkeiten und Schwierigkeiten im feinmotorischen Bereich, der Körperkoordination, bezogen auf das Gleichgewicht und Gangbild werden häufiger von Eltern berichtet und sind nicht selten der Grund für spezifische Behandlungen, wie Physio- oder Ergotherapie. Einschränkungen der Grob- und Feinmotorik sowie der motorischen Koordination zeigen sich sowohl bei Kindern mit frühkindlichem Autismus als auch bei Jugendlichen und Erwachsenen mit leichten ASS und sind unabhängig von der Intelligenz des Kindes oder des Jugendlichen (Ghaziuddin & Butler, 1998; Landa & Garrett-Mayer, 2006; Trevarthen & Delafield-Butt, 2013). Zudem gibt es Hinweise auf ein Defizit im Bereich der Visuomotorik bei ASS, d. h. bei der Übertragung einer visuellen Information in eine motorische Antwort. In einer Studie von Nazarali, Glazebrook und Elliott (2009) profitierten die Teilnehmer mit und ohne ASS von einer Vorinformation, dass ein Knopf, der später gedrückt werden sollte, vorher aufblinkte, dadurch verkürzte sich die Reaktionszeit. Bei Durchgängen mit falscher Vorinformation, die eine Reorganisation der Handlungsplanung erforderten, verlangsamten sich die Reaktionszeiten in beiden Gruppen, aber mit signifikantem Unterschied zu Ungunsten der ASS-Gruppe. Daher vermuten die Autoren, dass die Variation einer geplanten motorischen Handlung für Personen mit ASS erschwert ist. Im Alltag vorkommende Schwierigkeiten können z. B. das Bewegen eines verändert platzierten Gegenstandes betreffen oder auch bei Ballspielen feststellbar sein. Sachse et al. (2013) stellten fest, dass die Geschwindigkeit der Übertragung eines visuellen Reizes in eine motorische Antwort bei Personen mit ASS verlangsamt war, wenn dazwischen ein Entscheidungsprozess stattfinden musste, bei dem eine Auswahl aus mehreren Reizen zu treffen war. Die geschilderten Auffälligkeiten stehen auch in Zusammenhang mit Beeinträchtigungen in den exekutiven Funktionen (▶ Kap. 1.4.3).

Obwohl die motorischen und visuo-motorischen Beeinträchtigungen bei vielen Kindern mit ASS gegeben sind, sind bisher keine entsprechenden Therapieverfahren anhand methodisch gut geplanter Studien evaluiert worden. Es ist noch nicht geklärt, ob durch Ergo- oder Physiotherapie in diesen Bereichen eine dauerhafte Verbesserung erreicht werden kann. In einer aktuellen Übersicht (Miyahara, 2013) wurden mehrere nicht-kontrollierte Studien einbezogen, die im weitesten Sinne Auswirkungen von Interventionen auf motorische Funktionen bei ASS untersuchten. Allerdings waren die Interventionen sehr unterschiedlich (z. B. Sport, spezifische Übungsprogramme), in den Originalstudien nicht genau beschrieben und es wurden unterschiedliche Zielsymptome erfasst (motorische Stereotypien, motorische Fähigkeiten, soziales Verhalten), so dass sich daraus keine spezifischen Empfehlungen ableiten lassen.

1.4 Perzeptive und kognitive Besonderheiten

1.4.1 Auditorische und visuelle Perzeption

Bei intakter Hör- und Sehfähigkeit bestehen häufig Besonderheiten in der auditorischen und visuellen Wahrnehmung bei Personen mit ASS. Vielen Eltern wird rückgemeldet, dass ihre Kinder eine Wahrnehmungsstörung oder eine besonders sensible Wahrnehmung haben. Aus Studien ergeben sich einerseits Hinweise auf auditorische, visuelle und taktile *sensorische Interessen* und *sensorische Aversionen* (Leekam, Nieto, Libby, Wing & Gould, 2007) als auch auf eine *detailfokussierte Wahrnehmung*. So konnte bei älteren Kindern und auch bei Jugendlichen mit ASS nachgewiesen werden, dass sie einzelne Töne sehr gut wahrnehmen, komplexe Klänge, einschließlich Sprachklänge, jedoch schlechter als gesunde Kontrollpersonen verarbeiten können. Insbesondere die Wahrnehmung und Verarbeitung von Prosodie (Satzmelodie) und des klanglichen Wechsels von Lauten scheint beeinträchtigt zu sein (Ceponiene et al., 2003; Paul, Augustyn, Klin, & Volkmar, 2005; Tecchio et al., 2003). Vergleichbar lässt sich auch im visuellen Bereich eine veränderte, auf Details ausgerichtete Wahrnehmung feststellen, die auch als Stärke bei Personen mit ASS angesehen werden kann (Joseph, Keehn, Connolly, Wolfe & Horowitz, 2009; Mottron, Dawson, Soulières, Hubert & Burack, 2006; Shah & Frith, 1993). Forschungsergebnisse weisen darauf hin, dass auch bei der Emotionswahrnehmung in Gesichtern bei Personen mit ASS – anders als bei Kontrollpersonen – eine erhöhte Detailwahrnehmung und mangelnde Integration von Reizen besteht (Deruelle, Rondan, Gepner & Tardif, 2004; Hobson, Ousten & Lee, 1988).

Des Weiteren konnten Studien zeigen, dass Kinder mit ASS im Vergleich zu nicht-autistischen Kindern keine intuitive Präferenz für *biologische Bewegungen von Personen* zeigen und biologische Bewegungen schlechter wahrnehmen können, was sich in der sozialen Interaktion, aber auch im Straßenverkehr bemerkbar machen kann (Annaz, Campbell, Coleman, Milne & Swettenham, 2012; Blake, Turner, Smoski, Pozdol & Stone, 2003).

Diesen Wahrnehmungsbesonderheiten liegen zwei *neuropsychologische Erklärungsmodelle von ASS* zu Grunde: das *Modell der schwachen zentralen Kohärenz* und das *Modell des »enhanced perceptual functioning«* (verbesserte Wahrnehmung). Nach Friths Modell der schwachen zentralen Kohärenz (Frith, 1989; Happé & Frith, 2006) sowie dem Modell des enhanced perceptual functioning von Mottron und Burack (2001) verarbeiten Personen mit ASS Reize eher detailorientiert und lokal anstatt kontextgebunden und global. Im Gegensatz zu früheren Annahmen (Frith, 1989) wird heutzutage eher von einer Wahrnehmungspräferenz für Details ausgegangen ohne dass ein grundlegendes Defizit in der Gestaltwahrnehmung vorliegen muss (Happé & Frith, 2006; Mottron et al., 2006). Aufgrund dieser veränderten Wahrnehmung resultieren Verhaltensbesonderheiten im Alltag. Beispielsweise neigen autistische Personen eher zum Aufzählen von Teilaspekten bei der Beschreibung eines Ereignisses anstatt eine zusammenfassende Schilderung zu geben. Zugleich besitzen viele Menschen mit ASS gegenüber nicht autistischen Personen eine herausragende Fähigkeit, Details wahrzunehmen und zu memorisieren (z. B. Sonderinteresse für Fahrpläne) (Happé, 1999).

Auch hier gibt es keine spezifischen Therapien, die diese neurokognitiven Besonderheiten grundlegend ändern würden, da diese eng mit dem biologischen Risiko für ASS und mit der besonderen Gehirnentwicklung bei ASS einhergehen. Innerhalb differenzieller psychotherapeutischer und auch pädagogischer Verfahren können diese Aspekte aber genutzt werden, um das Lernen für Menschen mit ASS zu erleichtern. In manchen Bereichen, wie z. B. im Straßenverkehr oder beim Erwerb des Führerscheins muss hingegen besonders darauf geachtet werden, Personen mit ASS nicht zu überfordern.

1.4.2 Allgemeine kognitive Fertigkeiten

Die intellektuellen Fähigkeiten von Personen mit ASS umfassen das gesamte Spektrum der Intelligenz von schwerer geistiger Behinderung bis Hochbegabung. Bei ca. 50 % aller Kinder mit ASS liegt zusätzlich eine geistige Behinderung (IQ < 70) vor (Baird et al., 2006). Die Intelligenzverteilung in den einzelnen Subdiagnosen ist unterschiedlich. Baird et al. (2006) fanden bei 73 % der Kinder mit frühkindlichem Autismus das Vorliegen einer geistigen Behinderung und bei 53 % der Kinder mit atypischem Autismus. Beim Asperger Syndrom ist von vornherein eine IQ-Minderung ausgeschlossen. Beim Vorliegen einer autistischen Symptomatik bei einem IQ-Wert über 70 wird oft von *hoch-funktionalen ASS* gesprochen. Bei einigen Personen mit ASS, die als »Savants« bezeichnet werden, findet man so genannte Inselbegabungen, d. h. sie verfügen in einem spezifischen Bereich über außerordentliche Fähigkeiten, z. B. besondere Gedächtnisleistungen (Bölte, Uhlig & Poustka, 2002). Diese Inselbegabungen kommen insgesamt allerdings recht selten vor.

1.4.3 Exekutive Funktionen

Exekutive Funktionen sind ein Oberbegriff für verschiedene metakognitive Fertigkeiten, wie Handlungsplanung, kognitive Flexibilität, Impulskontrolle, Arbeitsgedächtnis und Problemlösefertigkeiten (Hill, 2004; Russell, 1998). Exekutive Funktionen sind somit Fertigkeiten, die zielgerichtet eingesetzt werden, um Lösungen herbeizuführen. Sie beinhalten eine strukturierte, planvolle Suche nach relevanten Informationen, die Unterdrückung irrelevanter Reaktionen (Inhibition) sowie ausreichende Denk- und Handlungsflexibilität (Ozonoff, Pennington & Rogers, 1991). Es gibt eine Reihe von Testverfahren zur Erfassung exekutiver Funktionen. Bekannt zur Erfassung der Handlungsplanung ist z. B. der Tower of Hanoi. Oft werden auch computerbasierte Testverfahren verwendet (z. B. CANTAB). In einer großen Stichprobe konnten Ozonoff et al. (2004) deutliche Beeinträchtigungen in der Handlungsplanung und der kognitiven Flexibilität bei Personen mit ASS zeigen. Diese benötigten bei Aufgaben, die mehrere Teilschritte erforderten, signifikant mehr Durchgänge als die nicht autistische Kontrollgruppe, um zur Lösung zu gelangen. Außerdem tendierten sie dazu, eine ineffektive Lösungsstrategie beizubehalten. Allerdings zeigen andere Studien mit kleineren Stichproben keine klaren Unterschiede zwischen Personen mit ASS und Kontrollen in der Handlungsplanung und der kognitiven Flexibilität (Sachse et al., 2013). Es ist u. a. zu vermuten, dass die Art der Aufgabenpräsentation einen Einfluss hat, da sich bei computerbasierten Tests weniger Unterschiede zwischen Personen mit und ohne ASS ergeben (Sachse et al., 2013). Sinzig, Morsch, Bruning, Schmidt und Lehmkuhl (2008) zeigten, dass bei Kindern mit ASS primär die Bereiche Handlungsplanung und Flexibilität beeinträchtigt sind und bei Kindern mit ADHS insbesondere Beeinträchtigungen bei Inhibitionsleistungen bestehen.

Bezogen auf die Symptomatik von ASS ist das Auftreten *repetitiver Verhaltensweisen* gut mit dem Modell der exekutiven Funktionen in Einklang zu bringen (z. B. Bölte, Duketis, Poustka & Holtmann, 2011). Es zeigten sich negative Korrelationen zwischen kognitiver Flexibilität mit restriktivem und repetitivem Verhalten (Lopez, Lincoln, Ozonoff & Lai, 2005; Sachse et al., 2013). Nach Geurts, Corbett und Solomon (2009) ist die im Alltag bestehende Inflexibilität wahrscheinlich noch durch eine höhere Komplexität der Anforderungen im Alltag gegenüber Testverfahren und durch weitere Faktoren, wie interaktionelle Aspekte, mitbedingt.

Für die Therapie ist vor allem ein Training alltagspraktischer Fertigkeiten zentral, das neben den o. g. Aspekten exekutiver Funktionen, die anhand neuropsychologischer Verfahren untersucht wurden, auch weit komplexere Fertigkeiten im Rahmen des wiederholtes Übens in konkreten Alltagssituationen umfasst. Ein isoliertes Training zur Verbesserung exekutiver Funktionen am Computer führt nicht zu einer besseren Bewältigung des Alltags.

1.4.4 Soziale Kognition

Baron-Cohens Modell der *Theory of Mind (ToM)* postuliert, dass bei autistischen Menschen die intuitive Einsicht in eigene mentale Zustände sowie bezogen auf mentale Zustände anderer Personen reduziert ist. In verschiedenen Experimenten konnten die Forscher zeigen, dass Kinder und Erwachsene mit ASS Intentionen, Wünsche und auch Emotionen anderer schlechter erkennen können und eher faktische Sachverhalte zur Interpretation von Situationen heranziehen (Baron-Cohen, Jollife, Mortimore & Robertson, 1997). Gewöhnlich können typisch entwickelte Kinder nach einer neueren Studie von Moll und Meltzoff (2011) ab ihrem dritten Lebensjahr erkennen, dass eine andere Person aus einer anderen Perspektive ein Objekt anders sieht als das Kind selbst, was als eine frühe Theory of mind-Fertigkeit gilt. Einige Personen mit ASS können Aufgaben zur Perspektivenübernahme allerdings richtig lösen, selbst wenn Theory of Mind-Fragen höherer Ordnung einbezogen werden (z. B. »Was denkt er, was sie denkt?«). Dennoch zeigen sie im Alltag deutliche soziale Schwierigkeiten (Bowler, 1992). Bereits Bowler (1992), der in einer eigenen Studie keine Theory of Mind-Unterschiede zwischen Asperger Autisten und unauffälligen Kontrollen fand, sieht die Probleme im Sozialverhalten bei Personen mit ASS eher als Hinweis auf eine fehlende Anwendung sozial-emotionalen Wissens. Er vermutet die Gründe hierfür entweder in einer fehlenden Motivation (s. u.) oder in einer fehlenden kognitiven Fähigkeit, relevante Aspekte einer Situation zu erkennen und eine entsprechende, im Gedächtnis vorhandene Lösungsstrategie darauf anzuwenden. Er nimmt an, dass die Berücksichtigung mentaler Zustände anderer Personen gelingt, wenn explizit auf deren innere Zustände hingewiesen wird, dies aber nicht spontan erfolgt (Bowler, 1992).

Aspekte zum Training sozialer Kognitionen sind in fast jeder Gruppentherapie für hochfunktionale Kinder, Jugendliche und Erwachsene mit ASS enthalten. Allerdings ist nicht davon auszugehen, dass ein isoliertes Training am Computer oder mit Bildkarten die soziale Interaktion im Alltag dauerhaft verbessert. Hingegen muss anhand konkreter Situationen die soziale Interaktion geübt werden, beispielsweise in Rollenspielen. Hierbei kann auch geübt werden zu überlegen, was im anderen vorgeht. Zudem muss auf Generalisierung und häufiges Üben im Rahmen von unterschiedlichen Alltagssituationen geachtet werden.

1.5 Soziale Motivation

Einige Forscher vermuten, dass Beeinträchtigungen in der sozialen Motivation ein Kernmerkmal von ASS darstellen und postulierten die Theorie der sozialen Motivation bezogen auf ASS (Chevallier, Kohls, Troiani, Brodkin & Schultz, 2012; Dawson, Metzloff, Osterling, Rinaldi & Brown, 1998). Sie gehen sogar davon aus, dass die vorgenannten Beeinträchtigungen im Bereich der sozialen Kognition (▶ Kap. 1.4.4) als Folge einer beeinträchtigten sozialen Motivation resultieren. Soziale Motivation basiert den Autoren zufolge auf biologischen und psychologischen Mechanismen, die sich evolutionär herausgebildet haben, um zunächst die Hinwendung zu sozialen Reizen zu steuern. Ein Beispiel für diese angeborene soziale Orientierung ist die Präferenz von Säuglingen für Gesichter (Goswami, 2001), welche im Grunde genommen lebenslang fortbesteht. Hinzu kommen im ersten Lebensjahr deklarative Gesten, um gemeinsame Aufmerksamkeit herzustellen (▶ Kap. 1.6). Darüber scheinen die Säuglinge und Kleinkinder die soziale Reaktion anderer als angenehm zu erleben und herbeiführen zu wollen. Einige Monate alte Säuglinge, die in einer Studie vom Untersucher angelächelt, jedoch nicht angeschaut wurden, unternahmen motorisch Versuche (z. B. durch Kopfbewegung), Blickkontakt herzustellen, was die Autoren als Indikator für soziale Motivation interpretieren. Zudem gehen sie davon aus, dass das Angelächelt-Werden von einer Person als Verstärkung erlebt wird, die das Auftreten des Verhaltens bei den Säuglingen erhöht (Blass & Camp, 2001). Somit besteht eine intrinsische soziale Motivation bezogen auf soziale Interaktionen und soziale Reaktionen anderer, einschließlich der Anerkennung durch andere. Empirische Belege für geringe Aufmerksamkeit gegenüber sozialen Reizen bei ASS stammen u. a. aus sogenannten »Präferenzstudien«. Beispielsweise präferierten Kleinkinder mit ASS im Vergleich zu nicht-autistischen Kleinkindern das Betrachten sich bewegender geometrischer Formen, während die nicht-autistischen Kinder eine Präferenz für sich bewegende Kinder zeigten (Pierce, Conant, Hazin, Stoner & Desmond, 2011). In einer bekannten Studie, in der Videos des ersten Geburtstages analysiert wurden, war bei den Kindern, die später eine ASS-Diagnose erhielten, ein reduziertes Betrachten der Gesichter anderer Personen und auch weniger Herstellen gemeinsamer Aufmerksamkeit durch Deuten feststellbar (Dawson et al., 1998; Osterling & Dawson, 1994). Hypothesenkonform zeigte sich auch in einer funktionellen Bildgebungsstudie (Scott-Van Zeeland, Dapretto, Ghahremani, Poldrack & Bookheimer, 2010) bei Personen mit ASS verglichen mit einer Kontrollgruppe bei sozialer Verstärkung durch menschliches Lob und Lächeln eine geringere neuronale Aktivierung in Hirnstrukturen, die zum sogenannten Belohnungsnetzwerk gehören. Im Einklang mit dem Modell einer reduzierten sozialen Motivation wird vermutet, dass als Folge der beschriebenen Defizite in der sozialen Aufmerksamkeit und sozialen Motivation kaum soziale Erfahrungen gemacht werden und sich daher soziale Kognitionen (wie Theory of mind) schlechter entwickeln. Allerdings sind die genauen Kausalitäten bisher nicht geklärt. Hinsichtlich therapeutischer Interventionen werden die Erhöhung von sozialer Motivation und ein explizites Hinlenken auf soziale Reize als extrem relevante Therapieziele angesehen. Diese sollten in jeglicher Form autismusspezifischer Therapien einen zentralen Stellenwert haben.

1.6 Vorläuferfunktionen sozialer Interaktion und Kommunikation: Imitation und gemeinsame Aufmerksamkeit

Die Fähigkeit zur Imitation ist insbesondere bei jüngeren autistischen Kindern oft beeinträchtigt und betrifft vor allem das Nachahmen von Gesten und Körperbewegungen (Williams, Whiten & Singh, 2004). Demgegenüber imitieren nicht autistische Säuglinge spontan (z. B. Goswami, 2001), i. d. R. bereits einige Tage nach der Geburt (Meltzoff & Moore, 1989). Neben dem damit verbundenen Erwerb neuer Verhaltensweisen erfüllt Imitation auch eine Funktion bei der frühen sozialen Kommunikation und dem Erkennen von Handlungen anderer Personen (Rogers, Hepburn, Stackhouse & Wehner, 2003). Darüber hinaus besteht sowohl bei nicht autistischen (Rogers et al., 2003) als auch bei autistischen Kleinkindern ein Zusammenhang zwischen motorischer Imitation mit späterem Sprachverständnis (Charman, 2003a) und sprachlicher Imitation mit späterer Sprachproduktion (Schlosser & Wendt, 2008). Die Förderung von Imitation ist daher oft ein Bestandteil von Frühförderprogrammen für autistische Kinder (▶ Kap. 3).

Das Herstellen gemeinsamer Aufmerksamkeit (joint attention) ist eine weitere Verhaltensweise, die nicht autistische Kleinkinder spontan im Verlauf ihres ersten Lebensjahres zeigen und auf die sie reagieren (z. B. Carpenter, Nagell & Tomasello, 1998). Das Kind richtet seine Aufmerksamkeit dabei im Wechsel auf ein Objekt und eine Person und weist damit die Bezugsperson auf etwas hin, was dann meist von dieser benannt wird. Es lässt sich daraus ableiten, dass gemeinsame Aufmerksamkeit wichtig ist, um Sprache zu erlernen. Dies gilt auch für den umgekehrten Fall, dass das Kind darauf reagiert, wenn die Bezugsperson seine Aufmerksamkeit auf ein Objekt lenkt, über das sie spricht. In einer Längsschnittstudie zeigte sich, dass joint attention im ersten Lebensjahr bei typisch entwickelten Säuglingen die Sprachentwicklung im zweiten Lebensjahr vorhersagte (Mundy, Block, Delgado, Pomares, Vaughan van Hecke & Parlade, 2007). Beeinträchtigungen im Herstellen gemeinsamer Aufmerksamkeit sind ein frühes Symptom bei ASS (Charman, 2000; Dawson et al., 2004). Außerdem besteht auch bei autistischen Kindern ein Zusammenhang zwischen ihren joint attention-Fertigkeiten und ihren aktuellen (Dawson et al., 2004) bzw. ihren späteren sprachlichen Fertigkeiten (Charman, 2003b). In einer Studie, die sowohl Imitation als auch joint attention und Spielverhalten bei autistischen Vorschulkindern als Prädiktoren erfasste, zeigten sich Zusammenhänge zwischen dem aktiven Herstellen gemeinsamer Aufmerksamkeit und unmittelbarer Imitation mit dem aktuellen Sprachniveau im 3. bzw. 4. Lebensjahr. Außerdem sagten das »so-tun-als ob«-Spiel und verzögerte Imitation im 3./4. Lebensjahr kommunikatives Sprechen im 5./6. Lebensjahr vorher (Toth, Munson, Meltzoff & Dawson, 2006). Die Förderung gemeinsamer Aufmerksamkeit ist ebenfalls ein Bestandteil in der Behandlung jüngerer autistischer Kinder (▶ Kap. 3). In einer Therapiestudie mit Kontrollgruppendesign konnten Kasari, Freeman und Paparella (2006) zeigen, dass die explizite Förderung von joint attention das Herstellen von und das Reagieren auf gemeinsame Aufmerksamkeit von autistischen Kindern im Vorschulalter verbesserte. Die Intervention, die darin bestand, bei den Kindern mittels Prompting und positiver Verstärkung joint attention zu fördern, wurde täglich für 30 Minuten über einen Zeitraum von fünf bis sechs Wochen durchgeführt. Darüber hinaus zeigte sich bei einer Follow-up Erhebung nach fünf Jahren, dass das zu diesem Zeitpunkt erreichte Sprachniveau der Kinder mit dem aktiven Herstellen gemeinsamer Aufmerksamkeit und dem Spielverhalten in ihrem 3./4. Lebensjahr und auch mit der differenzierten Förderung dieser beiden Fertigkeiten zusammenhing (Kasari, Gulsrud, Freeman, Paparella & Hellemann, 2012).

1.7 Zusammenfassung Erscheinungsbild

In diesem Kapitel wurde eine Einführung in die komplexe Ausgestaltung autistischer Störungen im Bereich Diagnostik, komorbide Erkrankungen sowie kognitive, perzeptive und soziale Aspekte der Informationsverarbeitung gegeben. Für Therapeuten ist es notwendig und für Eltern sowie Betroffene lohnenswert, sich mit diesen Aspekten auseinanderzusetzen, da das Verhalten von Kindern und Jugendlichen mit ASS so besser verstanden werden kann. Das erhöhte Verständnis reduziert Alltagskonflikte deutlich. Ebenso kann durch ein ausreichendes Verständnis einerseits eine Überforderung von Kindern und Jugendlichen mit ASS, die aus falschen Erwartungen an ihr Können resultiert, vermindert werden, als auch einer übertriebenen Rücksichtnahme bei der Umsetzung erzieherischer Maßnahmen entgegengewirkt werden. Einige der o. g. Aspekte sollten in allen verfügbaren Therapieformen gefördert und geübt werden, wie z. B. die Erhöhung der sozialen Motivation, die Fertigkeit der gemeinsamen Aufmerksamkeit und Imitation sowie das Üben von sozialer Interaktion und Alltagsbewältigung anhand konkreter Situationen (▶ **Kap. 3**).

2 Ätiologie und Verlauf

2.1 Ätiologie

Autismus-Spektrum-Störungen (ASS) sind neurobiologisch bedingte Erkrankungen (Freitag, 2012). Hierbei sind vor allem genetische, aber auch einige biologisch wirksame Umweltfaktoren ursächlich, die das Risiko deutlich erhöhen, an einer ASS zu erkranken. Erziehungsfaktoren, schulische Erfahrungen oder traumatische Ereignisse verursachen ASS nicht. Solche und andere psychosoziale Umweltfaktoren haben allerdings Einfluss auf den Verlauf der Erkrankung, den Schweregrad der Ausprägung komorbider psychischer Störungen (z. B. Angststörungen), das Ausmaß an herausfordernden Verhaltensweisen (z. B. aggressive Verhaltensweisen) und die Lebensqualität von Personen mit ASS.

2.1.1 Genetische Befunde

Zwillingsstudien zeigen eine deutlich höhere Konkordanz bei monozygoten im Vergleich zu dizygoten Zwillingen. Auch das Risiko, dass ein Geschwisterkind ebenfalls an einer ASS erkrankt, ist mit 5 % deutlich höher als in der Allgemeinbevölkerung (Simonoff, 1998) und erhöht sich weiter, wenn die ASS gleichzeitig mit einem genetischen Syndrom (z. B. fragiles X-Syndrom) einhergeht (Freitag, Staal, Klauck, Duketis & Waltes, 2010). Insgesamt kann aufgrund dieser Befunde von einer Erblichkeit von ca. 70–90 % ausgegangen werden (Freitag et al., 2010; Lichtenstein, Carlström, Råstam, Gillberg & Anckarsäter, 2010). In den letzten Jahren sind zahlreiche Mikrodeletions- und Duplikationssyndrome beschrieben worden, die möglicherweise ASS verursachen (Pinto et al., 2010). Daneben gibt es auch Mutationen in einzelnen Genen, die vor allem bei Personen mit ASS und geistiger Behinderung sowie komorbider Epilepsie vorkommen, wie z. B. Mutationen in den Genen, die Tuberöse Hirnsklerose verursachen (TSC1, TSC2). Oftmals ist allerdings anzunehmen, dass viele, auch in der Allgemeinbevölkerung vorkommende, Risikovarianten vorhanden sind, die jeweils eher eine kleine Risikoerhöhung bewirken, aber zusammen die Erkrankung verursachen können. Durch immer neu entwickelte Techniken, unter die aktuell z. B. die Sequenzierung fällt, werden immer neue genetische Risikovarianten entdeckt, so dass insgesamt dieses Forschungsfeld noch stark im Fluss ist. Es ist aufgrund bisheriger molekulargenetischer Forschungsergebnisse deutlich geworden, dass es sehr verschiedene genetische Ursachen von ASS gibt, die allerdings sehr wahrscheinlich ähnliche biologische Folgen für das sich entwickelnde Gehirn mit sich bringen, und so im Laufe der Entwicklung Auswirkungen auf die soziale Interaktion, Kommunikation und das stereotype Verhalten haben (siehe auch Befunde aus der Bildgebung).

Einen diagnostischen genetischen Test, der vorhersagen könnte, ob eine ASS vorliegt, gibt es bisher nicht. Die Rolle der klinisch-genetischen Untersuchungen (▶ Kap. 1) bezieht sich auf die Klärung einer möglichen Ursache, wenn die Diagnose einer ASS basierend auf Verhaltenskriterien gestellt wurde.

2.1.2 Prä-, peri- und postnatale Einflussfaktoren

Neben den genetischen Risikofaktoren sind bisher Infektionskrankheiten der Mutter in der Schwangerschaft als ursächlich für ASS belegt. Allen voran ist die *Rötelninfektion der Mutter* in einer epidemiologischen Längsschnittstudie als klarer Risikofaktor für ASS (und weitere Einschränkungen bei den Kindern, wie z. B. geistige Behinderung sowie Hörstörung) beschrieben worden (Chess, 1971, 1977; Chess, Fernandez & Korn, 1978). In einer Studie, die allerdings noch nicht repliziert wurde, wurden sowohl Virusinfektionen als auch schwere bakterielle Infektionen der Mutter in der Schwangerschaft als Risikofaktoren für die ASS beim Kind beschrieben (Atladóttir et al., 2010). Einige *Medikamente* erhöhen ebenfalls das Risiko für ASS, wenn sie in der Schwangerschaft eingenommen werden, insbesondere Valproinsäure (Antiepileptikum) sowie Thalidomid (Schmerzmittel, das allerdings in Deutschland nicht mehr zugelassen ist). Möglicherweise stehen auch Antidepressiva, vor allem Selektive Serotonin-Wiederaufnahmehemmer, wenn die Mutter sie während der Schwangerschaft einnimmt, in Zusammenhang mit ASS (Croen, Grether, Yoshida, Odouli & Hendrick, 2011). Allerdings ist diese Studie nicht repliziert worden, so dass die Ergebnisse vorsichtig beurteilt werden müssen. Für viele andere Medikamente ist nicht untersucht, ob sie ein Risiko für das sich entwickelnde Kind darstellen, wenn sie in der Schwangerschaft eingenommen werden. In Deutschland werden insgesamt aber sehr wenige Medikamente während der Schwangerschaft verschrieben, so dass diese auch nur selten eine Ursache für ASS darstellen.

Wichtiger als (indirekte) Ursache ist in Deutschland das mittlerweile deutlich *erhöhte Alter der Eltern* bei der Geburt ihrer Kinder. Es ist durch eine Meta-Analyse belegt, dass vor allem ältere Väter (≥ 50 Jahre) ein deutlich erhöhtes Risiko haben, Kinder mit ASS zu zeugen als jüngere Väter (≤ 29 Jahre) (Hultmann, Sandin, Levine, Lichtenstein & Reichenberg, 2010). Der genaue biologische Mechanismus ist noch nicht erforscht, es ist aber anzunehmen, dass dies mit genetischen und epigenetischen Veränderungen der Erbinformation durch das höhere Alter der Väter verursacht ist.

Peri-/postpartal sind eine *starke Frühgeburtlichkeit* mit einer Schwangerschaftsdauer von weniger als 26 Wochen sowie Gehirnblutungen mit der Folge einer *infantilen Zerebralparese* als weitere Risikofaktoren für ASS zu nennen (Freitag, 2012). Eine infantile Zerebralparese kommt bei ca. 2 % aller Kinder mit Autismus vor (Fombonne, 2003).

Einige Eltern vermuten, dass die ASS bei ihrem Kind durch eine Impfung hervorgerufen worden sein könnte, vermutlich, weil die ersten Verhaltensauffälligkeiten meist im selben Lebensalter festgestellt werden, in dem auch üblicherweise Impfungen stattfinden. Ein Zusammenhang von Impfungen und ASS wurde allerdings durch epidemiologische Studien klar widerlegt (Chen, Landau, Sham & Fombonne, 2004; Smeeth et al., 2004). Daneben wurde auch vermutet, dass Quecksilber, das eine Zeitlang in minimaler Dosis zur Haltbarmachung in Impfstoffen enthalten war, zu ASS führen könnte. Auch dies konnte empirisch widerlegt werden (Hviid, Stellfeld, Wohlfahrt & Melbye, 2003).

2.1.3 Befunde aus Bildgebungsstudien

In einer Überblicksarbeit, die Befunde zahlreicher neuroanatomischer Bildgebungsstudien zusammenfasste, konnten Stanfield et al (2008) zeigen, dass folgende Ergebnisse in vielen Studien beschrieben und repliziert wurden: Das Gesamtvolumen des Großhirns wie auch des Kleinhirns sowie das Volumen des Nucleus caudatus war bei Personen mit ASS vergrößert; das Corpus Callosum (Balken, der die beiden Gehirnhälften verbindet) hingegen dünner und das Amygdalavolumen kleiner als bei gesunden, vergleichbaren Kontrollpersonen. Die Amygdala als Teil des limbischen Systems spielt eine wichtige Rolle bei der Wahrnehmung emotionaler Gesichtsausdrücke und hinsichtlich sozialer Kognitionen (Adolphs & Spezio, 2006; Chritchley et al., 2000) sowie beim Herstellen gemeinsamer Aufmerksamkeit (joint attention) bei Kleinkindern (Mosconi et al., 2009). Eine Meta-Analyse, die mit anderen Methoden durchgeführt wurde, beschreibt noch weitere lokale Veränderungen: Bei Personen mit ASS wurde eine veränderte Struktur des Okzipitallappens (visuelle Wahrnehmung), des medialen Temporallappens (Emotionserkennung) sowie der Basalganglien (Motorik) gefunden (Nickl-Jockschat et al., 2012). Diese Ergebnisse passen auch zu Befunden aus Bildgebungsstudien, die die weiße Substanz anhand der speziellen Methode der Diffusions-Tensor-Bildgebung darstellten (Cauda et al., 2013). Zahlreiche funktionelle Bildgebungsstudien konnten zeigen, dass je nach Aufgabe, die die Probanden zu lösen hatten, vor allem Bereiche des Gehirns, die sich auf soziale Kognitionen beziehen, aber auch motorische Funktionen, die Verarbeitung visueller Stimuli, Sprache und exekutive Funktionen betreffen, bei Personen mit ASS anders aktiviert werden und in reduzierter Art und Weise parallel und synchronisiert arbeiten (Philip et al., 2012). Neben strukturellen und funktionellen Unterschieden in einzelnen Hirnarealen geht man somit auch von einer veränderten Vernetzung der Hirnareale mit reduzierter Konnektivität aus. Dies lässt indirekt darauf schließen, dass die gesamte zentralnervöse Informationsverarbeitung bei ASS anders verläuft als bei gesunden Kontrollpersonen. Insgesamt nimmt man heute an, dass es sich bei ASS um eine Entwicklungsstörung der Ausdifferenzierung von Neuronen handelt, wobei die exakten Mechanismen noch nicht aufgeklärt sind.

Für die Diagnostik und Therapie spielen die Bildgebungsstudien keine Rolle, sie sind vor allem im Bereich der Grundlagenforschung anzusiedeln.

2.1.4 Allergien und Nahrungsmittelunverträglichkeiten

Es gibt keine Belege, dass das Allergierisiko bei ASS erhöht ist, ebenso zeigen – entgegen vieler anderslautender Aussagen im Internet – Personen mit ASS nicht zwangsläufig Nahrungsmittelunverträglichkeiten. Auch andere immunologische Befunde sind eher anekdotisch, kaum repliziert und meist in hoch-selektierten Stichproben beschrieben worden. In einer gut durchgeführten Studie mit einer großen Stichprobe von Patienten wurde eine vergleichbare Anzahl von Symptomen einer Magen-Darm-Erkrankung bei Kindern mit und ohne ASS gefunden (Black, Kaye & Jick, 2002). Dies schließt nicht aus, dass einzelne Kinder mit ASS auch an einer Allergie oder Nahrungsmittelunverträglichkeit leiden. Hier sind dann dieselben Symptome zu finden wie bei Kindern ohne ASS (z. B. Durchfall) und die Erkrankung muss selbstverständlich behandelt werden.

2.1.5 Zusammenfassung Ätiologie

Insgesamt kann aufgrund der aktuellen Befundlage angenommen werden, dass bei der Entstehung von ASS genetische Risikofaktoren in Verbindung mit frühen anderen biologisch wirksamen Risikofaktoren die beschriebenen neuroanatomischen wie auch hirnfunktionellen Besonderheiten hervorrufen. Daraus resultieren schließlich die in Kapitel 1 beschriebenen veränderten neurokognitiven Fertigkeiten sowie die klinische Symptomatik.

2.2 Verlauf

ASS sind basierend auf der derzeitigen Studienlage nicht vollständig heilbar. Durch adäquate Förderung, Therapie und langfristige Unterstützung zur Erhöhung der Selbständigkeit und Förderung der sozialen Interaktion und Motivation kann die autistische Symptomatik aber über die Jahre abnehmen, was insbesondere für Patienten mit höherem IQ und guten sprachlichen Fertigkeiten gezeigt worden ist (Schonauer et al., 2001; Shattuck et al., 2007). Anhand der Daten einer populationsbasierten Stichprobe von über 200 Personen in den USA konnten Shattuck et al. (2007) eine Reduktion der ASS-Symptomatik im Jugend- und Erwachsenenalter zeigen. Die kommunikativen und sozial-interaktiven Fertigkeiten verbesserten sich, und repetitiv-stereotypes Verhalten sowie die Beschäftigung mit Sonderinteressen nahmen bei vielen Betroffenen ab. Prädiktoren für einen geringeren Autismus-Schweregrad waren das Alter sowie die intellektuellen und sprachlichen Fertigkeiten der Betroffenen. Ebenso reduzierten sich selbst- und fremdaggressive Verhaltensweisen und ungewöhnliche Gewohnheiten deutlich. Prädiktoren für einen günstigen Verlauf waren hierbei ein höheres Alter, keine kognitive Beeinträchtigung sowie geringeres selbst- und fremdaggressives Verhalten in der Vorgeschichte. Simonoff et al. (2013) untersuchten ebenfalls eine repräsentative Stichprobe autistischer Kinder bzw. Jugendlicher im Zeitraum von vier Jahren in Großbritannien. Neben den Befunden, dass ein niedriger IQ und ein niedrigeres Funktionsniveau im 12. Lebensjahr Hyperaktivität und Verhaltensschwierigkeiten im 16. Lebensjahr vorhersagten, konnte das Ausmaß emotionaler Probleme im Jugendalter durch eine geringere Gesundheit der Mütter und einen geringeren Sozialstatus der Familie vorhergesagt werden.

Hinsichtlich der *psychosozialen Situation* fanden Howlin, Goode, Hutton und Rutter (2004) in ihrer Längsschnittstudie in England bei autistischen Erwachsenen, die als Kinder keine geistige Behinderung zeigten (IQ $\geq$ 70), einen günstigeren Verlauf als bei zusätzlich vorliegender Intelligenzminderung. Allerdings waren die Verläufe innerhalb der Gruppe mit durchschnittlicher Intelligenz sehr unterschiedlich. Lediglich ein Drittel aller autistischen Erwachsenen waren berufstätig, meist in eher gering qualifizierten Jobs, wobei über die Hälfte ihren Beruf mit zusätzlicher Unterstützung ausübte. Ein Drittel der Erwachsenen lebte bei ihren Eltern, andere in einer Einrichtung und wenige selbstständig. Da die Erstdiagnose i. d. R. in den 1960er–70er Jahren gestellt wurde, ist unklar, inwieweit die genannten Verläufe die aktuelle Situation autistischer Erwachsener widerspiegeln. Hofvander et al. (2009) kommen allerdings bei der Befragung einer klinischen Inanspruchnahmepopulation erwachsener Personen mit ASS und durchschnittlicher Intelligenz in Frankreich und Schweden zu ähnlichen Ergebnissen. Über die Hälfte dieser Personengruppe war trotz ihres hohen Bildungsniveaus nicht berufstätig. Etwas mehr als die Hälfte der über 20-jährigen Personen lebte in einem eigenständigen Haushalt, die anderen lebten bei ihren Eltern oder in einem betreuten Wohnverhältnis. Wenige Personen (16 %) hatten jemals eine länger dauernde partnerschaftliche Beziehung unterhalten (Hofvander et al., 2009). In einer aktuelleren großen japanischen Studie (Kamio, Inada & Koyama, 2012) von 154 Erwachsenen mit hochfunktionalem Autismus, die Beratungsangebote erhalten hatten, zeigten die Betroffenen ebenfalls ein geringeres psychosoziales Funktionsniveau und eine subjektiv geringere Lebensqualität als unbeeinträchtigte Erwachsene. Sie lebten i. d. R. bei ihren Eltern (92 %) und waren meist arbeitslos (75 %). Als prognostisch günstige Faktoren auf die subjektive Lebensqualität der Betroffenen erwiesen sich ein früher Diagnosezeitpunkt und hilfreiche mütterliche Unterstützung.

Billsted, Gillberg und Gillberg (2011) untersuchten im Unterschied zu den beiden vorgenannten Studien eine populationsbasierte Stichprobe Erwachsener mit ASS, die primär Personen mit geistiger Behinderung einschloss. Im Rahmen ihrer prospektiven, in Schweden durchgeführten Längsschnittstudie berücksichtigten sie neben Angaben zu Berufstätigkeit und Wohnsituation auch die »Autismusfreundlichkeit« der Umgebung (z. B. Kenntnisse der Bezugspersonen, Strukturiertheit, Passung von Anforderung und individuellem Funktionsniveau) durch Expertenratings. Wie in den bereits oben genannten Studien zeigte sich, dass viele der Betroffenen in ihrem Elternhaus oder in einer betreuten Wohnform lebten. Die Mehrzahl arbeitete in Institutionen für Menschen mit Behinderungen, einige mit Unterstützung auf dem freien Arbeitsmarkt und 18 % waren ohne regelmäßige Arbeit. Die Freizeitbeschäftigung stand bei der Mehrzahl der Betroffenen in Zusammenhang mit Spezialinteressen, die sehr unterschiedlich waren. Bei der Hälfte der Betroffenen wurde Musikhören als Freizeitbeschäftigung angeben und bei einem Drittel der Betroffenen bestand die Freizeitgestaltung aus fremdorganisierten Aktivitäten aus dem Bereich Sport. Die »Autismusfreundlichkeit« der Umgebung, die als Indikator für die Lebensqualität der Betroffenen definiert wurde und die auch mit der letztgenannten Freizeitmöglichkeit in Zusammenhang stand, wurde für die Mehrzahl der Betroffenen durch Experten als gut bewertet. Als wichtigste Empfehlungen für andere betroffene Eltern nannten die befragten Eltern die Akzeptanz ihres Kindes sowie die Wichtigkeit von Unterstützung und Hilfsangeboten durch Experten (Billsted, Gillberg & Gillberg, 2011).

Kritisch zu erwähnen ist, dass es sich selten um repräsentative Stichproben handelte, die untersucht wurden, und dass in keiner der genannten Studien als Vergleichsgruppe Personen mit einer anderen chronischen Erkrankung herangezogen wurden, sondern wenn es eine Vergleichsgruppe gab, diese aus unbeeinträchtigten Erwachsenen bestand. Insgesamt ist zu hoffen und zu erwarten, dass durch die verbesserte Förderung in den letzten Jahren auch die Prognose der Erkrankung besser wird.

3 Behandlungsansätze

Im Folgenden wird eine Übersicht über grundsätzliche Behandlungsprinzipien und speziellere Therapieprogramme für Kinder und Jugendliche mit Autismus-Spektrum-Störungen (ASS) gegeben. Die Kenntnis darüber ist einerseits wichtig, da im Elterntraining FAUT-E verwendete Behandlungstechniken auf den im Verlauf genannten Therapieprinzipien aufbauen. Andererseits werden meist viele Fragen der Eltern zu weiteren Therapiemöglichkeiten sowie zum Nutzen bestimmter Maßnahmen gestellt. Zunächst erfolgt daher ein kurzer Exkurs zu wissenschaftlichen Kriterien der Überprüfung der Wirksamkeit von Therapieverfahren. Anschließend werden grundlegende, vor allem verhaltenstherapeutisch basierte Behandlungsprinzipien genannt, dann aktuelle Interventionsansätze vorgestellt, deren Wirksamkeit nachgewiesen wurde (mindestens Evidenzgrad III). Schließlich werden fragwürdige Interventionen genannt, deren Nutzen nicht ausreichend nachgewiesen wurde.

3.1 Exkurs: Kriterien für wissenschaftlich überprüfte Therapiewirksamkeit und unterschiedliche Evidenzgrade

Die Wirksamkeit psychotherapeutischer Interventionen kann auf verschiedene Arten überprüft werden. Randomisiert-kontrollierte *Studien*, also Studien mit einem Kontrollgruppenvergleich und einer zufälligen Einteilung der Teilnehmer in Interventions- und Kontrollgruppe sowie mit verblindeten Zielgrößen, gelten als am Aussagekräftigsten. Durch das Design der Studien können methodisch Fehler und Fehlinterpretationen vermieden werden, so dass im Allgemeinen davon ausgegangen wird, dass die Ergebnisse auf klinisch vergleichbare Patientengruppen verallgemeinert werden können (Evidenzgrad II). Wird eine Metaanalyse über mehrere randomisiert-kontrollierte Studien gerechnet oder kommt eine weitere solche Studie zu demselben Ergebnis, dann kann der beste Evidenzgrad I angegeben werden. Einen niedrigeren Evidenzgrad von III haben Studien, bei denen durch das Studiendesign Einfluss- und Störvariablen weitestgehend kontrolliert wurden, z. B. bestimmte Vorher-Nachher-Vergleiche und nicht-randomisierte Fall-Kontrollstudien. Eine fehlende wissenschaftlich überprüfte Grundlage und nur sehr geringe klinische Evidenz (Grad IV) haben Therapien, die lediglich durch Einzelfallbeschreibungen oder Expertenmeinungen belegt sind.

3.2 Behandlungsprinzipien

Entsprechend der zentralen Symptome von ASS ist es wichtig, dass Interventionen die kommunikativen und die sozialen Fertigkeiten der Betroffenen deutlich verbessern sowie ihre Selbstständigkeit und die Bewältigung von Alltagsanforderungen fördern. Daneben sollen auch störende Verhaltensweisen reduziert werden. Bezüglich dieser Ziele sind insbesondere verhaltenstherapeutische Methoden (neben medikamentöser Therapie) wirksam. Nach einer Übersicht von McConnell (2002) sind effektive therapeutische Interventionen für jüngere autistische Kinder dadurch charakterisiert, dass sie (1) auf lerntheoretischen Prinzipien beruhen, (2) sich auf funktionelle Verhaltensanalysen stützen, (3) in unterschiedlichen Kontexten (zu Hause, in der Schule etc.) und von unterschiedlichen Personen umgesetzt werden, sowie (4) wiederholtes Üben beinhalten. Zusätzlich sollten die Stärken der Kinder und Jugendlichen mit ASS im Bereich der visuellen Wahrnehmung sowie ihr Bedürfnis nach überschaubarer Struktur in der Therapie beachtet und zielführend eingesetzt werden. Nach Empfehlungen des Commitee on Educational Interventions for Children with Autism, das im Auftrag der US Regierung von der Akademie der Wissenschaften gegründet wurde, sollen Therapiemaßnahmen primär Verhaltensweisen fördern, die die Teilnahme der betroffenen Person am Alltagsleben in der Gemeinschaft mit anderen verbessern. Die Intervention soll ferner beobachtbare Veränderungen nach spätestens einem Jahr erkennen lassen (Filipek, Steinberg-Epstein & Book, 2006). In den aktuellen NICE-Leitlinien (National Institute for Health and Care Excellence), die auf systematischen Übersichten zur Wirksamkeit und Kosteneffektivität beruhen, werden Behandlungsverfahren empfohlen, die unter Einbezug der Eltern, Erzieher und Lehrer die soziale Kommunikation des Kindes fördern. Die Methoden sollten an das Entwicklungsniveau des jeweiligen Kindes angepasst sein und von einer gut ausgebildeten Fachkraft durchgeführt werden. Ziel sollte es auch sein, das Verständnis und die Sensibilität für sowie das Reagieren der Bezugspersonen auf die Kommunikations- und Interaktionsmuster des Kindes zu verbessern. Störendes Verhalten sollte ebenfalls mit psychosozialen Interventionen nach einer funktionalen Verhaltensanalyse oder bei schwerer Ausprägung medikamentös behandelt werden (Kendall et al., 2013; http://guidance.nice.org.uk/CG170).

3.3 Kindzentrierte Interventionen

3.3.1 Frühförderprogramme im Vorschulalter

Mittlerweile gibt es mehrere Frühförderprogramme für Kinder mit ASS im Vorschulalter, deren Wirksamkeit in einigen kontrollierten, aber nicht immer randomisierten Therapiestudien nachgewiesen wurde. Oft basieren die Frühförderprogramme auf der so genannten *angewandten Verhaltenstherapie (Applied Behavior Analysis, ABA)*, die allerdings durch Therapeuten und »Therapieschulen« unterschiedlich definiert und durchgeführt wird. Charakteristisch ist die Verwendung des so genannten diskreten Lernformats. Zusätzlich werden grundlegende verhaltenstherapeutische Prinzipien, die auch in der Verhaltenstherapie anderer psychischer Störungen seit längerer Zeit verwendet werden, eingesetzt. Im Rahmen des *diskreten Lernformats* werden komplexe Lernschritte und Verhaltensweisen in Unterschritte bzw. einzelne Übungen zerlegt und zunächst schrittweise, in Zusammenhang mit einer bestimmten Anweisung (»prompt«), eingeübt. Beispielsweise werden einzelne Handlungsschritte eines Spiels zunächst isoliert eingeübt (z. B. Karten hinlegen, Karten umdrehen...). Erst wenn die Teilschritte gut beherrscht werden, werden sie, im Sinne einer Verkettung (»Chaining«), kombiniert geübt. Zu den breit eingesetzten, grundlegenden verhaltenstherapeutischen Methoden gehören insbesondere *operante Methoden*, bei denen erwünschte kindliche Verhaltensweisen positiv verstärkt und unerwünschte ignoriert bzw. sanktioniert werden. Darüber hinaus werden dem kindlichen Verhalten vorausgehende, antezendente Bedingungen berücksichtigt und gestaltet, um das Auftreten eines angemessenen kindlichen Verhaltens zu fördern. Dies geschieht beispielsweise durch verbale oder handlungsbasierte Hinweise in Form von »Prompting« oder eine bestimmte Raumgestaltung im Sinne von Stimuluskontrolle. Beispielsweise werden Gegenstände, mit denen sich das Kind gerne intensiv und auf stereotype Weise beschäftigt, zunächst aus dem Raum entfernt, um dadurch die Aufmerksamkeit des Kindes besser auf etwas Neues lenken zu können. Zur Erfassung der einem bestimmten Verhalten vorausgehenden und nachfolgenden Bedingungen werden zunächst *Verhaltensanalysen nach dem SORKC-Modell* von Kanfer, Reinecker und Schmelzer (2006) durchgeführt.

Während in der Anfangszeit dieser Frühförderprogramme und im Rahmen des ursprünglich sehr strengen, wenig kindzentrierten Ansatzes nach Lovaas Übungssituationen eher künstlich am Tisch und vom Therapeuten stark strukturiert hergestellt wurden, ist man in neueren Ansätzen dazu übergegangen, *natürliche Lernsituationen* zu nutzen, da so die Übertragung auf Alltagssituationen besser möglich ist (z. B. Schreibman, 2000). Darüber hinaus werden in anderen Weiterentwicklungen *globalere und für das eigenständige Lernen notwendige Fertigkeiten*, wie Lernmotivation und Selbststeuerung, als Zielverhalten eingeübt (z. B. beim Training von Schlüsselfertigkeiten). Insbesondere bei jungen Kindern wird in der Behandlung oft ein Schwerpunkt auf das Erlernen und Üben von Imitation und gemeinsamer Aufmerksamkeit (joint attention) gelegt (z. B. Freitag,

Feineis-Matthews, Valerian, Teufel & Wilker, 2012; Kasari, Freeman & Paparella, 2006; Kitzerow et al., 2014; Landa, Holman, O`Neill & Stuart, 2011), da diese Fertigkeiten bei Kindern mit ASS in der Regel stark beeinträchtigt sind und sie zentrale Vorläuferfunktionen für die Entwicklung sprachlicher Fertigkeiten darstellen (▶ Kap. 1.6).

Spezifische, vor allem in den USA entwickelte Programme, die auf den oben genannten Prinzipien basieren, sind zunächst der Behandlungsansatz von Ivar Lovaas (1981) sowie daraus abgeleitete und weiter entwickelte Verfahren, die unter der Abkürzung *EIBI* (early intensive behavioral intervention, z. B. Reichow, Barton, Boyd & Hume, 2012) zusammen gefasst werden, sowie das *Training von Schlüsselfertigkeiten* (Pivotal Response Training, Koegel, Koegel & McNervey, 2001). In dem *Early Start Denver Model* für Vorschulkinder (Rogers & Dawson, 2010) werden die o. g. Therapieprinzipien mit entwicklungspsychologischen und beziehungsbasierten Elementen kombiniert und um das Prinzip des zufälligen, in den Alltag integrierten Lernens und täglichen Übens ergänzt. Ein ähnlicher Ansatz liegt dem *Frankfurter Frühinterventionsprogramm FFIP* zugrunde, in dem auch Elemente des Trainings von Schlüsselverhaltensweisen zur Förderung der Lernmotivation enthalten sind (Freitag et al., 2012; Kitzerow et al., 2014). Bezüglich des Settings (zu Hause, in einer Therapieeinrichtung, im Kindergarten) sowie bezüglich der erforderlichen Therapieintensität gibt es unterschiedliche Ansätze und Empfehlungen, die bisher kaum miteinander verglichen wurden. Basierend auf frühen US-amerikanischen und schwedischen Studien wird oft eine Therapieintensität von ca. 20 Stunden pro Woche empfohlen. Diese wird in Deutschland allerdings nicht finanziert. Hier hat sich eine autismusspezifische Frühförderung als günstig erwiesen, die mit geeigneten Therapiemethoden arbeitet, und die mit einer Frequenz von ca. zwei bis fünf Stunden pro Woche in einzelnen Bundesländern finanziert wird. Sowohl Eltern als auch Erzieherinnen im Kindergarten sollten eng in die Therapie einbezogen werden, so dass durch Übungen zu Hause und im Kindergarten das in der Frühförderung Gelernte regelmäßig im Alltag angewendet wird. Eine direkte Vergleichsstudie einer hoch-frequenten mit einer eher niedrig-frequenten Therapie steht noch aus und sollte durchgeführt werden.

Im Kindergarten und auch in der Schule werden oft *Integrationshelfer* als Maßnahme der Eingliederungshilfe eingesetzt, um die Kinder mit ASS zu fördern und zu unterstützen, allerdings existieren keine Untersuchungen zur Wirksamkeit dieser Praktik und es gibt keine standardisierte Ausbildung.

3.3.2 Wirksamkeit von Frühförderprogrammen im Vorschulalter

In einer Metaanalyse, in die mehrere Studien mit Kontrollgruppendesign zur ABA-basierten Frühförderung für autistische Kinder im Vorschulalter eingeschlossen wurden, so dass über 200 Kinder berücksichtigt wurden, zeigten sich positive Effekte hinsichtlich intellektueller, sprachlicher und alltagspraktischer Fertigkeiten (Reichow et al., 2012). Die Interventionen waren zum Evaluationszeitpunkt ein bis drei Jahre mit einem Wochenumfang von 20 Stunden durchgeführt worden. Da die meisten der Evaluationsstudien nicht randomisiert waren, ist von Evidenzgrad III zu sprechen. Im Kindergarten und in der Vorschule durch geschulte Erzieher umgesetzte intensive, aber eher am natürlichen Lernformat orientierte Interventionen (mindestens 15 h pro Woche) erbrachten Verbesserungen in sprachlichen und kognitiven Fähigkeiten, wobei sich keine Überlegenheit eines ABA-basierten Frühförderprogramms gegenüber einem autismusspezifischen Vorschulprogramm zeigte (Magiati, Charman & Howlin, 2007). Die Ergebnisse bei den Kindern waren zudem sehr variabel. In dieser Studie sagten insbesondere die kognitiven Fertigkeiten, aber auch die sprachlichen und alltagspraktischen Fertigkeiten der Kinder vor der Intervention die späteren Fähigkeiten am besten vorher (Magiati, Moss, Charman & Howlin, 2011).

Zu berücksichtigen ist, dass diese Evaluationsstudien in der Regel in den USA oder Großbritannien durchgeführt wurden und sich die Rahmenbedingungen dort stark von Deutschland unterscheiden. Darüber hinaus wurden kaum einzelne Programme miteinander verglichen, noch erfolgten systematische Vergleiche zwischen zeitlich hoch intensiven Programmen und niedrig intensiven Interventionen. Zudem profitierten die teilnehmenden Kinder mit ASS in sehr unterschiedlichem Maße von den Interventionen, so dass durch weitere Studien zu untersuchen ist, welche Intervention für welche Kinder am besten geeignet ist.

3.3.3 Soziale Kompetenztrainings in Gruppen

Für Kinder, Jugendliche und Erwachsene mit ASS, die über gute verbale und ausreichend gute intellektuelle Fähigkeiten verfügen, werden häufig Gruppentrainings zur Förderung sozialer Kompetenzen angeboten (z. B. Cholemkery & Freitag, 2014; Freitag et al., 2013, Freitag, Cholemkery & Elsuni, 2014; Gawronski, Pfeiffer & Vogeley, 2012; Herbrecht, Bölte & Poustka, 2008; Jenny, Goetschel, Isenschmid & Steinhausen, 2011). Wichtige Bausteine eines solchen Trainings sind nach einer Übersicht von Parsons und Mitchell (2002) u. a. das Lernen sozialer Regeln, Einüben konkreter Verhaltensweisen in Rollenspielen, Wiederholung einer geübten Fertigkeit und Einübung der Verhaltensweisen in realen Situationen. Williams White, Koenig und Scahill (2007) kommen aufgrund der Durchsicht vieler Studien zu dem Schluss, dass darüber hinaus ein ressourcenorientiertes Vorgehen, einschließlich der Stärkung des Selbstbewusstseins der Teilnehmer sowie ein vorhersehbarer Ablauf und der Einsatz positiver Verstärkung günstig sind, um soziale Motivation aufzubauen und störendes Verhalten zu reduzieren. Auch neuropsychologisch orientierte Interventionen zur Förderung spezifischer Fertigkeiten, wie der Emotionserkennung (z. B. Bölte, Feineis-Matthews & Poustka, 2003), werden manchmal in Gruppentrainings integriert (z. B. Stichter et al., 2010). Sie zeigen aber alleine keinen ausreichenden Effekt auf soziale Fertigkeiten.

3.3.4 Wirksamkeit sozialer Kompetenztrainings

In einem Review, in das mehrere randomisiert-kontrollierte, amerikanische Studien mit fast 200 Gruppentherapieteilnehmern vor allem im Alter von sieben bis zwölf

Jahren mit hochfunktionaler ASS einbezogen wurden (Evidenzgrad I), zeigten sich mittlere Effekte bezogen auf soziale Kompetenzen der Kinder im Elternurteil. Meist fand die Gruppentherapie einmal wöchentlich statt, wobei die Anzahl der Sitzungen von zwölf bis 20 variierte, einmal erfolgte eine Behandlung von 25 Stunden in fünf Wochen. Die Autoren weisen darauf hin, dass hinsichtlich der Wirksamkeit sozialer Kompetenzgruppen für das Jugend- und junge Erwachsenenalter sowie bezogen auf Personen mit leichter kognitiver Beeinträchtigung aussagekräftige Studien bisher fehlen (Reichow, Steiner & Volkmar, 2012). Kürzlich wurde in Deutschland eine randomisiert-kontrollierte Studie zu dem SOSTA-FRA Programm durchgeführt (Cholemkery & Freitag, 2014), deren Ergebnisse im Laufe des Jahres 2015 publiziert werden. Es zeigte sich ein kleiner bis mittlerer Effekt (Effektgröße = 0,35) der Gruppentherapie als Zusatztherapie zu Elterntraining und individueller medikamentöser und Psychotherapie im Vergleich zur Kontrollgruppe, die keine Gruppentherapie erhielt. Der Therapieeffekt hielt über den Nachuntersuchungszeitraum von drei Monaten an.

3.3.5 Visuelle Strukturierung

Im Rahmen des *TEACCH-Ansatzes* (Treatment and Education of Autistic and related Communication Handicapped Children), der seit den 1960er Jahren in USA entwickelt wurde, werden die Stärken von Personen mit ASS im Bereich der visuellen Wahrnehmung berücksichtigt sowie ihre Präferenzen für Struktur und Eindeutigkeit. Durch TEACCH-Methoden sollen günstige Umweltbedingungen geschaffen werden, so dass es Menschen mit ASS besser gelingt, situationsangemessenes Verhalten zu zeigen. Hierzu werden einerseits zeitliche Abläufe visualisiert (Zeitstrukturierung), so dass die Aktivitäten einer Woche oder eines Tages vorhersehbar sind. Auch können Abläufe, die aus mehreren Teilschritten bestehen, wie Zähneputzen oder eine Mahlzeit zubereiten, visualisiert werden, damit diese Teilschritte vollständig und zunehmend selbstständig durchführbar sind (Tätigkeitenstrukturierung). Darüber hinaus werden räumliche Strukturierungshilfen angeboten (räumliche Strukturierung). Beispiele sind eine entsprechende Gestaltung des Arbeitsplatzes einschließlich eines »Fertigkorbes« für erledigte Tätigkeiten sowie Markierungen oder Kastensysteme. Sowohl in Schulen, als auch in Heimeinrichtungen werden oft Methoden des TEACCH-Ansatzes angewendet. Auch im therapeutischen Rahmen, z. B. zur Visualisierung des Sitzungsablaufs, können entsprechende Strukturierungsmaßnahmen eingesetzt werden. Im Rahmen des FAUT-E werden den Eltern ebenfalls auf dem TEACCH-Ansatz basierende Maßnahmen zur Anwendung im häuslichen Rahmen vermittelt (▶ Basis 4 Problemverhalten meines Kindes ändern I - Strukturierungsmaßnahmen).

Die Anwendung des TEACCH-Ansatzes bei autistischen, geistig behinderten Kindern in der Schule und mit Anleitung der Eltern wurde in einer Prä-Post-Vergleichsstudie untersucht und dabei einer allgemeinen, inklusiven Beschulung gegenüber gestellt (Evidenzgrad III). Bei der *Evaluation* nach drei Jahren (Panerai et al., 2009) zeigte sich eine Überlegenheit des TEACCH-Ansatzes durch Verbesserungen in entwicklungsbezogenen und alltagspraktischen Fertigkeiten der

Kinder. Auch in einer Heimeinrichtung implementierte TEACCH-Methoden zeigten allerdings in einer sehr kleinen Stichprobe autistischer, geistig behinderter Jugendlicher und Erwachsener Wirksamkeit im Prä-Post- und Kontrollgruppenvergleich (van Bourgondien, Reichle & Schopler, 2003). Sowohl die Teilnehmer der TEACCH-Gruppe als auch ihre Eltern gaben an, die Maßnahmen als hilfreich zu erleben, und berichteten eine Erhöhung der Selbstständigkeit im Alltag. Vergleichsstudien mit anderen Therapieprogrammen sowie randomisiertkontrollierte Studien fehlen allerdings. Zusammenfassend sind Methoden der visuellen Strukturierung, wie TEACCH, hilfreich und notwendig, um eine übersichtliche (Lern-) Umgebung für Personen mit ASS zu schaffen. Sie sind jedoch allein nicht ausreichend, um dem Kind, Jugendlichen oder Erwachsenen neue, bisher noch nicht beherrschte Fertigkeiten beizubringen. Dazu sind die oben beschriebenen spezifischen lerntherapeutischen Therapieansätze notwendig.

3.3.6 Programme zum Aufbau von Sprache und Kommunikation

In der Regel sollte der Sprachaufbau bei Kleinkindern mit ASS im Rahmen eines umfassenden Therapieprogramms über die direkte Förderung von rezeptiven Sprachfertigkeiten sowie die Förderung von non-verbaler Kommunikation, dann gezieltem Lautieren und dem Aufbau funktioneller, kommunikativer Sprache erfolgen.

Für Kinder, die mit diesen Methoden nicht ausreichend sprechen lernen, existieren unterschiedliche Methoden, um den Aufbau kommunikativer Sprache zu unterstützen oder in alternativer Weise zu ermöglichen. Diese Methoden bauen i. d. R. darauf auf, Sprache in Form einer konkreten, visuellen Repräsentation abzubilden. Das Ziel ist es immer, den nicht sprechenden Personen eine effektive, funktionale Kommunikation zu ermöglichen. Die eingesetzten Methoden umfassen den Einsatz von Gesten, das Erlernen einer Zeichensprache, die Verwendung von Bildern oder Piktogrammen, Tafeln (communication boards) sowie den Gebrauch elektronischer Geräte, wie Talker oder Tablets. Im Rahmen einer Übersichtsarbeit, in die 14 Studien einbezogen wurden, weisen Gevarter et al. (2013) darauf hin, dass neben der jeweils verwendeten Kommunikationsmethode spezifische weitere Komponenten der Intervention zu ihrer Effektivität beitragen. Beispielsweise spielt die Erhöhung der Motivation, etwa durch die Verhinderung des freien Zugangs zu einem präferierten Gegenstand und die Forderung einer Wunschäußerung, eine wichtige Rolle. Ebenso gibt es Hinweise auf einen rascheren Erwerb einer Technik nach Beobachtung eines Modells und durch »fehlerfreies Lernen«, indem die falsche Alternative durch den Therapeuten geblockt wird (Gevarter et al., 2013). Zudem ist es wichtig, dass alle Personen, die mit der nicht-sprechenden Person in Kontakt stehen, konsistent dieselben Methoden (Gesten, Bilder) verwenden, damit das Kind diese mit verschiedenen Personen einzusetzen lernt.

Ein recht bekanntes Programm, mit dem über den Austausch von Bilderkarten Kommunikation aufgebaut werden soll, ist *PECS* (Picture Exchange Communication System, Frost & Bondy, 2002). Das Programm baut auf dem diskreten

Lernformat auf. Über mehrere Phasen lernen die Kinder, ihre Wünsche zu kommunizieren, indem sie eine spezifische Karte auswählen und an eine andere Person übergeben. In einer späteren Phase werden auch Satzstrukturen anhand von mehreren Bilderkarten gelernt, um Wünsche auszudrücken, Fragen zu stellen und zu beantworten (Freitag, Herpertz-Dahlmann, Dose & Lüken, 2011; Lechmann, Diepers-Pérez, Grass & Pfeiffer, 2009).

Die *Wirksamkeit von PECS* wurde bisher vor allem in Prä-Post-Vergleichsstudien überprüft. In einer Überblicksarbeit, in die 13 kontrollierte Einzelfallstudien einbezogen wurden (Evidenzgrad III), zeigte sich dass der Einsatzbereich von PECS in der Förderung von funktionaler Kommunikation (z. B. Wünsche äußern) zu sehen ist, und dass insbesondere bei Vorschülern in diesem Bereich Verbesserungen erzielbar waren. Keine bedeutsamen Effekte wurden im Bereich des Sozialverhaltens und des aktiven Sprechens erreicht (Ganz, Davis, Lund, Goodwyn & Simpson, 2012). Übereinstimmend mit diesem Ergebnis zeigten in einer randomisiert-kontrollierten Studie (Evidenzgrad II), bei der PECS in der Schule eingesetzt wurde, die Kinder der PECS-Interventionsgruppe unmittelbar nach der Intervention eine spontane Anwendung dieser Kommunikationsweise, allerdings zeigte die PECS-Gruppe keine Überlegenheit hinsichtlich der Zunahme der Häufigkeit der Lautsprache (Howlin, Gordon, Pasco, Wade & Charman, 2007).

In einer Übersicht, in der die Effekte unterschiedlicher Methoden zum Sprachaufbau, meist auf der Grundlage von Einzelfallstudien beurteilt wurden, wurde festgestellt, dass der Einsatz von Methoden zur unterstützten oder alternativen Kommunikation bei nicht sprechenden autistischen Kindern im Vor- und Grundschulalter verbale Kommunikation nicht behindert, was oft eine Sorge der Eltern ist. Stattdessen war eine Zunahme der Sprachproduktion feststellbar, allerdings waren die Effekte eher gering (Schlosser & Wendt, 2008). In der genannten Übersicht konnte außerdem gezeigt werden, dass das vor einer Intervention bestehende vokale Imitationsverhalten des Kindes ein guter Prädiktor für den späteren Spracherwerb darstellte (Schlosser & Wendt, 2008).

3.4 Elterntrainings

Es existieren mehrere Trainings für Eltern von Kindern und Jugendlichen mit ASS, die sich hinsichtlich ihrer Zielsetzungen und Behandlungskonzepte unterscheiden. Das Angebot reicht von minimaler Intervention im Anschluss an eine gestellte Diagnose (s. u.) bis hin zum Einbezug der Eltern als Therapeuten (z. B. Bremer Elterntraining) und somit von psychoedukativer Informationsvermittlung an die Eltern bis hin zur Durchführung von Übungen im häuslichen Alltag durch die Eltern. Einige Trainings beziehen sich primär auf eine Verbesserung des psychischen Befindens der Eltern sowie eine damit verbundene Stressreduktion, andere auf das Verhalten der Kinder. Hierbei fokussieren einige Programme (z. B. TASK, PACT) auf die Sprachförderung der Kinder, andere eher auf den Abbau von störendem und den Aufbau von angemessenem Sozialverhalten (z. B. Stepping Stones Triple-P, Pivotal Response Training). Manche Trainings finden im Gruppensetting statt, andere in Einzelsitzungen, entweder in einem Therapiezentrum oder im häuslichen Rahmen. Im Folgenden werden einzelne Elterntrainingsprogramme mit ihren jeweiligen Behandlungsindikationen und Settings vorgestellt.

3.4.1 In Deutschland angebotene Elterntrainings und ihre Wirksamkeit

Im deutschsprachigen Raum ist das *Bremer Elterntraining (BET von Cordes und Cordes*, siehe Cordes, 2005) entwickelt worden. Es ist ein intensives, verhaltenstherapeutisch basiertes Programm. Aufgrund seiner Konzeption ähnelt es den oben genannten, auf dem diskreten Lernformat basierenden Frühförderprogrammen. Die Eltern sowie unterstützende Ko-Therapeuten werden sowohl im Rahmen von Kursen als auch im häuslichen Rahmen zu den spezifischen Übungen angeleitet und supervidiert. Dazu werden auch Video-Interaktionstrainings hinsichtlich bestimmter Alltagssituationen durchgeführt. Meist führten die Eltern und Ko-Therapeuten nach Abschluss der Trainingsphasen die erarbeiteten Lernprogramme mit einem Umfang von ca. 15 Wochenstunden weiter. In Prä-Post-Evaluationsstudien mit einigen Familien (Evidenzgrad III-IV; Cordes & Cordes, 2006) zeigte sich, dass es den Teilnehmern i. d. R. nach einigen Wochen gelang, die vermittelten verhaltenstherapeutischen Strategien umzusetzen. In einer Fragebogenevaluation gaben die Eltern und Ko-Therapeuten Entwicklungsfortschritte der Kinder im Bereich der Sprache und eine Reduktion des Problemverhaltens an. In einer sehr kleinen, kontrollierten Studie (Evidenzgrad III) konnte eine Stressreduktion bei den Eltern in der BET-Gruppe gezeigt werden (Zipfinger, Cordes & Cordes, 2014).

Das *psychoedukative Elterngruppen-Trainingsprogramm von Paul Probst* (Probst, 2003) ist ausschließlich für Eltern konzipiert. Es wird im Gruppenformat an drei ganztägigen Sitzungen im Abstand von jeweils einem Monat angeboten. Trainingsbausteine sind sowohl Psychoedukation bezüglich ASS als auch die Vermittlung von Strategien zur Verbesserung des kindlichen Verhaltens im Alltag. Hierzu werden verhaltenstherapeutische Prinzipien, wie operante Verstärkung und das schrittweise Lernen eines komplexen Verhaltens, vermittelt sowie Strukturierungsmethoden nach dem TEACCH-Ansatz. Im Rahmen einer Prä-Post-Evaluation (Evidenzgrad III-IV) wurden die teilnehmenden Eltern unmittelbar nach dem Training sowie drei Monate später befragt. Die Mehrheit der Teilnehmer gab an, sehr zufrieden mit dem Trainingsprogramm zu sein (z. B. mit dem Gruppenklima, mit der Qualität der Inhalte). Außerdem gaben die meisten Teilnehmer Verbesserungen der Eltern-Kind-Beziehung und positive Auswirkungen auf die eigene Gesundheit, das Belastungsniveau und Familienklima an. Von den Teilnehmern als bedeutsam bewertete Methoden wurden, wie anhand ihrer Protokolle feststellbar war, meist auch von ihnen im Alltag umgesetzt.

Das *TASK (Training Autismus Sprache Kommunikation*, Fröhlich, Noterdaeme, Jooss & Buschmann, 2014) ist eine Adaptation des Heidelberger

Elterntrainings zur frühen Sprachförderung bzw. zur Kommunikations- und Sprachanbahnung bei entwicklungsverzögerten Kindern (Buschmann & Jooss, 2012). Zielsetzungen sind die Anbahnung von Sprache und Kommunikation bei autistischen Kindern im Vorschulalter. Die Eltern werden darin unterstützt, sozialkommunikative Signale des Kindes wahrzunehmen, aufzugreifen und zu erweitern. Sie werden außerdem dazu angeleitet, positive Kommunikations- und Interaktionssituationen zu schaffen. Als Methoden werden u. a. Rollenspiele und Videosupervisionen eingesetzt. Bisherige Evaluationsergebnisse zeigen unmittelbar nach dem Training und zum Katamnesezeitpunkt vier Monate nach Trainingsende in der Behandlungsgruppe verglichen mit einer Kontrollgruppe eine Zunahme sprachlicher Äußerungen der Kinder und eine Zunahme synchroner Eltern-Kind-Kommunikation, d. h. die kommunikativen Äußerungen der Bezugsperson richten sich auf den Aufmerksamkeitsfokus des Kindes. Da sich die Gruppen hinsichtlich Alter und Sprachniveau vor der Intervention unterschieden und keine randomisierte Gruppenzuteilung erfolgte, weist die Studie einen Evidenzgrad von III auf (Gruber, Fröhlich & Noterdaeme, 2014).

Die Wirksamkeit der genannten Elterntrainings ist bisher noch nicht in Studien mit randomisierter Gruppenzuordnung und verblindeten Zielgrößen überprüft worden. Dies gilt auch für das vorliegende Elterntraining, das aktuell in einer Prä-Post-Studie untersucht wird (▶ Kap. 11).

3.4.2 International angebotene Elterntrainings und ihre Wirksamkeit

International stehen ebenfalls mehrere Trainingsprogramme für Eltern von Kindern mit ASS zur Verfügung. Exemplarisch werden im Folgenden methodisch gut untersuchte Trainingsprogramme mit verschiedenen Ansätzen und Methoden genannt.

Mit dem Ziel, das psychische Befinden von Müttern, bei deren Kindern kürzlich eine Autismus-Diagnose gestellt worden war, zu verbessern, wurde eine kurze kognitiv-problemlösungsorientierte Intervention, angelehnt an Verfahren zur Behandlung von Depressionen, durchgeführt. Das *Problemlösetraining* fand in Einzelsitzungen mit den Müttern statt und beinhaltete die Bearbeitung einer jeweils individuellen Problematik anhand des Problemlöseansatzes (Zielsetzung, Brainstorming, Evaluation von Lösungen, Auswahl einer Lösung und Handlungsplanung). In einer randomisiert-kontrollierten Studie (Evidenzgrad II) wurde dieses sechs Sitzungen umfassende Problemlösetraining (6×30 Min.) als Zusatztherapie der Standardversorgung in den USA gegenübergestellt, die kindbezogene Interventionen (z. B. Sprachtherapie, Ergotherapie) umfasste. Teilnehmerinnen waren Mütter aus niedrigen Einkommensschichten mit autistischen Kindern im Vorschulalter. Durch die Intervention konnte eine Reduktion von Stress bei den Müttern erreicht werden sowie eine tendenzielle Reduktion depressiver Symptome (Feinberg et al., 2013).

Ähnlich wie das oben genannte TASK fokussiert das im englischen Sprachraum eingesetzte *Elterntraining für Vorschulkinder PACT (Preschool Autism Communication Trial)* auf die Verbesserung von Sprache und Kommunikation der autistischen Kinder durch Beratung und Anleitung der Eltern. Die Eltern lernen unterstützend und verstärkend auf kindliche Laut- oder Sprachäußerungen einzugehen, kindliche Aktivitäten sprachlich zu begleiten und die eigenen sprachlichen Äußerungen dem Funktionsniveau des Kindes anzupassen. Hierzu finden zunächst Therapiesitzungen mit den Eltern statt, dann videogestützte Sitzungen mit Eltern und Kind gemeinsam. Das manualisierte Programm zeigte in einer großen, randomisiert-kontrollierten Studie (Evidenzgrad II, Green et al., 2010) im Vergleich zu einem Treatment as usual (TAU) Effekte hinsichtlich der Eltern-Kind-Interaktionen mit einer Zunahme synchroner Reaktionen durch die Eltern und vermehrter kommunikativer Annäherungen der Kinder. Aus den Einschätzungen der Eltern ergaben sich Hinweise auf eine verbesserte Sprachproduktion der Kinder, jedoch nicht aus den Beurteilungen der Untersucher. Die autistische Symptomatik an sich, die mit dem ADOS erfasst wurde, besserte sich nicht durch das Training. Es waren durchschnittlich 16 Sitzungen in einem Interventionszeitraum von 13 Monaten durchgeführt worden.

Das *Focus Parent Training* (Drew et al., 2002) richtet sich an Eltern autistischer Kinder im Vorschulalter. Es zielt primär auf die Erhöhung von Verhaltensweisen zur gemeinsamen Aufmerksamkeit (joint attention) bei den Kindern ab, wie auf etwas deuten oder einen Gegenstand durch Hochhalten zeigen und dabei Blickkontakt zur Bezugsperson herstellen. Zunächst werden entsprechende Übungen im Rahmen von bestimmten Spielaktivitäten durchgeführt, die dann von den Eltern in den häuslichen Alltag integriert werden sollen. Das Training beginnt mit Gruppensitzungen für Eltern und beinhaltet dann Hausbesuche im Abstand von sechs bis zwölf Wochen für zwei Jahre, an die sich dann erneut Gruppensitzungen in halbjährigen Abständen anschließen. In einer randomisiert-kontrollierten Evaluation (Evidenzgrad II, Oosterling et al., 2010) wurde das *Focus Parent Training* einer üblichen Behandlungsgruppe (Treatment as usual) gegenübergestellt. Es zeigte sich keine Überlegenheit der Elterntrainingsgruppe in Maßen der kindbezogenen Entwicklung, wie sprachliche Fertigkeiten, da in beiden Gruppen vergleichbare Verbesserungen feststellbar waren. In der Elterntrainingsgruppe war eine Zunahme an strukturierendem Elternverhalten feststellbar.

Das *Stepping-Stones Triple P Elterntraining* von Sanders, Mazzucchelli und Studman (2003) ist eine Variation des Triple P Elterntrainings, das für Eltern von Kindern mit einer Behinderung (z.B. genetische Syndrome, Entwicklungsverzögerung, körperliche Krankheiten) entwickelt wurde, nicht speziell für autistische Kinder. Es basiert auf verhaltenstherapeutischen Prinzipien. So werden Verhaltensanalysen zur Ermittlung der Funktion des kindlichen Verhaltens durchgeführt und daraus Interventionen abgeleitet. Im Fokus steht elterliches Erziehungsverhalten, verbunden mit den Zielen hierüber das Verhalten des Kindes positiv zu ändern. Im Rahmen einer randomisiert-kontrollierten Studie mit einer Wartelistenkontrollgruppe evaluierten Whittingham, Sofronoff, Sheffield und Sanders (2009) das Stepping-Stones Triple P Programm bei Eltern autistischer Kinder im Alter von zwei bis neun Jahren, denen das Training in fünf Gruppen- und drei Einzelsitzungen angeboten wurde (Evidenzgrad II). Anhand der erhobenen Fragebögen zum Erziehungsverhalten, Zufriedenheit mit der Elternrolle und zum kindlichen Verhalten, die jeweils von den Eltern beantwortet wurden, waren eine

Zunahme funktionalen Erziehungsverhaltens und eine Reduktion kindlichen Problemverhaltens in der Behandlungsgruppe feststellbar, welche auch bei der Katamnese sechs Monate nach Behandlungsende fortbestanden.

Das *Pivotal Response Training (PRT) für Eltern autistischer Kinder* ähnelt inhaltlich dem vorgenannten Elterntraining, da es ebenfalls Prinzipien der angewandten Verhaltensanalyse und der operanten Verstärkung enthält. Es richtet sich an die Eltern von Vorschulkindern und umfasst zehn Gruppen- und eine Individualsitzung. Die Eltern werden vor allem anhand von Videobeispielen und der Analyse eigener Videos häuslicher Interaktionssituationen (z. B. beim Spielen, bei gemeinsamen Mahlzeiten) darin unterstützt, PRT-Prinzipien in ihrem Verhalten umzusetzen. Zu diesen elterlichen Verhaltensweisen zählen u. a. dem Kind Wahlmöglichkeiten geben, unmittelbare Konsequenzen auf kindliches Verhalten umzusetzen und dabei natürliche Verstärker verwenden. Im Rahmen einer Evaluationsstudie wurden die im Therapieverlauf erhaltenen Videosequenzen hinsichtlich des Eltern- und Kindverhaltens kodiert. Es zeigte sich im Prä-Post-Vergleich (Evidenzgrad III) eine Zunahme der Verwendung von geübten, fördernden Verhaltensweisen durch die Eltern sowie eine Zunahme kommunikativer sprachlicher Äußerungen der Kinder. Die Ergebnisse sind allerdings, insbesondere aufgrund des Fehlens einer Kontrollgruppe, in ihrer Aussagekraft eingeschränkt (Boettcher Minjarez, Williams, Mercier & Hardan, 2011).

Mit »*Transitioning Together*« entwickelten Smith, Greenberg und Mailick (2012) eine Kombination aus Gruppen-Elterntraining und einer sozialen Kompetenzgruppe für Jugendliche. Das Programm wurde mit dem Schwerpunkt konzipiert, Eltern und Jugendliche in der Übergangsphase beim Eintritt der ASS Betroffenen in das Erwachsenenalter zu unterstützen. Nach zwei Individualsitzungen mit einer Familie finden acht Elterntrainingsgruppen und parallel soziale Kompetenzgruppen für Jugendliche statt. Das Elterntraining enthält psychoedukative Elemente sowie die Vermittlung und Anwendung von Problemlösestrategien. Hierbei bearbeiten alle Gruppenmitglieder das vorher ausgewählte Problem einer Familie. In einer Prä-Post-Pilotstudie mit zehn Familien ohne Kontrollgruppe (Evidenzgrad III) war im Selbsturteil der Eltern ein besseres Verständnis für die autistische Symptomatik und eine positivere Einschätzung ihres Kindes feststellbar sowie eine positivere Eltern-Kind-Interaktion in der Verhaltensbeobachtung. Keine Effekte gab es hinsichtlich der ASS-Symptomatik sowie des elterlichen Stresserlebens (Smith et al., 2012).

3.4.3 Zusammenfassung Wirksamkeit von Elterntrainings

Insbesondere aus dem anglo-amerikanischen Sprachraum liegen einzelne randomisiert-kontrollierte Studien zur Wirksamkeit von Elterntrainings vor. Demnach scheinen externalisierende Verhaltensprobleme des Kindes durch autismusspezifische Elterntrainings positiv beeinflussbar (z. B. Aman et al., 2009; Pillay, Alderson-Day, Wright, Williams & Urwin, 2011; Whittingham et al., 2009). Grenzen von niederfrequenten Elterntrainings sind bezüglich der Verbesserung der kindlichen Symptomatik zu konstatieren (z. B. Oosterling et al., 2010). Ihr Nutzen liegt vor allem in der Änderung des elterlichen Erziehungsverhaltens sowie in der Verbesserung der elterlichen Zufriedenheit und dem Verständnis für das eigene Kind. Nach einer Übersicht von McConachie und Diggle (2007) erlangen die Eltern durch Trainings mehr Wissen über ASS und erleben weniger Belastung, zudem verbessert sich die Eltern-Kind-Interaktion und Kommunikation. Cordes und Cordes (2009) gehen in Anlehnung an Grawe (1998) davon aus, dass für die Eltern der Erwerb wirksamer Verhaltensstrategien im Umgang mit konkreten Verhaltensproblemverhalten ihres Kindes einen relevanten Wirkfaktor darstellt, sowohl bezogen auf die Reduktion dieses Problems als auch hinsichtlich des Selbstwirksamkeitserlebens.

3.5 Medikamentöse Behandlung

Eine medikamentöse Behandlung der Kernsymptomatik von ASS ist aktuell nicht möglich. Erfolgt eine Medikation, bezieht sich diese in der Regel auf zusätzlich bestehende Verhaltensprobleme bzw. komorbid bestehende psychische Erkrankungen, wie die Aktivitäts- und Aufmerksamkeitsstörung (ADHS), die dann in der Regel der Behandlung von Personen ohne ASS entspricht (z. B. Stimulanzien bei ADHS). Insbesondere aggressives Verhalten ist ein häufiger Grund für eine Medikation, wenn trotz eines günstigen pädagogisch-verhaltenstherapeutischen Umgangs oft selbst- oder fremdaggressives Verhalten auftritt. Atypische Neuroleptika, wie Risperidon und Aripiprazol, haben sich als wirkungsvoll zur Behandlung von aggressivem Verhalten und von stereotypem Verhalten erwiesen, wobei sowohl bei Risperidon- als auch bei Aripiprazol-Gabe immer eine Gewichtszunahme als Nebenwirkung auftrat. Auch Ein- und Durchschlafstörungen treten bei autistischen Kindern oft auf. Diesbezüglich ist eine Medikation mit Melatonin als Mittel der ersten Wahl zu empfehlen. Mit Nebenwirkungen ist dabei nicht zu rechnen (siehe auch Freitag, 2012; alle Studien im Detail aufgeführt: Freitag & Jarczok, 2014). Die medikamentöse Behandlung von hyperaktivem, zwanghaftem und auch selbst- oder fremdaggressivem Verhalten ist sehr gut untersucht (Evidenzgrad I–II). Es sollte bei verhaltenstherapeutisch schwer zu beeinflussenden Verhaltensweisen deshalb auch an eine gezielte Medikation gedacht werden.

3.6 Alternative Behandlungsmethoden

Mittlerweile existiert eine Vielzahl alternativer Behandlungsmethoden für ASS, die teilweise auf der Annahme beruhen, dass als Ursache oder Mitverursachung der ASS-Symptomatik spezifische Stoffwechselprobleme oder Hör- und Sehbeeinträchtigungen zu Grunde liegen. Oftmals werden große Behandlungserfolge versprochen, die durch die Einnahme eines bestimmten Präparats, durch eine spezifische Diät oder eine spezielle Übungsbehandlung erreicht werden können. In einer aktuellen Übersichtsarbeit beschreiben Lofthouse, Hendren, Hurt, Arnold und Butter (2012) eine große Anzahl alternativer Behandlungsansätze und bewerten deren Wirksamkeit. Einige Methoden zeigen möglicherweise positive Effekte, allerdings besitzt keine der Behandlungsmethoden eine ausreichend nachgewiesene Wirksamkeit, u. a. da viele der Evaluationsstudien erhebliche methodische Mängel aufweisen. Aufgrund der Vielzahl an alternativen Behandlungsansätzen kann im Folgenden lediglich ein Überblick gegeben werden. Eine vollständige Betrachtung ist in diesem Rahmen nicht möglich.

3.6.1 Nahrungsergänzungsmittel und Diäten

Die Kombinationsbehandlung aus *Vitamin B6 und Magnesium* ist basierend auf 25 Studien zweifelhaft (Lofthouse et al., 2012). Die Wirkung von *Vitamin B12* wurde anhand einer randomisiert-kontrollierten Studie ausgeschlossen (Bertoglio, Jill James, Deprey, Brule & Hendren, 2010). Eine höher dosierte Gabe von B-Vitaminen ist außerdem mit Nebenwirkungen verbunden. Auch die Gabe von *Omega-3-Fettsäuren* zeigte, basierend auf zwei randomisierten und Placebo-kontrollierten Studien mit weniger als 40 Teilnehmern, keine bedeutsamen Effekte (Lofthouse et al., 2012).

Die Wirksamkeit von *Glutein- und Kasein-freien Diäten* ist nicht belegt, es fehlen aussagekräftige Vergleichsstudien und das Kosten-Nutzen-Verhältnis wird als ungünstig bewertet (Kendall et al., 2013; Millward, Ferriter, Calver & Connell-Jones, 2008).

Die genannten Diäten und Nahrungsergänzungsmittel sollten nicht zur Behandlung von ASS-Symptomen empfohlen werden, auch wenn in der Laienpresse oder im Internet immer wieder »Wunderheilungen« versprochen werden.

3.6.2 Hormone

Die Gabe von *Melatonin* hat positive Effekte auf die Einschlafzeit und Schlafdauer (z. B. Wright et al., 2011). Dies ist insgesamt anhand zahlreicher randomisiert-kontrollierter Studien gut belegt (Evidenzgrad I; Freitag & Jarczok, 2014). Das Hormon *Sekretin* zeigte keinerlei Effekt auf die autistische Kernsymptomatik oder auf andere Verhaltensweisen (Krishnaswami, McPheeters & Veenstra-Vanderweele, 2011).

In einigen Studien konnte ein positiver Einfluss des Hormons *Oxytocin* auf soziale Kognitionen und interaktives Verhalten von Erwachsenen mit ASS gezeigt werden. So wiesen Andari et al. (2010) nach, dass durch die Applikation von Oxytocin eine Zunahme von sozial interaktivem Verhalten mit einer anderen Person sowie eine vermehrte Betrachtung der Augenregionen auf Fotografien stattfanden. Demgegenüber zeigte sich in einer randomisiert-kontrollierten Studie von Dadds et al. (2014) kein Effekt von Oxytocin gegenüber einem Placebo. Zusammenfassend ist daher trotz einiger positiver Befunde eine generelle Empfehlung als Intervention bei ASS zum gegenwärtigen Zeitpunkt nicht gerechtfertigt.

3.6.3 Alternative Medikamente

In einer randomisiert-kontrollierten Studie wurde nachgewiesen, dass der harntreibende Wirkstoff *Bumetanid*, der zur Gruppe der Diuretika gehört, zu einer Reduktion der von den Eltern berichteten Autismussymptomatik im CARS (Childhood Autism Rating Scale) führte (Lemonnier et al., 2012). Eines der 30 behandelten Kinder in dieser Studie musste wegen Kaliummangels als Nebenwirkung die Studie vorzeitig abbrechen, weitere sechs Kinder hatten einen leichten Mangel und erhielten eine entsprechende Substitution. In einer Pilotstudie konnte außerdem gezeigt werden, dass eine 10-monatige Behandlung mit demselben Wirkstoff die Emotionserkennung von Jugendlichen und jungen Erwachsenen mit ASS verbesserte (Hadjikhani et al., 2013). Die Autoren vermuten, dass die Wirkung über den Einfluss auf GABA-Rezeptoren erfolgt. Weitere randomisiert-kontrollierte Studien an größeren Stichproben sind erforderlich, um die Wirksamkeit zu prüfen.

3.6.4 Ausleitung von Schwermetallen

Behandlungen zur Ausleitung von Schwermetallen basieren auf der unbegründeten Annahme, dass ASS eine Folge erhöhter Schwermetallbelastung sein könnten. Lofthouse et al. (2012) empfehlen, wenn tatsächlich eine erhöhte Schwermetallbelastung medizinisch nachgewiesen ist, eine Ausleitung durchzuführen, aber nicht in jedem Fall, da die Behandlung, abgesehen von einem unzureichenden Nachweis auf die autistische Symptomatik, zu schweren somatischen Nebenwirkungen führen kann.

3.6.5 Neurofeedback

Aufgrund von EEG-Befunden zu einer veränderten neuronalen Vernetzung bei ASS (z. B. Coben, Clarke, Hudspeth & Barry, 2008), Beeinträchtigungen im Spiegelneuronensystem (z. B. Honaga et al., 2010) und weiteren EEG-Unterschieden zwischen autistischen und nicht autistischen Personen wurde der Einsatz von Neurofeedback bei ASS erwogen und in einigen randomisiert-kontrollierten Studien evaluiert. In zwei Studien derselben Arbeitsgruppe (Pineda et al., 2008) zeigten sich jeweils Verbesserungen in der Aufmerksamkeitsleistung sowie in einer Studie auch Verbesserungen im sozial-kommunikativen Verhalten im Zusammenhang mit einer Veränderung des EEG Mu-Rhythmus, der über der sensomotorischen Region erfasst wird und als Indikator für die Spiegelneuronenaktivität gilt. Nach einer Übersicht, in die mehrere Studien einbezogen wurden, kommen Holtmann et al. (2011) jedoch zu dem Schluss, dass Neurofeedback nicht zur Behandlung der autistischen Kernsymptomatik geeignet ist. Es können möglicherweise ADHS-

Symptome reduziert werden, wenn diese komorbid bestehen. Lofthouse et al. (2012) schlussfolgern, dass insgesamt aufgrund der wenigen Studien die Anwendung des relativ teuren und eher aufwendigen Neurofeedbackverfahrens aktuell nicht als Intervention bei ASS empfohlen werden kann.

3.6.6 Musiktherapie

Musiktherapeutische Ansätze werden angewendet, um sozial-kommunikatives Verhalten bei Kindern mit ASS zu verbessern. Hierbei wird die musikalische Interaktion zwischen Therapeut und Patient, insbesondere im Rahmen von musiktherapeutischen Improvisationen, als eine Form non-verbaler Kommunikation verstanden. Über non-direktive und auch direktive Methoden werden Rahmenbedingungen geschaffen werden, um Aspekte non-verbaler Kommunikation, wie gemeinsame Aufmerksamkeit (joint attention), Imitation, Blickkontakt, und auch reziproke verbale Kommunikation zu fördern. Beispielsweise werden kindliche Äußerungen musikalisch gespiegelt, verstärkt und erweitert. Die Wirksamkeit wurde meistens in Einzelfallstudien untersucht. In einer Übersicht (Gold, Wigram & Elefant, 2006), in die drei kleine kontrollierte Studien einbezogen wurden (Evidenzgrad III), zeigten sich Verbesserungen verbaler und nonverbaler kommunikativer Fertigkeiten der autistischen Kinder durch Musiktherapie. Die Intervention wurde jeweils im Einzelsetting über einen Zeitraum von einer Woche täglich durchgeführt und beinhaltete in einer Studie einen aktiven Ansatz mit dem Spielen von Instrumenten durch die Kinder. In den anderen beiden Studien wurde der Gesang des Therapeuten dazu eingesetzt, um spezifische, vorher festgelegte Ziele zu erreichen. Verglichen wurden die Musiktherapien jeweils mit einer Placebo-Behandlung, um unspezifische Effekte zu kontrollieren (z. B. Spielaktivität ohne Gesang und Instrumente). Letztlich ist aufgrund der jeweils sehr kurzen Interventionszeiträume (eine Woche), der sehr kleinen Stichprobenumfänge (maximal zehn Kinder) und dem Fehlen standardisierter Erhebungsverfahren für die Outcome-Maße die Aussagekraft eingeschränkt. Auch aus einer neueren randomisiert-kontrollierten Studie (Kim, Wigram & Gold, 2008) ergeben sich Hinweise auf Verbesserungen im Blickkontakt und der gemeinsamen Aufmerksamkeit. In der genannten Studie waren autistische Kinder im Vorschulalter einbezogen, die Stichprobe war allerdings auch sehr klein, so dass weitere Evaluationen erforderlich und auch geplant sind (z. B. Geretsegger, Holck & Gold, 2012).

Die Wirksamkeit von *Auditorischer Integrationstherapie* und ähnlichen geräuschbasierten Behandlungsmethoden ist nach einer Übersicht von Sinha, Silove, Hayen und Williams (2011) nicht ausreichend nachgewiesen.

3.7 Zusammenfassung Behandlungsansätze

Zusammenfassend ist die Evidenz für verhaltenstherapeutisch basierte kindzentrierte Therapieverfahren bezüglich der Verbesserung der kognitiven und Alltagsfertigkeiten bei Kleinkindern mit ASS sowie der Verbesserung der sozialen Interaktionsfähigkeiten bei durchschnittlich begabten Schulkindern, Jugendlichen und Erwachsenen mit ASS am besten. Ebenso können durch verhaltenstherapeutisch orientierte Elterntrainings mit autismusspezifischen psychoedukativen Inhalten, Interventionen zur Förderung von Problemlösefertigkeiten und Anleitung der Eltern Reduktionen des Stresserlebens der Eltern sowie eine gesteigerte Selbstwahrnehmung von Erziehungskompetenz erreicht werden, die für den Alltag der Familien sehr wichtig sind. Auch der Einsatz von medikamentöser Behandlung, um Hyperaktivität, stereotypes und zwanghaftes Verhalten sowie aggressive Verhaltensweisen zu verbessern, ist sehr gut untersucht. Diese Methoden sollten primär für die Therapie eingesetzt und ausgeschöpft werden, da für alle ein Evidenzgrad von II oder höher existiert.

4 Eltern von Kindern und Jugendlichen mit Autismus-Spektrum-Störungen

Eltern von Kindern und Jugendlichen mit ASS sind in ihrer Erziehung oftmals vor besondere Herausforderungen gestellt. Viele Eltern, die wir im Rahmen des FAUT-E kennenlernten, schilderten, dass von ihnen eingesetzte erzieherische Maßnahmen, die bei ihren nicht autistischen Kindern wirkungsvoll seien, bei ihrem autistischen Kind nicht zu positiven Verhaltensänderungen führten. Zudem beschrieben viele Eltern, unsicher in der Beurteilung bestimmter Verhaltensweisen ihres autistischen Kindes und der Angemessenheit ihrer Reaktionen zu sein.

Im Folgenden wird basierend auf der aktuellen Studienlage ein Überblick zum subjektiven Erleben von Eltern autistischer Kinder hinsichtlich ihrer Erziehungskompetenz und ihres Stresserlebens sowie hinsichtlich des Einflusses von positiven Coping-Strategien gegeben.

4.1 Erleben von Erziehungskompetenz und Stress

Unter »Erziehung« wird in der Regel die Vermittlung angemessener Einstellungen sowie angemessener Verhaltensweisen der Kinder verstanden, damit die Entwicklung zu einer »eigenständigen und gemeinschaftsfähigen Persönlichkeit« (§ 1 des Kinder- und Jugendhilfegesetzes) gelingen kann. Aufgrund von Studienergebnissen werden verschiedene förderliche Erziehungskompetenzen unterschieden (siehe Schneewind & Berkič, 2007). Neben allgemeinen Kompetenzen auf Elternseite, wie Erziehungswissen, Selbstkontrolle und Empathiefähigkeit, spielen handlungsbezogene Kompetenzen eine wichtige Rolle. *Handlungsbezogene Kompetenzen* beziehen sich darauf, dass Eltern in einer konkreten Eltern-Kind-Interaktion ein von ihnen beabsichtigtes Verhalten umsetzen. Grundlage hierfür sind Entschlossenheit und Vertrauen in die eigenen erzieherischen Kompetenzen im Sinne von Selbstwirksamkeitserleben. Zudem weisen Schneewind und Berki (2007) darauf hin, dass die erzieherische Vermittlung besser gelingt, wenn eine positive Eltern-Kind-Beziehung besteht.

Aufgrund der Alltagserfahrungen von Eltern eines Kindes mit ASS, dass ihr Kind anders reagiert als erwartet und dass trotz vorhandenen Erziehungswissens und erzieherischen Strategien das Verhalten des Kindes nicht immer veränderbar ist, ist davon auszugehen, dass das Selbstwirksamkeitserleben der betroffenen Eltern sinkt oder nicht ausreichend entsteht. In ihrer Vergleichsstudie von Müttern autistischer Kinder, Müttern von Kindern mit Down-Syndrom und von Kindern ohne Entwicklungsbeeinträchtigungen fanden Rodrigue, Morgan und Geffken (1990) heraus, dass die Mütter der autistischen Kinder *ihre Erziehungskompetenz im Selbsturteil niedriger einschätzen* als die Mütter der beiden anderen Gruppen.

Neuere Studien mit ähnlichem Design zeigen zudem, dass die Erziehung von Kindern mit ASS in der Regel mit einem *höheren elterlichen Stresserleben* verbunden ist als die Erziehung unbeeinträchtigter Kinder (Davis & Carter, 2008) oder entwicklungsverzögerter Kinder ohne eine ASS (Estes et al., 2009). Zu erwähnen ist, dass in den beiden zuletzt genannten Untersuchungen Kinder mit ASS im Vorschulalter einbezogen waren. Die elterliche Belastung steigt mit dem Schweregrad der autistischen Symptomatik, aggressiver Verhaltensprobleme sowie weiterer eher körperbezogener Schwierigkeiten, wie Schlafstörungen und einer verzögerten Sauberkeitsentwicklung (Silva & Schalock, 2012).

4.2 Bewältigungsstrategien (»Coping«)

Als mediierende Faktoren zwischen elterlichem Stresserleben und kindlichem Problemverhalten spielen Umgangsweisen der Eltern eine entscheidende Rolle. So gehen ein resignativer Umgang und Selbstkritik mit höherem Stresserleben und einer höheren emotionalen Symptomatik bei Eltern autistischer Kinder einher. Demgegenüber stehen eine akzeptierende, positive Sichtweise und das Erhalten von Unterstützung mit geringerem Stresserleben und einer geringeren internalisierenden Symptomatik der Eltern in Zusammenhang (Hastings et al., 2005). Neben einer aktiven, problemfokussierten Bewältigungsstrategie ist die elterliche Akzeptanz der Erkrankung und den damit einhergehenden, dauerhaften Folgen ein wichtiger Einflussfaktor auf ihr psychisches Befinden (Weiss, Cappadocia, MacMullin, Viecili & Lunsky, 2012). In einer Studie (Weiss et al., 2012), an der Eltern von Kindern, Jugendlichen und jungen Erwachsenen mit ASS teilnahmen, war das Ausmaß an elterlicher Akzeptanz ihrer Lebensumstände und eigener Gefühle bezogen auf ihre Elternschaft der bedeutsamste Mediator zwischen kindlichem Problemverhalten und psychischen Problemen des befragten Elternteils. Übereinstimmend mit diesem Ergebnis führte eine zweitägige so genannte Acceptance and Commitment Therapy (ACT), die Akzeptanz und selbstverantwortlichen aktiven Umgang fördert, bei Eltern autistischer Kinder neben einer Erhöhung der Akzeptanz auch zu einer Verringerung von depressiven Symptomen und Stress (Blackledge & Hayes, 2006). Weiss et al. (2012) weisen zusammenfassend darauf hin, dass ein aktiver, problemfokussierter Umgang sinnvoll ist, wenn Schwierigkeiten bewältigbar sind, z. B. wenn es sich um ein konkretes Problemverhalten handelt oder wenn Unterstützung verfügbar ist. Demgegenüber ist bezogen auf weniger gut beeinflussbare Probleme und bei fehlender Unterstützung eher eine veränderte Wahrnehmung und Annahme der Situation günstiger. In einer Studie von Siman-

Tov und Kaniel (2011) waren sowohl das Ausmaß an sozialer Unterstützung sowie die Zufriedenheit mit der Partnerschaft günstige Einflussfaktoren auf das Stresserleben der Eltern von Kindern mit ASS. Darüber hinaus war die Überzeugung, durch eigene Anstrengungen Kontrolle über das eigene Leben zu besitzen (im Sinnes eines internalen Locus of Control) ebenfalls ein günstiger Mediator. Mit dieser Überzeugung sind in der Regel die elterliche Einstellung, etwas zu einer positiven Entwicklung des eigenen Kindes beitragen zu können, sowie ein aktives Erziehungsverhalten vergesellschaftet.

5 Geschwister von Kindern und Jugendlichen mit Autismus-Spektrum-Störungen

Eine häufig von Eltern eines Kindes mit ASS gestellte Frage ist, welchen Einfluss die mit der ASS einhergehenden Verhaltensbesonderheiten und Beeinträchtigungen auf die Geschwister des betroffenen Kindes haben. Einige Eltern schildern erhebliche Schwierigkeiten im Verhältnis der Geschwister, teilweise mit aggressivem Verhalten des Kindes mit ASS gegenüber dem Bruder/der Schwester. In der allgemeinen Geschwisterforschung werden als relevante Dimensionen der Geschwisterbeziehung die Bereiche Wärme/Nähe, Macht, Konflikt und Rivalität unterschieden (Furman & Buhrmester, 1985). Dabei steht subjektiv geringes Machterleben oft mit schwer kontrollierbarem aggressivem Verhalten des Geschwisterkindes in Zusammenhang (Hackenberg, 2008).

Von wissenschaftlicher Seite wurde das Thema »Geschwister von Kindern mit ASS« bisher nicht ausreichend beachtet. Zudem ist aufgrund der häufig heterogenen und auch selektiven Stichproben, die oft über bestimmte Einrichtungen rekrutiert wurden, Vorsicht hinsichtlich der Gültigkeit der Studienergebnisse geboten. Geschwisterverhältnisse wurden anhand unterschiedlicher Methoden untersucht. Zum einen wurden die unbeeinträchtigten Geschwisterkinder hinsichtlich unterschiedlicher Aspekte des Zusammenlebens mit einem autistischen Bruder oder ihrer autistischen Schwester befragt. In anderen Studien wurden die Eltern befragt. In weiteren Studien wurden Verhaltensbeobachtungen zur Datengewinnung durchgeführt. Es ist zu vermuten, dass die unterschiedlichen Untersuchungsmethoden mit zur Heterogenität der Ergebnisse beitragen. Erkenntnisse darüber, wie Kinder mit ASS ihre Geschwister erleben, liegen unseres Wissens nach nicht vor.

Als therapeutische Interventionen zur Verbesserung geschwisterlicher Interaktionen wurden Behandlungsansätze, die ursprünglich für andere Diagnosegruppen konzipiert wurden, auf den Bereich ASS angewendet und auch Interventionen, die zur Förderung von Kindern mit ASS und Gleichaltrigen entwickelt wurden, auf den Geschwisterbereich übertragen. Sowohl die Behandlungsansätze als auch die Ergebnisse zum Erleben des Geschwisterverhältnisses sowie Studien zur psychischen Befindlichkeit und zu Verhaltensproblemen der Geschwisterkinder werden in den folgenden Abschnitten vorgestellt.

5.1 Subjektiv erlebte Geschwisterverhältnisse

Wie erleben Geschwister das Zusammenleben mit ihrem autistischen Bruder oder ihrer autistischen Schwester? Dieser Frage wurde mittels strukturierter Interviews nachgegangen. Die Geschwister autistischer Kinder beurteilten das Geschwisterverhältnis im Vergleich zu Geschwistern von Kindern mit Down-Syndrom und unbeeinträchtigten Kindern als weniger eng und von weniger prosozialem Verhalten gekennzeichnet. Darüber hinaus beschrieben sowohl die Geschwister der autistischen Kinder als auch der Kinder mit Down-Syndrom das Geschwisterverhältnis als weniger kompetitiv und benannten stärkere Bewunderung für das beeinträchtigte Geschwisterkind (Kaminsky & Dewey, 2001). In einer älteren Studie (Mc Hale, Sloan & Simeonsson, 1986) zeigte sich eine größere Streuung in der Beurteilung des Geschwisterverhältnisses bei Geschwistern autistischer, geistig behinderter Kinder verglichen mit einer Kontrollgruppe, die sowohl stärker positive als auch stärker negative Einschätzungen beinhaltete. Außerdem bestand ein Zusammenhang zwischen einer positiven Einschätzung des Geschwisterverhältnisses und der Annahme des beeinträchtigten Kindes durch die Eltern (Mc Hale et al., 1986). Als *Hauptproblem* benannten Geschwisterkinder aggressives Verhalten ihrer autistischen Geschwister (Ross & Cuskelly, 2006). Als weiterhin belastend wurden von den Geschwisterkindern Verhaltensauffälligkeiten des Kindes mit ASS in der Öffentlichkeit genannt (Mascha & Boucher, 2006). Ergänzend dazu gaben befragte Jugendliche an, dass sie Reaktionen Dritter gegenüber ihrem Bruder mit ASS als schwierig erlebten und sich außerdem um die Zukunft des Bruders sorgten (Petalas, Hastings, Nash, Reilly & Dowey, 2012).

Negative und positive Einflussfaktoren auf das Verhältnis zwischen von ASS Betroffenen und ihren Geschwistern im Jugend- und jungen Erwachsenenalter sind aus Sicht der Geschwister sowohl das Ausmaß der Verhaltensprobleme des Kindes/Jugendlichen mit ASS als auch das Ausmaß der Unterstützung durch die Eltern. Ein mediierender Faktor war eine aktive, problemfokussierte Umgangsweise (▶ Kap. 4.2). Wenn diese bestand, verbrachten die Geschwister, unabhängig von den Verhaltensproblemen des autistischen Kindes, mehr gemeinsame Zeit miteinander (Orsmond, Kuo & Seltzer, 2009).

Einige Eltern beschreiben, dass sie ihr autistisches Kind anders behandeln als sein unbeeinträchtigtes Geschwisterkind. Nach einer Übersicht von Schuntermann (2007) kann solch unterschiedliches Elternverhalten bei unbeeinträchtigten Geschwisterkindern tendenziell negative Folgen haben, wie ein Gefühl der Benachteiligung hervorrufen oder Konflikte der Geschwister begünstigen. Es ist aber davon auszugehen, dass aufgrund der real bestehenden Unterschiedlichkeiten zwischen beeinträchtigten und nicht beeinträchtigten Geschwisterkindern Unterschiede im Elternverhalten nicht unbedingt negative Konsequenzen haben müssen. Diesbezüglich sind möglicherweise die erlebte Fairness sowie eine insgesamt altersgerechte Behandlung des unbeeinträchtigten Kindes bedeutsame Faktoren.

5.2 Krankheitsverständnis

Welches Verständnis haben Geschwisterkinder von der autistischen Erkrankung? Zur Erfassung des jeweiligen Krankheitskonzepts wurden Geschwisterkinder im Altersbereich von fünf bis 17 Jahren befragt (Glasberg, 2000). In den Antworten zeigte sich der Einfluss ihres Alters bzw. eine Übereinstimmung der gegebenen Erklärungen mit der jeweils erreichten kognitiven Entwicklungsstufe nach Piaget. Die Antworten der 5- bis 6-jährigen Kinder (präoperationale Stufe) beruhten in der Regel auf konkreten Beobachtungen spezifischer Verhaltensbeeinträchtigungen anhand derer Autismus erklärt wurde (z. B. dass der autistische Bruder keine Buchstaben schreiben kann). Die 7- bis 10-jährigen Geschwisterkinder (konkret-operationale Stufe) waren in der Lage, unterschiedliche Einzelbeobachtungen zu integrieren und gewisse Schlussfolgerungen zu ziehen (z. B. dass der autistische Bruder besondere Unterstützung in der Schule benötigt). Schließlich beruhen die Erklärungen der ältesten befragten Geschwisterkinder (11–17 Jahre, formal-operationale Stufe) nicht ausschließlich auf Beobachtungen, sondern auch auf Annahmen über zukünftiges Verhalten (z. B. dass der autistische Bruder keine Freundin haben oder ausgehen wird). Es zeigte sich auch, dass die Eltern im Wesentlichen das Wissen ihrer unbeeinträchtigten Kinder zutreffend einschätzen konnten, allerdings überschätzen sie deren Fähigkeiten, Schlussfolgerungen daraus abzuleiten (Glasberg, 2000).

5.3 Soziale Kompetenzen und Problemverhalten von Geschwistern

Hinsichtlich der Beurteilung, ob die Geschwister von Kindern mit ASS mehr Verhaltensschwierigkeiten zeigen oder in ihren sozialen Fertigkeiten beeinträchtigt sind, ist die Studienlage nicht eindeutig. Einige Studien weisen darauf hin, dass dies nicht der Fall ist und Geschwister von Kindern mit ASS meist über angemessene soziale Fertigkeiten und Empathie verfügen. Dies gilt sowohl wenn das Kind mit ASS in seiner allgemeinen Entwicklung unbeeinträchtigt ist als auch beim zusätzlichen Vorliegen einer geistigen Behinderung (z. B. Benderix & Sivberg, 2007; Verté, Roeyers & Buysse, 2003). Andere Studienergebnisse (Hastings, 2003) deuten demgegenüber darauf hin, dass die Geschwisterkinder autistischer, geistig behinderter Kinder vermehrt Verhaltensauffälligkeiten zeigen, insbesondere jüngere und männliche Geschwister. Demnach könnte die Position in der Geschwisterreihe einen Risikofaktor bzw. protektiven Faktor darstellen. Auch in einer Studie von Verté et al. (2003) zeigten die Geschwister von Kindern mit ASS in der Einschätzung ihrer Eltern mehr internalisierende und externalisierende Verhaltensprobleme als Geschwister unbeeinträchtigter Kinder. Allerdings lag das Ausmaß der Verhaltensprobleme nicht im klinisch auffälligen Bereich, so dass die

Autoren der Studie zusammenfassend davon ausgehen, dass Geschwister autistischer Kinder kein erhöhtes Risiko für Anpassungsprobleme haben. Übereinstimmend fanden Ross und Cuskelly (2006) in ihrer Studie ebenfalls keine klinisch auffälligen Werte in den Bereichen externalisierende und internalisierende Verhaltensprobleme in der Child Behavior Checklist (CBCL). Allerdings betonen die Autoren, dass im Verhältnis zur Eichstichprobe der CBCL bei einem höheren Prozentsatz der Geschwister von Kindern mit ASS Werte im Risikobereich vorliegen. Anzumerken ist, dass in den beiden letztgenannten Studien i. d. R. Geschwister von nicht behinderten autistischen Kindern einbezogen wurden, daher gelten die Aussagen nur für diesen Personenkreis. Nach Stoneman (2005) sind Ergebnisse, die mehr internalisierende und externalisierende Verhaltensprobleme von Geschwistern von Kindern mit einer Behinderung anzeigen, nicht unbedingt so zu verstehen, dass die Verhaltensprobleme Ausdruck einer Psychopathologie darstellen, sie könnten auch auf die erschwerte Bewältigung altersentsprechender Entwicklungsaufgaben hinweisen.

Im Rahmen von häuslichen *Beobachtungen des Interaktionsverhaltens von Geschwisterkindern* im Vorschulalter konnten im Verlauf von einem Jahr Veränderungen im Verhalten der Kinder festgestellt werden (Knott, Lewis & Williams, 2007). Im Rahmen der ersten Beobachtung zeigte sich, dass die Kontaktaufnahme in der Regel von den nicht beeinträchtigten Geschwisterkindern ausging und die autistischen Kinder positiv auf die Hälfte der prosozialen Annäherungen reagierten. Über die Zeit von einem Jahr nahmen die Reaktionen der autistischen Kinder bei Kontaktaufnahme in ihrer Häufigkeit zu. Außerdem war über die Zeit eine Zunahme des Imitationsverhaltens sowohl bei den autistischen Kindern als auch insbesondere bei den unbeeinträchtigten Geschwistern zu beobachten. Möglicherweise hielten die Geschwister durch Imitation den Kontakt zu ihrem autistischen Bruder bzw. ihrer autistischen Schwester aufrecht. Als eine weitere Veränderung war feststellbar, dass störendes Verhalten öfter ignoriert wurde (Knott et al., 2007). Es lässt sich schlussfolgern, dass durch die Interaktionen im Alltag, die ohne weitere Interventionen stattfanden, unbeeinträchtigte Geschwisterkinder lernen, adäquat auf ihre autistischen Geschwister zu reagieren und dass vermutlich dadurch mitbedingt angemessenes Interaktionsverhalten der Kinder untereinander zunimmt. Einschränkend ist zu sagen, dass nur wenige Geschwisterpaare in die Studie einbezogen wurden, was ihre Aussagekraft schmälert.

5.4 Ergebnisse aus dem Forschungsbereich Geschwister von Menschen mit einer Behinderung

Forscher, die generell den Einfluss des Zusammenlebens mit einem Geschwisterkind mit Behinderung untersuchten, weisen darauf hin, dass das Aufwachsen mit einem behinderten Geschwisterkind nicht per se als stressreich gelten kann (z. B. Lobato, Faust & Spirito, 1988). Letztlich kommt es im Sinne des Stressmodells von Lazarus und Folkman (1984) auf die subjektive Bewertung der jeweiligen Person sowie auf ihre Verhaltenskompetenzen an (Glasberg, 2000). Damit einhergehend weisen auch andere Experten in diesem Bereich (Damiani, 1999; Hackenberg, 2008) auf die jeweilige subjektive Bedeutung für das Geschwisterkind in Kombination mit dem Ausmaß der Belastung hin. Beispielsweise kann die Übernahme von einigen, bewältigbaren Pflichten für das Geschwisterkind positiv wahrgenommen werden, wenn damit die Attribution einhergeht, hilfreich für die Familie und kompetent bei der Bewältigung zu sein.

Nach Hackenberg (1983, 2008) können Geschwisterkinder behinderter Kinder von konkreten Einschränkungen im Alltag und Belastungen innerhalb der Familie betroffen und mit vermehrten Pflichten konfrontiert sein. Außerdem sei im Erleben der Geschwisterkinder teilweise eine enge Verbundenheit von Mutter und behindertem Geschwisterkind sowie eine Machtposition des behinderten Kindes feststellbar, wohl besonders, wenn sich dieses aggressiv verhalte. Das Bestehen von klaren Eltern-Kind-Rollen, individuellen Rollen und Beschäftigungen sowie eine offene Kommunikation können der Entwicklung einer Macht- und Mittelpunktposition entgegen wirken. Als eine weitere Belastung für Geschwister behinderter Kinder könne gelten, dass sie in einen Konflikt geraten einerseits im Sinne der familiären Norm, das behinderte Kind zu akzeptieren und zu lieben, und andererseits im Rahmen gesellschaftlicher Erfahrungen und eventuell auch Normen die Ablehnung und Ausgrenzung des Geschwisterkindes erleben. Die Sorgen und Ängste der Geschwister bezogen auf das behinderte Kind scheinen entwicklungsabhängig zu sein und können im Kindesalter im Sinne von magischem Denken, die Annahme betreffen, selbst die Krankheit zu bekommen. Im Jugendalter können Ängste im Zusammenhang mit Überlegungen entstehen, selbst ein behindertes Kind zu bekommen (Hackenberg, 2008).

Hinsichtlich der Geschwisterbeziehung ist davon auszugehen, dass der Schweregrad der Behinderung einen relevanten Mediator darstellt und dass das Verhältnis zu einem leicht behinderten Kind, dem nicht behinderter Geschwister entspricht (Hackenberg, 2008).

5.5 Interventionen zur Verbesserung des Verhaltens und Verhältnisses der Geschwister

Uns ist kein publiziertes und evaluiertes Programm bekannt, welches sich explizit an Geschwister von Kindern mit ASS richtet. In einer Studie (Cebula, 2012) wurde untersucht, ob sich eine im häuslichen Umfeld durchgeführte *intensive Verhaltenstherapie nach dem ABA-Ansatz* positiv auf die Geschwister der betroffenen autistischen Kinder auswirkt, was im Großen und Ganzen nicht feststellbar war, abgesehen von einer gewissen Verbesserung der geschwisterlichen Interaktionen. Die Geschwisterkinder schienen aber, unabhängig von der ASS bezogenen Intervention, von sozialer Unterstützung zu profieren, da es einen positiven Zusammenhang von sozialer Unterstützung und ihrem Selbstkonzept gab. Strain und Danko (1995) setzten eine *Intervention*, die eigentlich *zur Verbesserung der sozialen Interaktion mit Gleichaltrigen* in der Schule konzipiert ist, im familiären Rahmen zur Förderung positiver Geschwisterinteraktionen ein. Sie leiteten jeweils die Mutter darin an, gemeinsames Spielen der Kinder im Rahmen kurzer, durch sie mit unterstützter Spielsequenzen zu fördern. Hierzu wurden den Müttern zunächst Videosequenzen gezeigt, die den Aufbau von Spielinteraktionen zwischen zwei Kindern durch einen Erwachsenen darstellten. Dies geschah zunächst durch eine Vermittlung günstiger Verhaltensweisen an das unbeeinträchtigte Geschwisterkind durch Erklären, modellhaftes Zeigen und Einüben im Rollenspiel mit dem Erwachsenen und anschließend erfolgte die Umsetzung im Spiel mit dem autistischen Kind. Die vermittelten Verhaltensweisen bezogen sich auf das Erlangen von Aufmerksamkeit (z. B. Namen sagen, anfassen), Teilen von Spielsachen, Einbringen von Spielideen, Hilfe anbieten und annehmen, freundlich miteinander sprechen und den anderen loben. Nach der Vorbereitung der Mütter fanden reale Spielinteraktionen statt, bei denen die Aufgaben der Mütter auch darin bestanden, die Kinder für angemessenes Verhalten zu loben und Hilfestellungen zu geben, wenn dies erforderlich war. Am Ende der Spielzeit sollten die Mütter den Kindern jeweils Feedback über positives Verhalten geben. Zudem wurde ein Belohnungssystem eingeführt. Die teilnehmenden Familien mit jeweils zwei Kindern im Vorschulalter beurteilten die Intervention als hilfreich, gut umsetzbar und angenehm. Anhand von Verhaltensbeobachtungen im Verlauf konnte festgestellt werden, dass die Mütter die Maßnahmen gut umsetzen konnten (z. B. mehr lobten) und dass das Ausmaß positiver Annäherungen und Reaktionen zwischen den Kindern zunahm. Dies scheint somit ein vielversprechender und praktikabler Interventionsansatz zu sein. Allerdings nahmen an der Studie lediglich drei Familien teil. Außerdem war das Geschwisterverhältnis zu Beginn durch fehlende positive Interaktionen gekennzeichnet und nicht primär durch negative Interaktionen, wie z. B. aggressive Verhaltensweisen.

Im Rahmen einer schwedischen Studie wurde ein *Gruppentraining für Geschwisterkinder von beeinträchtigten Kindern* durchgeführt, in das auch Geschwister autistischer Kinder eingeschlossen wurden (Granat, Nordgren, Rein & Sonnander, 2012). Durch die Intervention konnte eine Zunahme von Wissen sowie eine Verbesserung des Geschwisterverhältnisses im durch Fragebögen erhobenen Selbsturteil erreicht werden.

Aufgrund des Mangels an Programmen, die sich explizit an Geschwister von Kindern mit ASS richten, werden im Folgenden ergänzend Aspekte berichtet, die bei der *Förderung positiver Interaktionen zwischen Kindern mit ASS und nicht autistischen Gleichaltrigen* relevant sind. Viele Interventionen, in die gleichaltrige Kinder als Spiel- und Trainingspartner einbezogen werden, beinhalten zunächst eine Phase, in der die Gleichaltrigen informiert und explizit instruiert werden. Beispielsweise wird ihnen vermittelt, wie sie Kontakt aufnehmen, unterstützen und loben können. Zudem schließt sich oft an die Spielphase ein Feedback an (siehe

Rogers, 2000). Auch die *Auswahl der Spielmaterialien* kann das gemeinsame Spielen begünstigen. Nach Ergebnissen von Dewey, Lord und Magill (1988) sind regelbasierte Spiele gut geeignet und wurden von den Kindern gerne gespielt. An zweiter Stelle wird die Verwendung von Konstruktionsspielen genannt, um positive Spielinteraktionen zu fördern.

In der Regel führten diese Interventionen, in die gleichaltrige Kinder systematisch als Spielpartner einbezogen wurden, zu *Verbesserungen der Interaktionen und einer Zunahme prosozialer Verhaltensweisen*, wobei sich die initiale soziale Kontaktaufnahme von Seiten der Kinder mit ASS meist nicht erhöhte (Roeyers, 1996; Rogers, 2000). Roeyers (1996) sieht es im Hinblick auf die Generalisierung auf natürliche Spielsituationen als wichtig an, dass die erwachsenen Trainer eher wenige Hinweise geben. In seiner Interventionsstudie mit autistischen Kindern mit und ohne geistige Behinderung wurden die gleichaltrigen, unbeeinträchtigten Kinder zunächst altersgerecht über ASS informiert und darüber, dass autistische Kinder Schwierigkeiten beim gemeinsamen Spiel haben. Dann fanden Rollenspiele mit Erwachsenen zu drei schwierigen Situationen statt: Aufmerksamkeit bekommen, auf Augenhöhe interagieren und auf aggressives Verhalten reagieren. Im Rahmen der Intervention erfolgten dann 30-minütige freie Spielzeiten in geschlossenen Spielräumen, bei denen ein Erwachsener anwesend war, der allerdings nicht aktiv eingriff, außer in Extremsituationen. Anschließend fand jeweils eine kurze Besprechung statt, bei der ein Fokus darauf lag, die Fragen des unbeeinträchtigten Kindes zu beantworten, es zu loben und über eventuell vorhandene Ängste zu sprechen. Nach zehn Spielterminen zeigten sich Veränderungen in der Interventionsgruppe verglichen mit einer Kontrollgruppe in Form einer längeren Spieldauer, einer Zunahme an sozialen Reaktionen und Verhaltensweisen, um den Kontakt weiter zu führen und eine Abnahme von stereotypem-selbststimulierendem Verhalten bei den autistischen Kindern. Aufgrund der Ergebnisse empfiehlt der Autor, diesen minimalen Ansatz zunächst umzusetzen und wenn entsprechende spielerische Interaktionen auf einem basalen Niveau stattfinden, weitere Interventionen anzuschließen, die jeweils spezifischere Ziele betreffen (Roeyers, 1996).

II Frankfurter Autismus-Elterntraining (FAUT-E)

6 Aufbau, Ziele und Rahmenbedingungen

6.1 Hintergrund und Zielgruppe

Das Elterntrainingsprogramm FAUT-E wurde analog zu verhaltenstherapeutisch basierten psychoedukativen Therapieansätzen unter Berücksichtigung autismusspezifischer Erlebens- und Verhaltensweisen sowie autismusspezifischer Behandlungsaspekte im klinischen Kontext einer universitären Autismus-Spezialambulanz entwickelt. Basierend auf den Rückmeldungen bisher teilnehmender Eltern wurden im Verlauf Inhalte ergänzt, Vorgehensweisen ausdifferenziert und spezifiziert. Das Training eignet sich *für Eltern von Kindern mit ASS im Vorschul- bis Jugendalter*, insbesondere bei einer Neudiagnose. Es kann aber auch für Eltern nützlich sein, bei deren Kindern die Diagnosestellung bereits einige Zeit zurückliegt. Die Problembereiche der Kinder können unterschiedlich sein, beispielsweise aggressives Verhalten ebenso beinhalten wie Ängste, denn im Rahmen des Trainings werden den Eltern Prinzipien und Techniken vermittelt, die sich auf unterschiedliche Problemverhaltensweisen anwenden lassen. Da Eltern von Kleinkindern und Eltern von Kindern mit geistiger Behinderung deutlich andere Alltagsschwierigkeiten mit ihren Kindern zu bewältigen haben als Eltern von Schulkindern mit hochfunktionalem (atypischem) Autismus oder Asperger Syndrom, wurden einige Inhalte der Sitzungen für die beiden Gruppen spezifiziert und diesbezüglich auch so genannte gruppenspezifische Erweiterungsmodule entwickelt (► **Kap. 9–10**). In Kapitel 6.3 finden sich Hinweise zum Vorgehen bei der Gruppenzusammensetzung und in den Übersichtstabellen in Kapitel 6.15 sind die bei beiden Gruppen übereinstimmend bzw. spezifisch durchzuführenden Module enthalten.

6.2 Allgemeine Zielsetzung

Das allgemeine Ziel des FAUT-E Programms besteht im Sinne eines so genannten »Empowerment«-Ansatzes darin, dass die betroffenen Eltern lernen, mit den Herausforderungen, die sich im Alltag bei der Erziehung und im Umgang mit ihren autistischen Kindern ergeben, gut umzugehen und ihre Kinder in ihrer Entwicklung zu unterstützen. Entsprechend der Ausführungen in Kapitel 4 (Eltern von Kindern und Jugendlichen mit ASS) ist das FAUT-E als eine gezielte, mehrere Ebenen einbeziehende Intervention konzipiert. Die Ebenen beinhalten einmal die soziale und emotionale Unterstützung der Eltern, zum anderen die Erweiterung von Wissen und Verständnis für die Symptomatik des Kindes mit ASS sowie drittens den Erwerb von Methoden und Techniken zur konkreten Handhabung spezifischer Problemsituationen im Alltag. Schließlich sollen durch das Vorgehen der Therapeuten und Therapeutinnen einerseits internale Kontrollüberzeugungen der Eltern und ihr Selbstwirksamkeitserleben hinsichtlich einzelner Probleme gefördert werden. Andererseits soll auch die elterliche Akzeptanz für die mit ASS einhergehenden Wahrnehmungs- und Verhaltenstendenzen, die bei den Kindern weniger veränderbar sind, erhöht werden.

6.3 Gruppenzusammensetzung und Gruppengröße

Das FAUT-E richtet sich an Eltern von Kindern mit ASS im Vorschul- bis Jugendalter. Einbezogen sind sowohl Eltern nonverbaler, geistig behinderter, autistischer Kinder als auch Eltern, deren Kinder über gute bis überdurchschnittliche intellektuelle und gute verbale Fähigkeiten verfügen. Wir raten dazu, weitestgehend *homogene Gruppen* zu bilden anhand der *sprachlichen und kognitiven Fähigkeiten der Kinder*. So kann eine Gruppe für Eltern durchgeführt werden, deren Kinder keine bzw. einzelne Worte sprechen. Eine andere Gruppe kann für Eltern altersgerecht sprechender, etwa gleichaltriger Kinder angeboten werden. Bisher wurde das FAUT-E jeweils in den genannten homogenen Gruppen durchgeführt, was hinsichtlich des Austausches der Eltern und der Besprechung von Situationen und Beispielen als sehr günstig erlebt wurde.

Die meisten Bausteine des Trainings sind für die Anwendung sowohl bei Kindern mit zusätzlicher geistiger Behinderung als auch hochfunktionalen Kindern mit ASS konzipiert. Die inhaltlichen Ausgestaltungen sind allerdings jeweils anzupassen, so dass beispielsweise im Rahmen der Psychoedukation bei Basis 1 Verhaltensbeispiele gegeben werden, die den jeweiligen Kindern entsprechen. Im Rahmen der Erweiterungsmodule wird der Unterschiedlichkeit der Fragen und Probleme in den jeweiligen Gruppen Rechnung getragen, indem es spezifische Erweiterungen für Kleinkinder und Kinder mit geistiger Behinderung gibt (▶ **Kap. 9**) sowie Erweiterungen für Vorschul- und Schulkinder ohne geistige Behinderung (▶ **Kap. 10**).

Als *Gruppengröße* wird eine Teilnehmeranzahl von mindestens fünf bis maximal acht Personen für günstig erachtet.

6.4 Voraussetzungen der Teilnehmer/innen

Die *regelmäßige Teilnahme (mindestens) eines Elternteils* ist erforderlich. Es müssen nicht beide Elternteile teilnehmen, obwohl dies natürlich wünschenswert ist. Abgesehen von ausreichend guten *sprachlichen und intellektuellen Fähigkeiten* ist das *Belastungsniveau* des teilnehmenden Elternteils, wenn möglich, im Vorfeld zu explorieren, da das Training insbesondere für Eltern indiziert ist, die aufgrund der Verhaltensprobleme ihres Kindes vor Fragen und Herausforderungen gestellt sind und Veränderung wünschen. Wenn persönliche Belastungen der Eltern im Vordergrund stehen, ist eine Teilnahme zu überdenken, da das Training zunächst weitere Ressourcen von den Eltern einfordert. Auch wenn die *Verhaltensproblematik des Kindes* sehr stark ausgeprägt ist, so dass beispielsweise kein Schulbesuch mehr möglich ist, sind andere Maßnahmen, wie individuelle Beratungstermine oder eine kinder- und jugendpsychiatrische Behandlung des Kindes, eher angeraten. Eine parallel stattfindende einzel- oder gruppentherapeutische Behandlung des Kindes, z. B. im Rahmen einer autismusspezifischen Therapie, ist gut möglich und beide Ansätze können sich ergänzen. Um diese Voraussetzungen einzuschätzen sowie die Erwartungen der Eltern an das Training zu erfassen und mit unserem Angebot abzugleichen, führen wir einige Monate vor Beginn des FAUT-E *Vorgespräche* mit den einzelnen Eltern (▶ Kap. 6.9).

6.5 Voraussetzungen der Therapeuten und Therapeutinnen

Das Training sollte von *zwei Therapeuten/Therapeutinnen* durchgeführt werden, um Aufgabenteilungen vornehmen zu können und Kleingruppenarbeit adäquat zu unterstützen. Es sollte immer ein Therapeut/eine Therapeutin als aktiv zuhörender Gesprächspartner für die Eltern zur Verfügung stehen. Die Durchführung von Dokumentationen am Flipchart oder die Beachtung der Einhaltung der Zeit (»Hüter der Zeit«) kann dann von dem anderen Therapeuten/der anderen Therapeutin übernommen werden. Hintergrundwissen und Erfahrung mit Kindern und Jugendlichen mit ASS sind unbedingt notwendige Voraussetzungen für die Therapeuten und Therapeutinnen. Zudem ist eine verhaltenstherapeutische Ausrichtung eine weitere wesentliche Grundlage, da die meisten angewandten Methoden auf verhaltenstherapeutischen Prinzipien beruhen. Es empfiehlt sich, je nach vorhandenen Kapazitäten, eine weitere Fachkraft themenbezogen einzubeziehen, beispielsweise bei der Vermittlung rechtlicher oder schulischer Themen. So führte z. B. in unseren Trainings eine Lehrkraft des überregionalen Förder- und Beratungszentrums die Beratung der Eltern bei schulbezogenen Fragen durch.

6.6 Anzahl und Dauer der Trainingssitzungen

Das FAUT-E ist für acht Sitzungen von jeweils 120 Minuten konzipiert. Die Basismodule entsprechen meist einer Sitzung dieser Länge. Die Basismodule 3 und 6 sind in kürzerer Zeit durchführbar, so dass in der verbleibenden Zeit noch weitere von den Eltern gewünschte Themen besprochen oder bereits angesprochene Themen vertieft werden können. Als dritte Möglichkeit kann auch ein Erweiterungsmodul mit dem Basismodul 3 und 6 kombiniert werden. Die Erweiterungsmodule benötigen 15 bis 90 Minuten. Somit können in einer Sitzung mehrere Erweiterungsmodule behandelt werden. Die jeweils benötigte Zeit für die Basis- und Erweiterungsmodule ist in Tabelle 6.1 bzw. 6.2 angegeben (▶ **Kap. 6.15**). Es wird empfohlen, die ersten fünf Sitzungen in wöchentlichen Abständen durchzuführen. Im Verlauf können die Abstände auf zwei bis drei Wochen verlängert werden, um den Transfer in den Alltag der Familien zu ermöglichen und die Erfahrungen der Eltern bei der Umsetzung in den Sitzungen noch intensiver aufgreifen zu können.

6.7 Auswahl der Trainingsmodule

Zentrale Bestandteile des Elterntrainings sollten die *sechs Basismodule* sein. Die *Erweiterungsmodule* können *optional* ergänzt werden (▶ **Kap. 6.10.1**). Wenn sich die teilnehmenden Eltern spezifische, hier nicht aufgeführte Inhalte wünschen, empfehlen wir, diese thematisch ebenfalls aufzugreifen.

6.8 Ablauf der Sitzungen

Jede Sitzung beginnt mit einer Anfangsrunde, bei der alle teilnehmenden Eltern kurz ihre aktuelle Befindlichkeit berichten sowie eventuell bestehende Fragen zur vorausgegangenen Sitzung (»Reste«) und Anliegen von hoher Dringlichkeit ansprechen können. Anschließend folgt die Besprechung der Transferaufgabe der vorausgegangenen Sitzung bzw. das jeweilige Thema der Sitzung.

6.9 Vorgespräche und individuelle Gespräche als Ergänzung

Wie in Kapitel 6.4 beschrieben, führen wir mehrere Monate vor Trainingsbeginn persönliche Einzelgespräche mit den potenziell teilnehmenden Eltern. Diese Vorgespräche dienen dem gegenseitigen Kennenlernen und der Klärung, ob das Elterntraining zum gegenwärtigen Zeitpunkt eine geeignete Intervention darstellt. Es wird besprochen, welche Erwartungen die Eltern haben und welche Ziele und Inhalte angeboten werden. Im Trainingsverlauf oder nach Beendigung des Trainings kann es sinnvoll sein, weitere Einzelgespräche mit den teilnehmenden Eltern anzuschließen. Beispielsweise wenn sich im Trainingsverlauf herausstellen sollte, dass eine Familie mit einer sehr spezifischen, individuellen Problematik beschäftigt ist oder besondere Unterstützung bei der Umsetzung einer Maßnahme benötigt.

6.10 Handhabung des Manuals

6.10.1 Auswahl der Trainingsmodule und Zeitplanung

Die sechs *Basismodule* enthalten zentrale und wesentliche Elemente, deren Ziel es ist, den Eltern ein besseres Verständnis für ihr Kind und einen effektiveren, erzieherischen Umgang mit ihm zu ermöglichen. Daher sollten sie vollständig und in der angegebenen Reihenfolge nacheinander durchgeführt werden.

Die *Erweiterungsmodule sind optional* zu verstehen, sie umfassen weitere Themen, welche in unseren Gruppen wiederholt von den Eltern gewünscht wurden. Wir empfehlen die Durchführung des jeweiligen Erweiterungsmoduls, falls die teilnehmenden Eltern eine Beratung in diesem Themenbereich wünschen. Neben den Erweiterungsmodulen kann es evtl. erforderlich sein, weitere themenbezogene Sitzungen entsprechend den Wünschen und Bedürfnissen der jeweils teilnehmenden Eltern zu ergänzen. Somit kann sich die Situation ergeben, weitere bisher nicht im FAUT-E enthaltende Themenbereiche aufzunehmen. Entsprechend wird im Rahmen der ersten Gruppensitzung Zeit darauf verwendet, explizit inhaltliche Wünsche der Eltern an das Training zu sammeln. Allerdings ist es nicht ratsam, die Anzahl der Sitzungen wesentlich zu erweitern, da eine Zunahme der angebotenen Sitzungen zu einer vermehrten Abwesenheit der Eltern beiträgt.

Bei einer Anzahl von acht Sitzungen à 120 Minuten werden in den ersten sechs Sitzungen primär die Basismodule durchgeführt und in den letzten beiden Sitzungen die jeweiligen Erweiterungsmodule, wobei Basis 3 und 6 weniger als 120 Minuten betragen, so dass auch in diesen Sitzungen ein Erweiterungsmodul mit aufgenommen werden kann. Die jeweils benötigte Zeit ist im Unterpunkt Zeitplanung in jedem Erweiterungsmodul angegeben und findet sich auch in den Übersichtstabellen 6.1 und 6.2 (▶ Kap. 6.15).

6.10.2 Hinweise zu den Beschreibungen der Module

Die Beschreibungen der einzelnen Module sind so aufgebaut, dass zunächst in Tabellenform die jeweiligen Ziele, Inhalte, Methoden und benötigten Materialien genannt werden sowie teilweise Transferaufgaben, die die Eltern zu Hause bearbeiten sollen. Dann erfolgt eine Beschreibung des Ablaufs, die auch zeitliche Angaben zur Durchführungsdauer enthält. Die Ablaufbeschreibungen enthalten *kursiv gedruckte Aussagen*. Diese sind als *beispielhafte Formulierungsvorschläge* für die Therapeuten und Therapeutinnen zu verstehen und keinesfalls als »Muss«.

6.10.3 Hinweise zum elektronischen Zusatzmaterial

Informationsblätter und Arbeitsblätter zur Weitergabe an die Eltern sind als elektronisches Zusatzmaterial abrufbar (http://downloads.kohlhammer.de/?isbn= 978-3-17-023353-9, Passwort: 5iotf2uu). Diese sind oft auch an der jeweiligen Stelle innerhalb der Module abgedruckt. Ebenso befinden sich Vorlagen für vorzubereitende Flipcharts, um bestimmte Inhalte der jeweiligen Sitzungen zu visualisieren, als elektronisches Zusatzmaterial. Als Grundlage für die Gestaltung der Flipcharts diente das Buch »Visualisieren« von Claudia Bingel.

6.11 Therapeutisches Verständnis der Situation und der Rolle der Eltern

Die Eltern sind einerseits *Hilfesuchende* bezogen auf einen fördernden und erzieherisch effektiven Umgang mit ihren Kindern, andererseits sind sie auch *Experten* für ihre Kinder. Außerdem haben sie die Rolle *aktiver Mitgestalter* des Trainings.

Viele Eltern, die an unseren Trainings teilnahmen, hatten oftmals einen langen Weg bis zur Diagnosestellung hinter sich. Einige hatten bereits therapeutische Hilfen unterschiedlicher Art in Anspruch genommen oder sich mittels Lektüre oder durch den Austausch mit anderen betroffenen Eltern über ASS und Unterstützungsmöglichkeiten informiert. Manche Eltern hatten sich bereits eine feste Meinung zu unterschiedlichen Themen gebildet, andere waren mit teilweise widersprüchlichen Informationen konfrontiert worden und äußerten Ratlosigkeit. Die meisten Eltern kannten die Eigenarten und spezifischen Vorlieben ihrer Kinder gut. Einige Familien hatten bereits Schwierigkeiten überwunden, die bei anderen Familien gerade aktuell waren, und konnten so anderen Teilnehmenden Hilfestellungen geben.

6.12 Leitungsfunktion und -verständnis der Therapeuten/Therapeutinnen

Ein weiteres Prinzip, das das Verhalten der Therapeuten und Therapeutinnen bestimmt, ist die Ausübung ihrer Leitungsfunktion, welche u. a. die *Vermittlung von Orientierung und Struktur* beinhaltet. Es ist beispielsweise darauf zu achten, dass ein ausgewähltes Thema vollständig besprochen wird, indem inhaltlich abweichende Kommentare oder Fragen der teilnehmenden Eltern, die über das Thema hinausgehen, auf einen späteren Zeitpunkt verlegt werden. Das Leitungsverständnis ist an dem Modell der dynamischen Balance der *Themenzentrierten Interaktion (TZI)* orientiert. Die TZI nach Ruth Cohn (1994) ist ein Modell und eine Haltung für den Umgang mit Gruppen. Im Modell der dynamischen Balance werden vier für die Gruppendynamik entscheidende Faktoren benannt: *das Thema, das Ich, das Wir und der so genannte »Globe«*. Dynamisch bedeutet, dass alle Faktoren Aufmerksamkeit brauchen und der Therapeut/die Therapeutin in seiner/ihrer Leitungsfunktion damit auf mehreren Ebenen gefordert ist. Wann immer Menschen zu Gruppen, also Veranstaltungen zusammen kommen, dann verbindet sie ein gemeinsames Thema oder Interesse. In diesem Training ist es die Autismus-Spektrum-Störung eines Kindes oder Jugendlichen. Der zweite Faktor sind die einzelnen Ichs, d. h. die einzelnen teilnehmenden Personen mit unterschiedlichen Fragen, Bedürfnissen, Vorerfahrungen und Einstellungen zum Thema, die jeweils auch in ihrer speziellen Verfassung in die Gruppe kommen. Der dritte Faktor ist das Wir, welches sich in Gruppen bzw. Veranstaltungen unterschiedlich herausbildet. Wichtig ist, dass die Ichs so weit zu einem Wir werden, dass die Gruppe gut arbeitsfähig wird. Als Regel gilt, dass die Ichs sich zu kleinen Gruppen, also Wirs zusammenfinden und danach weitere Ichs integrieren oder sich mit anderen kleinen Gruppen zu größeren Wirs verbinden. Im Idealfall hat ein Ich genügend Kontakte zu anderen Ichs, so dass es sich in der Gruppe wohl fühlt. Mit anderen Worten: durch die Bildung von Kleingruppen bildet sich nach und nach ein arbeitsfähiges Wir bis hin zu einem Wir-Gefühl heraus. Einfluss hat auch der »Globe«, also das Umfeld oder die Rahmenbedingungen in räumlicher, zeitlicher, politischer, sozialer und wirtschaftlicher Perspektive. Übersetzt auf den Kontext des Elterntrainings ist es für den Therapeuten wichtig zu beachten, unter welchen Rahmenbedingungen die teilnehmenden Eltern kommen, welche gesundheitlichen, beruflichen, wirtschaftlichen oder anderen Themen sie möglicherweise bewegen, welchem Kulturkreis sie angehören oder wie sehr sie sich für ein pünktliches Kommen hetzen mussten. In der Regel konzentrieren sich Therapeuten und Therapeutinnen im Training auf das Thema, dies allein kann aber zu wenig sein. Für die erfolgreiche Durchführung des Elterntrainings ist es wesentlich, alle vier Faktoren gleichermaßen im Blick zu behalten, diese auszubalancieren und damit zu einer bestmöglichen Arbeitsfähigkeit der Gruppe beizutragen.

6.13 Generelle therapeutische Prinzipien

Das FAUT-E beruht auf verhaltenstherapeutischen Prinzipien hinsichtlich des generellen Vorgehens und der spezifischen angewendeten Verfahren. Psychoedukation stellt einen ersten wichtigen Baustein dar, und Transparenz hinsichtlich der Trainingsziele und Methoden ist eine generelle Grundlage. Zentrale Prinzipien sind darüber hinaus der aktive Einbezug der teilnehmenden Eltern, aufmerksames, wertfreies Zuhören sowie eine wertschätzende und respektvolle Haltung gegenüber den Eltern. Erziehungsmaßnahmen, auch ungünstige, sind vor allem als elterlicher Versuch zu interpretieren, schwieriges oder ungewöhnliches kindliches Verhalten zu reduzieren.

6.14 Spezifische Methoden

Das FAUT-E umfasst unterschiedliche Methoden, welche sich insbesondere zur Anwendung im Rahmen einzelner Module empfehlen, aber auch flexibel eingesetzt werden können. Diese Methoden werden im Folgenden beschrieben.

Wissensvermittlung durch die Therapeuten: Sowohl die Wissensvermittlung über ASS als auch über die Verhaltensanalyse und daraus abgeleiteter Strukturierungs- und Verstärkungsmöglichkeiten sowie weiterer Themen erfolgt durch die Therapeuten oft in Form eines Kurzvortrages.

Verhaltensbezogene Exploration: Zur weiteren Exploration der von den Eltern geschilderten häuslichen Schwierigkeiten oder Verhaltensprobleme des Kindes empfiehlt sich die Auswahl eines konkreten, spezifischen Verhaltens oder einer spezifischen Situation. Allgemeine Schilderungen (z. B. »Er hört nicht.«) bleiben zu vage, so dass kaum spezifische Interventionsmöglichkeiten ableitbar sind. Bezogen auf ein konkretes Beispiel (»Er spielt morgens mit seinen Autos anstatt sich anzuziehen.«) lassen sich gut konkrete Handlungsempfehlungen für die Eltern erarbeiten.

Kleingruppenarbeit: Für bestimmte Fragestellungen bietet sich eine Bearbeitung in Kleingruppen an, an denen die Therapeuten/Therapeutinnen nicht inhaltlich aktiv, sondern höchstens moderierend beteiligt sind, um die Eigeninitiative und den Austausch zwischen den Eltern zu fördern.

Rollenspiele: Um den konkreten Umgang mit bestimmten, schwierigen Verhaltensweisen oder neuen Situationen in einem geschützten Rahmen auszuprobieren und zu üben, sind Rollenspiele sinnvoll. Im Sinne einer »Eisbrecherfunktion« empfiehlt es sich, wenn zunächst ein erstes Rollenspiel von den Therapeutinnen durchgeführt wird. So kann das Problemverhalten eines Kindes durch eine Therapeutin dargestellt werden. Außerdem können durch eine Therapeutin Lösungsmöglichkeiten im Modell veranschaulicht werden. Damit die Eltern das zu erlernende Verhalten direkt üben können, übernehmen sie selbst in Rollenspielen die Elternrolle. Eine andere Variante besteht darin, dass die Eltern die

Rolle ihres Kindes einnehmen. So haben sie die Möglichkeit, eine Situation aus der Perspektive ihres Kindes zu erleben, was zu einer Sensibilisierung für die kindliche Sichtweise beitragen kann. Rollenspiele lassen sich beispielsweise hinsichtlich der Einführung einer positiven gemeinsamen Eltern-Kind-Zeit (▶ Kap. 7.2) sinnvoll einsetzen und auch bei der Moderation des gemeinsamen Spielens der Geschwister durch ein Elternteil (▶ Kap. 8.4).

Transferaufgaben: Um die Übertragung der vermittelten Inhalte und Vorgehensweisen in den Alltag zu unterstützen, werden den Eltern im Rahmen einiger Module Hausaufgaben gestellt, die sie bis zur kommenden Sitzung umsetzen sollen.

Sokratischer Dialog und kognitive Techniken werden generell genutzt, um bei der Besprechung von den Eltern geschilderten Schwierigkeiten über geleitetes Entdecken unter aktiver Teilnahme der Eltern Lösungsfindungen zu ermöglichen bzw. um ungünstige Überzeugungen der Eltern, die ihre eigene Rolle oder die ihres Kindes betreffen, zu überprüfen und zu verändern.

Bei Störungen gilt die TZI-Regel: »Störungen haben Vorrang.« Dies bedeutet, sich erst mit den aktuellen Störungen zu beschäftigen, anstatt mit der inhaltlichen Themenvermittlung fortzufahren.

6.15 Übersicht der Trainingsmodule

Tab. 6.1: Übersicht der Sitzungen und Basismodule

Sitzung	Modul
1	Basis 1: Vorstellung, Kennenlernen, mit meinen Anliegen ins Gespräch kommen und mehr über Autismus-Spektrum-Störungen erfahren ⏰ ~ 120 Minuten
2	Basis 2: Positive Seiten sehen und gemeinsam schöne Zeit verbringen ⏰ ~ 120 Minuten *Weitere mögliche Sitzungsinhalte:* Vertiefung Psychoedukation
3	Basis 3: Das Verhalten meines Kindes verstehen ⏰ ~ 70 Minuten *Weitere mögliche Sitzungsinhalte:* Vertiefung Basis 1 oder 2 Erweiterungsmodul oder Themenwunsch der Eltern
4	Basis 4: Problemverhalten meines Kindes ändern I – Strukturierungsmaßnahmen ⏰ ~ 120 Minuten

Tab. 6.1: Übersicht der Sitzungen und Basismodule – Fortsetzung

Sitzung	Modul
5	Basis 5: Problemverhalten meines Kindes ändern II – Konsequenzen ⏰ ~ 120 Minuten
6	Basis 6: Kraftquellen und Unterstützung im Alltag ⏰ ~ 90 Minuten *Weitere mögliche Sitzungsinhalte:* Erweiterungsmodul/Themenwunsch der Eltern
7	Erweiterungsmodule /Themenwünsche der Eltern
8	Erweiterungsmodule/Themenwünsche der Eltern *Weiterer Sitzungsinhalt:* Rückmeldungen über das Training

Tab. 6.2: Übersicht der Erweiterungsmodule

Erweiterung	Dauer
Für alle Gruppen:	
E1 Welche Therapien gibt es und wie wirksam sind diese?	50 Minuten
E2 Wie unterstütze ich mein Kind im Kindergarten/in der Schule?	40 Minuten
E3 Welche Rechte haben wir und wie setzen wir diese durch?	15–20 Minuten
E4 Wie gehe ich mit Geschwisterkindern um?	70 Minuten
Für Kleinkinder und Kinder mit geistiger Behinderung:	
KK1 Wie kann ich mein Kind bei der Sprachentwicklung unterstützen?	90 Minuten
KK2 Wie kann ich mein Kind bei der Sauberkeitsentwicklung unterstützen?	40 Minuten
Für (Vor-)Schulkinder ohne geistige Behinderung:	
SK1 Wie kann ich mein Kind darin unterstützen, soziale Situationen zu verstehen und sich angemessen zu verhalten?	40 Minuten
SK2 Wie erkläre ich meinem Kind seine Besonderheit?	40 Minuten
SK3 Was habe ich in der Pubertät zu erwarten?	40 Minuten

7 Basismodule des Trainings

7.1 Basis 1: Vorstellung, Kennenlernen, mit meinen Anliegen ins Gespräch kommen und mehr über Autismus-Spektrum-Störungen erfahren

7.1.1 Übersicht der ersten Sitzung

Ziele

- Kennenlernen und Vermitteln von Sicherheit in der Gruppe
- Anliegen/Interessen der Teilnehmer/innen sammeln
- Verständnis schaffen für das störungsbedingte Verhalten des Kindes

Inhalte

- Begrüßung, Vorstellungsrunde
- Verabredungen zur Zusammenarbeit
- Einführung: Vorstellung der Trainingsziele und -inhalte
- Mit welchen Wünschen, Fragen und Interessen bin ich da?
- Was sind Autismus-Spektrum-Störungen und wie zeigt sich die Erkrankung bei meinem Kind? – Symptom-Trias und neuropsychologische Theorien

Methoden

- Plenum
- Kurzvortrag
- Kleingrupppenarbeit mit Kartenabfrage
- Clustern der eingebrachten Themen/Fragen im Plenum
- Brainstorming und Clustern der beobachteten kindlichen Besonderheiten nach den drei diagnostisch relevanten Kernbereichen im Plenum

Material

- Vorbereitete Flipcharts »Begrüßung«, »Ich stelle mich vor«, »Gruppenregeln«, »Ziele a+b«, »Basismodule«, »Erweiterungsmodule« (a und je nach Gruppenzusammensetzung b oder c), »Wünsche, Fragen,...«, »Was sind ASS...?«, »Mein/ unser Kind«
- Vorbereitete Namensschilder
- Metaplankarten
- Stifte
- Blanko Flipcharts
- Arbeitsblatt »Mein Kind mit seinen Lieblingsaktivitäten und Stärken«

Transferaufgabe

- Metaplankartensammlung zur Stärken- und Verstärkeridentifizierung: »Was macht mein Kind gerne? Was kann mein Kind gut?«
- Mitbringen von Foto des Kindes

7.1.2 Ablauf der ersten Sitzung

Begrüßung und Vorstellungsrunde (Plenum, ca. 20 Min.)

Das Flipchart »Begrüßung« hängt bereits. Zu Beginn des Elterntrainings begrüßen die Therapeutinnen die Teilnehmenden und stellen sich vor.

Guten Tag und herzlich Willkommen zum Frankfurter Autismus-Elterntraining. Wir (die Therapeutinnen) hatten ja bereits im Rahmen der Erstgespräche Gelegenheit einzelne Teilnehmer und Teilnehmerinnen kennen zu lernen. Nun freuen wir uns, Sie in der Gruppe zusammenzuhaben und sind neugierig, welche Berührungs- und Anknüpfungspunkte Sie untereinander entdecken werden. Auch wenn wir mit einigen bereits Kontakt hatten, wollen wir uns nun allen nochmals kurz vorstellen und dann Gelegenheit zum gegenseitigen Kennenlernen geben. Im Anschluss daran geht es um einige Vereinbarungen in der Gruppe und wir geben Ihnen einen Überblick, womit wir uns heute und die folgenden Treffen beschäftigen werden.

Eine der Therapeutinnen blättert das Flipchart »Ich stelle mich vor« auf.

- *Ich heiße ...*
- *Ich wohne ...*
- *Mit diesen Ja- und Nein-Stimmen bin ich da ...*
- *Ich habe Freude an ..., kann gut entspannen bei ...*
- *Mein Name ist .... und ich arbeite im Autismustherapiezentrum mit dem Schwerpunkt .... Ich lebe in ... Was mache ich gerne? – In meiner Freizeit/in freien Minuten tut es mir gut/mache ich gerne ...*

Die zweite Therapeutin stellt sich anhand der Punkte auf dem Flipchart vor.

Erläuterungen:

Ja-Stimmen sind Gründe für die Teilnahme am Elterntraining. Nein-Stimmen sind Gründe, die gegen eine Teilnahme sprechen oder diese in Frage stellen. Mit der Frage nach den Ja- und Nein-Stimmen erhält die Kursleitung erste Informationen über die Motivation der Teilnehmer/innen für das Training auf der einen und ernst zu nehmende Widerstände auf der anderen Seite, die es zu beachten gilt. Wir haben gute Erfahrungen damit gemacht zur Frage der Ja/Nein-Stimmen einige persönliche Worte zu unserem Bezug zur Arbeit mit Kindern und Jugendlichen mit Autismus-Spektrum-Störungen und ihren Eltern zu sagen und damit bei den teilnehmenden Eltern den Eindruck einer offenen und vertrauensvollen Arbeitsatmosphäre zu verstärken.

An den Elterntrainings schätze ich besonders die Mischung aus intensiver Arbeit und der daraus erwachsenden Veränderung im Erleben der Eltern im Verlauf des Trainings, die Teilhabe an Ihrer Erfahrung und Ihrem Wissen, das hohe Maß an gegenseitiger Unterstützung in den Gruppen und den Humor, der bei aller Ernsthaftigkeit für mich immer wieder erlebbar ist. Darauf freue ich mich und das ist eine laute Ja-Stimme. Meine Nein-Stimme ist die leichte Aufregung, die ich zu Beginn eines Trainings immer habe und die Sorge, ob ich an alles gedacht habe. Ich möchte Sie nun bitten, sich ebenfalls kurz vorzustellen.

Mit der Frage nach Beschäftigungen, denen die Teilnehmer/innen gerne nachgehen und sich dabei wohlfühlen wird bereits in der ersten Runde das Thema »Kraftquellen« kurz angesprochen und die Therapeutinnen können erste Anregungen aus der Gruppe sammeln und für sich notieren, um sich später darauf beziehen zu können.

Die Teilnehmer/innen der Gruppe stellen sich vor.

Verabredungen zur Zusammenarbeit (Plenum, ca. 5–10 Min.)

Im Anschluss daran spricht eine der Therapeutinnen wesentliche Regeln an, die für eine gute Zusammenarbeit wichtig sind, wie z. B. die regelmäßige Teilnahme und den Umgang mit persönlichen Informationen und stimmt diese mit der Gruppe ab.

Erläuterungen:

Verabredungen zur Zusammenarbeit helfen den Teilnehmer/innen, sich in einer ungewohnten Situation gut zurechtzufinden. Im Elterntraining nehmen wir uns auch Zeit für eine bewusste Regelgestaltung, da das Setzen von Regeln und wie diese dem Kind verständlich gemacht und durchgesetzt werden können, oft ein wichtiges Anliegen der Eltern ist. Regeln spielen eine zentrale Rolle für das Geschehen in Gruppen und deren Steuerung. In jeder Gruppe bilden sich Regeln, ungeachtet dessen, ob diese, wie in diesem Training, bewusst vereinbart werden oder sich einfach entwickeln. Um zu vermeiden, dass sich unerwünschte bzw. wenig hilfreiche Regeln etablieren, ist es sinnvoll, die Regeln bewusst zu vereinbaren und fest zulegen.

Bevor wir nun weiter inhaltlich einsteigen, ist ein weiteres Thema wichtig. Jeder, der schon mal ein Training oder Seminar besucht hat, ahnt es vielleicht schon.
  Die Therapeutin wartet auf Wortmeldungen.
  Genau. Spielregeln. Das interessante ist – Regeln, wie Menschen miteinander umgehen, entstehen immer. Auch wenn wir sie nicht explizit verabreden. Denken Sie an Ihre Familie. Wahrscheinlich haben Sie bislang keine Tafel im Flur hängen mit den Worten »Um 18.00 treffen wir uns zum gemeinsamen Abendessen« oder »Bei uns isst jeder, wann er sich hungrig fühlt«. Und dennoch leben Sie vielleicht eine dieser Regeln oder auch eine andere. Das heißt: Regeln entstehen auch durch Tun – und Dulden. Entscheidend ist: Sind Sie mit der entstandenen Regel zufrieden und ist diese hilfreich? Schauen wir mal auf Ihren Alltag als Familie: Welche Regeln sind Ihnen wichtig und wie setzen sie diese durch?
  Die Therapeutin wartet auf Wortmeldungen. Oft nennen die Teilnehmer/innen hier beispielsweise gemeinsame Mahlzeiten, dass die Kinder die Zähne putzen, bevor sie zu Bett gehen, oder auch, dass die Kinder nur zeitlich begrenzt PC-Spiele machen dürfen.
  Genau. Das sind typische Beispiele. Weshalb ist das wichtig für Sie?
  Die Therapeutin wartet auf Zurufe aus der Gruppe.
  Als Eltern ist es unter anderem wichtig, dafür zu sorgen, dass der gemeinsame Familienalltag möglichst harmonisch und reibungslos abläuft. Regeln spielen dabei eine zentrale Rolle, damit sich jeder zurechtfinden und sich orientieren kann. Hier verabreden wir sie, im Umgang mit Ihrem Kind legen Sie sie als Erwachsener fest. Damit geben Sie ihm Orientierung und schaffen eine gute Voraussetzung für ein gelingendes Miteinander. Dass Sie dabei bei einem Kind mit Autismus-Spektrum-Störung vor größeren Herausforderungen stehen, ist uns bewusst. Wie das genau klappen kann und was es dabei zu beachten gilt, damit beschäftigen wir uns bei den kommenden Sitzungen. Hier im Training möchten wir die Spielregeln mit Ihnen gemeinsam erarbeiten. Was ist Ihnen wichtig, damit Sie sich gut auf dieses Training einlassen können?
  Die zweite Therapeutin notiert die Zurufe auf dem Flipchart. Ggf. fragen die Therapeutinnen konkretisierend nach:
  Was verstehen Sie unter ...? Woran erkennen Sie, dass ...?
  Wenn es keine Wortmeldungen mehr gibt, ergänzen die Therapeutinnen ggf. einige Punkte, die ihnen wichtig sind. Beispielsweise:
  Mir ist noch wichtig, dass Sie gut für sich sorgen und Verantwortung für sich übernehmen: Wenn Sie etwas nicht verstehen, es Ihnen zu schnell oder langsam geht, Ihnen etwas fehlt, bitte melden Sie sich oder geben Sie einer von uns ein Zeichen.

Erläuterungen:

Verabredungen, die wir für eine konstruktive Zusammenarbeit in diesem Training unerlässlich finden, sind:

- Vertraulichkeit
  Persönliche Informationen anderer Teilnehmer/innen und was Sie oder andere im Training ausprobieren bleibt im Raum.
- (Mit-) Verantwortung
  Selbstverständlich sind wir als Leitung verantwortlich für den Trainingsablauf. Aber auch Sie haben Verantwortung: Bitte sprechen Sie Ihre Wünsche und Anliegen direkt an. Nur dann können wir darauf eingehen und sie berücksichtigen. Auch wenn Sie etwas nicht verstehen, fragen Sie bitte nach.
- Verbindlichkeit
  Damit Sie möglichst viel aus diesem Training für sich mitnehmen können, ist eine regelmäßige Teilnahme und pünktliches Erscheinen wesentlich. Bitte halten Sie sich an die verabredeten Zeiten und Aufträge, auch an solche, die wir Ihnen mit nach Hause geben. Und stellen Sie Ihr Handy auf lautlos oder machen Sie es während des Trainings bitte aus. Ist das für Sie machbar?

Einführung: Vorstellung der Trainingsziele und -inhalte (Kurzvortrag, ca. 15 Min.)

Bei der sich anschließenden Einführung in das Elterntraining werden die Ziele und die daraus abgeleiteten inhaltlichen Basis- und möglichen Erweiterungsmodule des Trainings vorgestellt und erläutert.

In den Einzelgesprächen vor etwa drei Monaten haben wir Ihnen einen groben Überblick über das Training gegeben, um mit Ihnen gemeinsam zu klären, inwieweit dieses Angebot für Sie bereichernd sein kann. Vielleicht haben Sie einzelne Fragen und Themen weiter beschäftigt. Wir möchten Ihnen nun ausführlich vorstellen, welche Ziele wir hier im Elterntraining verfolgen und welche Inhalte sich daraus ableiten.

Eine der Therapeutinnen blättert das Flipchart »Ziele des Elterntrainings« auf.
Hier sehen Sie die Ziele im Überblick. Was wollen wir mit diesem Training erreichen?

- Verbessertes Verständnis für das Erleben und Verhalten Ihres Kindes
  Viele Eltern in unseren Trainings beschäftigt die Frage, wie bestimmte Verhaltensweisen ihres Kindes zu verstehen sind und wie sie diese einordnen sollen. Auch die Frage, welches Verhalten des Kindes sich der Autismus-Spektrum-Störung zuschreiben lässt, ist häufig ein Thema. Wir wollen gemeinsam mit Ihnen Antworten auf Ihre Fragen finden. Damit wollen wir dazu beitragen, dass Sie sich besser in Ihr Kind einfühlen und seine Verhaltensweisen besser verstehen können.

- Förderung einer positiven Beziehung zu Ihrem Kind
  Da Sie im Zusammenleben mit Ihrem Kind größere Herausforderungen zu meistern haben und höheren Belastungen ausgesetzt sind als andere Eltern, stehen manchmal sehr die Probleme und deren Bewältigung im Vordergrund. Uns ist es ein Anliegen, Sie auch die schönen gemeinsamen Momente in den Blick nehmen zu lassen, die Momente, die Sie mit Ihrem Kind genießen. Wir wollen auf diese Weise die positive Beziehung zu Ihrem Kind festigen und ausbauen.
- Sensibilisierung für die eigenen Bedürfnisse und die aller Familienmitglieder
  Viele Familien sind sehr engagiert, ihr Kind mit Autismus-Spektrum-Störung in seinen besonderen Bedürfnissen zu unterstützen und nehmen viel auf sich, um es gut zu fördern und es im Alltag bestmöglich zu begleiten. All das kostet viel Zeit und Energie. Die eigenen Bedürfnisse, die Bedürfnisse von Geschwisterkindern, Wünsche in der Beziehung als Paar stehen häufig hinten an. Manchmal werden sie gar nicht mehr wahrgenommen. Wir wollen gemeinsam mit Ihnen einen Blick auf die Bedürfnisse aller Familienmitglieder werfen.
- Angemessenes Verhalten unterstützen lernen
  Hier geht es darum, dass Sie Wissen darüber erlangen, wie Sie Ihrem Kind helfen können, sich angemessen zu verhalten und unterschiedliche Alltags- und Anforderungssituationen zu meistern.
- Störendes Verhalten abbauen lernen
  Dies ist ein Thema, das erfahrungsgemäß viele Eltern von Kindern mit Autismus-Spektrum-Störung beschäftigt: Störendes/unangemessenes Verhalten. Wir wollen, dass Sie am Ende dieses Trainings das notwendige Wissen darüber haben, welche Bedeutung störendes Verhalten haben kann, welche Faktoren Einfluss auf störendes Verhalten haben und welche Möglichkeiten Sie haben, dieses abzubauen, wenn Ihnen das wichtig ist.
- Sich selbst in der Beziehungsgestaltung und der Alltagbewältigung wirksamer erleben können
  Wir wollen, dass Sie sich noch kompetenter im Umgang mit Ihrem Kind erleben und um Ihre Einflussmöglichkeiten wissen. In dem Maße, in dem Sie in der Beziehung zu Ihrem Kind erleben, dass Sie Einfluss auf sein Verhalten nehmen oder diesen ausbauen können, werden Sie sich als Eltern noch kompetenter und in Ihrem Tun noch wirksamer erleben.
- Austausch mit anderen Eltern – Vernetzung
  Wir verfolgen mit diesem Training auch das Ziel, Sie in Kontakt mit anderen Eltern zu bringen, die sich in einer vergleichbaren Situation befinden und Ihnen Mut zu machen, sich zu vernetzen und gegenseitig zu unterstützen.
- Entlastung
  All das soll zu Ihrer Entlastung beitragen: Entlastung im Alltag zu Hause, aber auch Entlastung im Hinblick auf Ihr Selbsterleben und Selbstbild als Eltern.

Daraus abgeleitet werden nun die inhaltlichen Module vorstellt. Hier wird zwischen den Basis- und Erweiterungsmodulen unterschieden: Die Basismodule sind integraler Bestandteil eines jeden Trainings. Wir empfehlen, sie in den ersten sechs Sitzungen in der hier vorgestellten Reihenfolge durchzuführen. Die Erweiterungsmodule werden je nach Gruppenzusammensetzung und Interesse der Gruppe flexibel ausgewählt. Bei der Vorstellung nennt die Therapeutin die Erweiterungen, die potenziell in der jeweiligen Gruppe relevant sind. Dies sind die vier Erweiterungen für alle sowie entweder die Erweiterungen für Kleinkinder und ältere Kinder mit geistiger Behinderung oder für (Vor-)Schulkinder ohne geistige Behinderung.

Die Basismodule

Basis 1: Vorstellung, Kennenlernen, mit meinen Anliegen ins Gespräch kommen und mehr über Autismus-Spektrum-Störungen erfahren
Basis 2: Positive Seiten sehen und gemeinsam schöne Zeit verbringen
Basis 3: Das Verhalten meines Kindes verstehen
Basis 4: Problemverhalten meines Kindes ändern I – Strukturierungsmaßnahmen
Basis 5: Problemverhalten meines Kindes ändern II – Konsequenzen
Basis 6: Eigene Kraftquellen und Unterstützung im Alltag

Die Erweiterungsmodule

Für alle Gruppen geeignete Erweiterungsmodule:

Erweiterung E1: Welche Therapien gibt es und wie wirksam sind diese?
Erweiterung E2: Wie unterstütze ich mein Kind im Kindergarten/in der Schule?
Erweiterung E3: Welche Rechte haben wir und wie setzen wir diese durch?
Erweiterung E4: Wie gehe ich mit Geschwisterkindern um?

Für Kleinkinder und ältere Kinder mit geistiger Behinderung geeignete Erweiterungsmodule:

Erweiterung KK1: Wie kann ich mein Kind bei der Sprachentwicklung unterstützen?
Erweiterung KK2: Wie kann ich mein Kind bei der Sauberkeitsentwicklung unterstützen?

Für (Vor-)Schulkinder ohne geistige Behinderung geeignete Erweiterungsmodule:

Erweiterung SK1: Wie kann ich mein Kind darin unterstützen, soziale Situationen zu verstehen und sich angemessen zu verhalten?
Erweiterung SK2: Wie erkläre ich meinem Kind seine Besonderheit?
Erweiterung SK3: Was habe ich in der Pubertät zu erwarten?

Was heißt das nun für die Inhalte? Womit werden wir uns beschäftigen, welche Inhalte bearbeiten wir, um diese Ziele zu erreichen?
Eine der Therapeutinnen blättert das Flipchart »Die Basismodule« auf.

Ich möchte Ihnen zunächst unsere Basismodule vorstellen. Diese bearbeiten wir grundsätzlich in jedem Training. Sie sind wesentlich, um die eben vorgestellten Ziele erreichen zu können.

- Vorstellung, Kennenlernen, mit meinen Anliegen ins Gespräch kommen und mehr über Autismus-Spektrum-Störungen erfahren
  Welche Fragen bewegen Sie? Mit welchen Anliegen sind Sie hier? Worum geht es eigentlich bei Autismus-Spektrum-Störungen? Wodurch unterscheiden sich Menschen mit Autismus-Spektrum-Störungen von anderen? Hier wollen wir die Besonderheiten, die Sie bei Ihrem Kind erlebt haben und aktuell erleben, die Verhaltensweisen, die Sie irritiert und beunruhigt haben und vielleicht nach Hilfe suchen ließen mit dem aktuellen Wissensstand zu Autismus-Spektrum-Störungen zusammenbringen und Ihnen gleichzeitig einen Überblick über den aktuellen Forschungsstand geben.
- Positive Seiten sehen und gemeinsam schöne Zeit verbringen
  Hier beschäftigen wir uns mit der Frage, wie Sie konkrete Spielmöglichkeiten und Aktivitäten im Alltag umsetzen können, um schöne Zeit mit Ihrem Kind zu verbringen. Wir denken, dass eine grundsätzlich positive Beziehung die Basis für Lernen und Veränderung von Problemverhalten ist.
- Das Verhalten meines Kindes verstehen
  Wir werden Ihnen Modelle vorstellen, mit deren Hilfe Sie die Verhaltensweisen Ihres Kindes besser einordnen und verstehen und darauf aufbauend im nächsten Schritt Ansätze für eine Veränderung entwickeln können.
- Problemverhalten meines Kindes ändern
  Wir werden uns mit konkreten Hilfestellungen beschäftigen, die Sie Ihrem Kind geben können, dass es lernen und sich gut verhalten kann. Gut verhalten im Sinne von sozial angemessen und ausreichend flexibel in unterschiedlichen Alltags- und Anforderungssituationen. Auf einer konkreten Handlungsebene kann das bedeuten, sich über einen bestimmten Zeitraum angemessen zu beschäftigen, Aufforderungen nachzukommen oder auch selbstständiger zu werden. Dabei werden wir Ihnen zeigen, welche Maßnahmen im Vorfeld einer geplanten Handlung für Ihr Kind hilfreich sein können und werden uns in diesem Zusammenhang mit Strukturierungshilfen beschäftigen. Ebenso stellen wir Ihnen Modelle vor, die es Ihnen erleichtern, über Ihre Reaktionen auf das Verhalten Ihres Kindes Einfluss zu nehmen.
- Eigene Kraftquellen und Unterstützung im Alltag
  Wobei können Sie als Eltern Ihre Energiereserven füllen und wie können Sie sich kleine Inseln im Alltag schaffen? Wir werden uns austauschen. Wir werden uns auch mit Unterstützungsmöglichkeiten von außen beschäftigen, um auch bei diesem Thema konkrete Ansatzpunkte zu finden. Wir sind neugierig auf vertraute Kraftquellen und solche, die es neu zu entdecken gibt.

Nun haben wir Sie mit den Zielen und den Basismodulen, die wir in jedem Training bearbeiten vertraut gemacht. Bevor wir die Erweiterungsmodule vorstellen, die wir je nach Interessenslage flexibel anbieten, möchten wir Gelegenheit zu Anmerkungen und Fragen geben.

Die Therapeutinnen warten etwas ab, beantworten bei Bedarf Fragen und setzen dann den Input mit der Vorstellung der je nach Elterngruppe in Frage kommender Erweiterungsmodule fort. Eine der Therapeutinnen blättert das Flipchart »Die Erweiterungsmodule-alle« auf.

Nun stelle ich Ihnen die Erweiterungsmodule unseres Trainings vor, die wir orientiert an Ihren Interessen und Bedürfnissen flexibel anbieten und einarbeiten können. Zunächst die Erweiterungsmodule, die für alle Teilnehmer/innen von Interesse sein können:

- Welche Therapien gibt es und wie wirksam sind diese?
  Bei der Beantwortung dieser Frage beziehen wir aktuelle Ergebnisse aus der Autismustherapieforschung ein. Wir beantworten Ihre Fragen zu unterschiedlichen Therapieangeboten und deren Wirksamkeit, um Sie in die Lage zu versetzen, informiert Entscheidungen zu treffen.
- Wie unterstütze ich mein Kind im Kindergarten/in der Schule?
  Dies ist ein Baustein, der sich mit Unterstützungsmöglichkeiten vor Ort im Kindergarten und der Schule beschäftigt, z. B. die Gestaltung der Umgebung, die Installation einer Integrationskraft oder die Gewährung eines Nachteilsausgleichs.
- Welche Rechte haben wir und wie setzen wir diese durch?
  Bei diesem Baustein geht es um sozialrechtliche Fragen: Behindertenausweis, autismusspezifische Therapie und Integrationshilfe sind einige Beispiele hierfür.
- Wie gehe ich mit Geschwisterkindern um?
  Manche Eltern fragen sich, wie es für Geschwisterkinder ist, wenn sie einen Bruder oder eine Schwester haben, der/die eine Autismus-Spektrum-Störung hat. Sie müssen manchmal eher zurückstecken, von ihnen wird in der Regel mehr Verständnis erwartet, sie müssen zum Teil schroffe »Abfuhren« beim Spielen hinnehmen, um nur einige Beispiele zu nennen. Bei diesem Modul gehen wir der Frage nach, welche Möglichkeiten Sie haben, Geschwisterkinder zu stärken und das Miteinander zu verbessern.

Bei Eltern von Kleinkindern und älteren Kindern mit geistiger Behinderung nennt die Therapeutin ergänzend die folgenden Erweiterungen und verwendet dazu das Flipchart »Erweiterungsmodule-Kleinkinder«.

- Wie kann ich mein Kind bei der Sprachentwicklung unterstützen?
  Hier wollen wir folgende Fragen klären: Welche (Vorläufer-)Fähigkeiten benötigt Ihr Kind, um Sprache zu erlernen und wie können Sie diese Fähigkeiten im Alltag fördern? Wie können Sie Ihrem Kind helfen nonverbal oder später auch verbal zu kommunizieren? Wie lassen sich in diesem Zusammenhang Bilderkarten sinnvoll unterstützend einsetzen?
- Wie kann ich mein Kind bei der Sauberkeitsentwicklung unterstützen?
  Eltern, deren Kinder noch Windeln tragen, beschäftigt häufig die Fragen, wann ihr Kind sauber wird und welche Möglichkeiten Sie haben ihr Kind dabei zu unterstützen bzw. ab wann ein »Toilettentraining« sinnvoll sein kann. Diesen Fragen gehen wir hier nach.

Bei Eltern von (Vor-)Schulkindern ohne geistige Behinderung nennt die Therapeutin ergänzend die folgenden Erweiterungen unter Verwendung des Flipcharts »Erweiterungsmodule-Schulkinder«

- Wie kann ich mein Kind dabei unterstützen, soziale Situationen zu verstehen und sich angemessen zu verhalten?
  Menschen mit Autismus-Spektrum-Störungen haben Schwierigkeiten Aussagen zu verstehen, hinter denen sich eine andere Absicht verbirgt, wie z. B. Ironie, oder auch Aussagen, um den Anderen zu ärgern bzw. zu provozieren. In diesem Modul geht es darum, wie Sie Ihr Kind dabei unterstützen können, Missverständnisse zu vermeiden, sich angemessen zu verhalten und zu reagieren, und wie es damit umgehen kann, wenn es geärgert wird.
- Wie erkläre ich meinem Kind seine Besonderheit?
  Kinder ab einem gewissen Funktionsniveau bemerken im Laufe der Zeit im Kontakt mit anderen, dass sie »anders sind« bzw. »anders ticken«. Bei diesem Modul stellen wir Ihnen Möglichkeiten vor, wie Sie, wenn Ihr Kind bereit ist und sich interessiert, seine Fragen aufgreifen und es bei der Entwicklung eines positiven Selbstbildes unterstützen können.
- Was habe ich in der Pubertät zu erwarten?
  Hier geht es um die Kernthemen in der Pubertät, wie z. B. die Entwicklung einer eigenen Identität, die Entwicklung von wachsender Autonomie und Themen rund um Partnerschaft und Sexualität. Welche Besonderheiten sind hier bei Menschen mit Autismus-Spektrum-Störung zu erwarten und wie können Sie als Eltern Ihr Kind in dieser Zeit bestmöglich begleiten.

Im nächsten inhaltlichen Schritt stehen die Eltern mit ihren Fragen und Anliegen im Mittelpunkt.

Mit welchen Wünschen, Fragen und Interessen bin ich da?
(Kleingruppenarbeit mit Kartenabfrage, ca. 20 Min., Plenum mit Clustern der eingebrachten Themen, ca. 15 Min.)

Eine der Therapeutinnen blättert das Flipchart »Wünsche, Fragen und Interessen« auf.
Nachdem wir Ihnen nun einen Überblick über die Ziele und Inhalte dieses Elterntrainings gegeben haben, wollen wir nun gerne erfahren, mit welchen Wünschen, Fragen und Interessen Sie hier sind. Dieses Training ist für Sie, weshalb es uns wichtig ist, mehr über Ihre Wünsche und Interessen zu erfahren und unsere Planung auf Ihre Bedürfnisse abzustimmen. Dabei kann es auch sein, dass Sie Themen beschäftigen, die hier auf den Flipcharts noch nicht zu finden sind. Ich möchte Sie nun bitten, in Kleingruppen von jeweils drei bis vier Personen der Frage nachzugehen: Mit welchen Wünschen, Fragen und Interessen bin ich da? und diese mit je einem Stichwort/einer Frage pro Karte für die anschließende Vorstellung im Plenum zu sammeln. Verteilen Sie sich gerne im Raum, so dass sich jede Gruppe ungestört austauschen und arbeiten kann. Wir haben dafür ca. 20 Minuten ein-

geplant. Im Anschluss werden die Stichwortsammlungen von allen Gruppen im Plenum vorgestellt.

Elternpaare werden gebeten, an unterschiedlichen Kleingruppen teilzunehmen, um für jede/n einzelne/n Gesprächsraum zu schaffen und das Kennenlernen weiterer Teilnehmer/innen zu begünstigen.

Nachdem wir noch in der Phase des gegenseitigen Kennenlernens sind, möchte ich Elternpaare bitten, sich auf unterschiedliche Kleingruppen zu verteilen.

Die Therapeutinnen stehen während der Kleingruppenarbeit für Verständnisfragen zur Verfügung und ziehen sich ansonsten zurück. Kurz vor Ablauf der Kleingruppenzeit erfragen sie in den Gruppen, ob die Weiterarbeit im Plenum in wenigen Minuten möglich ist oder noch weitere Zeit benötigt wird. Je nach Rückmeldung aus den Kleingruppen erfolgt die Zusammenkunft im Plenum. Anschließend erfolgt die Vorstellung durch je einen Kleingruppenvertreter/in oder mehrere Teilnehmer/innen anhand der Stichworte auf den Karten. Dabei können Verständnisfragen gestellt werden und die Trainingsleitung übernimmt das Clustern nach Themenschwerpunkten am Flipchart. Mögliche Mehrfachnennungen von angesprochenen Wünschen und Fragen verdeutlichen elterliche Interessenschwerpunkte.

Prima. Alle Teilnehmer/innen sind wieder ins Plenum zurückgekehrt. Nachdem wir am Rande sehen konnten, wie angeregt Sie sich ausgetauscht und unterhalten haben, sind wir nun neugierig auf Ihre Ergebnisse. Wir möchten Sie nun bitten, anhand der erstellten Karten Ihre Wünsche und Interessen kurz vorzustellen. Dies kann eine Person aus der Gruppe stellvertretend für alle tun oder Sie stellen die Punkte gemeinsam vor. Dabei können gerne Verständnisfragen gestellt werden. Eine von uns wird parallel dazu die vorgestellten Punkte am Flipchart nach Themenschwerpunkten ordnen.

Eine der Therapeutinnen übernimmt das Clustern der Karten am Flipchart, während die andere Therapeutin während der Vorstellung Verständnisfragen stellt, wenn dies erforderlich ist, um die Wünsche und Fragen präzise zu erfassen.

Woran haben Sie bei diesem Punkt konkret gedacht? Was genau meinen Sie mit ...?

Die eine Therapeutin fasst die Ergebnisse abschließend nochmals zusammen, während die andere Therapeutin die Punkte soweit möglich, den vorgestellten Trainingsinhalten zuordnet. Die einzelnen Themen werden in die verbleibende Zeit der Sitzungen 2 bis 6 integriert bzw. als Sitzung 7 und 8 konzipiert und nochmals mit der Gruppe abgestimmt.

Mit Blick auf das Flipchart zeigen sich nun einige Themenschwerpunkte. Wir fassen diese nochmals kurz zusammen und möchten mit Ihnen gemeinsam abstimmen, wo diese sich bereits einzelnen Modulen zuordnen lassen, welche neuen Themen möglicherweise hinzugekommen sind und wie wir diese sinnvoll integrieren. Daraus ergibt sich dann unser Ablaufplan für die folgenden Treffen. Passt das so für Sie?

Die Therapeutinnen warten auf Rückmeldungen. In aller Regel ist es sinnvoll, mit dem hier folgenden Thema Psychoedukation fortzufahren.

Was sind Autismus-Spektrum-Störungen und wie zeigt sich die Erkrankung bei meinem Kind? (Psychoedukation) (Plenum, Brainstorming und Clustern, ca. 30 Min.)

Eine der Therapeutinnen blättert das Flipchart »Was sind Autismus-Spektrum-Störungen und wie zeigt sich die Erkrankung bei meinem Kind?« auf.

Unter der Fragestellung: »Welche Besonderheiten zeichnet mein/unser Kind aus? Was hat uns im Entwicklungsverlauf irritiert oder haben wir anders erwartet? Was hat uns bewogen, Hilfe zu suchen?« werden die Eltern gebeten, ihre Beobachtungen und Erfahrungen in die Runde zu geben.

Damit kommen wir zu unserem ersten inhaltlichen Modul: Was sind Autismus-Spektrum-Störungen und wie zeigt sich die Erkrankung bei meinem Kind? Vielleicht fallen Ihnen sofort Erlebnisse mit Ihrem Kind ein, in denen Sie irritiert waren, sich verunsichert fühlten, andere Reaktionen erwartet hatten. Vielleicht benötigen Sie ein wenig Zeit und gehen in der Erinnerung ein wenig zurück – diese Fragen sollen Ihnen helfen, den Besonderheiten Ihres Kindes auf die Spur zu kommen. Was auch immer Ihnen einfällt, sprechen Sie einfach aus und wir sammeln die Stichworte hier am Flipchart.

Diese Stichworte werden von der Trainingsleitung nach den drei diagnoserelevanten Bereichen der sozialen Interaktion, der Kommunikation und den eingeschränkten repetitiven Verhaltensweisen und Sonderinteressen auf dem Flipchart notiert. Die gesammelten Beispiele werden bei Bedarf durch die Therapeutinnen ergänzt und abgerundet. Im Anschluss daran bietet es sich insbesondere bei durchschnittlich begabten Kindern und Jugendlichen an, die neuropsychologischen Theorien vorzustellen. Wichtig ist dabei, dass die Therapeutinnen auch die daraus ableitbaren Stärken der Kinder, wie zum Beispiel ein Blick für Details und die Fähigkeit, nicht nachtragend zu sein, benennen. Außerdem erhalten die Eltern Gelegenheit, Fragen zu Autismus-Spektrum-Störungen zu stellen, die von den Therapeutinnen beantwortet werden. In der Regel ist es sinnvoll, das Thema Psychoedukation im weiteren Verlauf mehrfach aufzugreifen und, wann immer es sich anbietet, einzelne Aspekte zu vertiefen.

Nun haben wir die Hauptsymptome von Autismus-Spektrum-Störungen besprochen. Haben Sie weitere Fragen dazu oder zu weiteren Merkmalen von Autismus-Spektrum-Störungen?

Transferaufgabe: Kartensammlung zur Stärken- und Verstärkeridentifizierung: »Was kann mein Kind gut? Was macht mein Kind gerne?«

Die Eltern werden am Ende des ersten Treffens gebeten, zu Hause zwei »Kartensammlungen« von je mindestens 10 Karten zu erstellen. Die erste Sammlung umfasst Fähigkeiten, Begabungen und Eigenschaften ihrer Kinder, die sie schätzen und als Stärke bei ihrem Kind erleben. Pro Karte wird ein Stichwort/ein inhaltlicher Punkt notiert. In der zweiten Sammlung werden Speisen, Tätigkeiten, Gegenstände und Vorlieben notiert, bei denen die Kinder Freude zeigen. Dabei ermuntern die Therapeutinnen die Eltern, besonders bei den bevorzugten Speisen, Aktivitäten,

Gegenständen und Spielsachen auch für sie Ungewöhnliches und vielleicht bizarr Anmutendes zu notieren. Hierzu erhalten die Eltern ein Arbeitsblatt mit den wesentlichen Informationen und Metaplankarten. Die Therapeutinnen kündigen den Eltern an, dass in der folgenden Sitzung mit den erstellten Karten weitergearbeitet wird, weshalb die Beschäftigung mit der Transferaufgabe wesentlich für das weitere Training ist. Ebenso werden die Eltern gebeten, ein Foto ihres Kindes mitzubringen.

Erläuterung:

Die Vorgabe, jeweils mindestens 10 Punkte zu sammeln und »zu Papier zu bringen«, ist bewusst so hoch gewählt, um sicher zu stellen, dass sich die Eltern intensiv mit den beiden Fragen beschäftigen.

Eine der Therapeutinnen blättert das Flipchart »Mein/unser Kind« auf.
Zum Abschluss der ersten Sitzung möchten wir Sie bitten, zu Hause folgenden beiden Fragen nachzugehen, die Sie auf dem vorbereiteten Arbeitsblatt (Mein Kind mit seinen Lieblingsaktivitäten und Stärken) finden, das wir nun austeilen.
1. Was macht mein Kind gerne? Wobei hat es Spaß?
2. Was kann mein Kind gut? Welche Stärken hat mein Kind?
Bitte sammeln Sie für die Lieblingsaktivitäten bzw. die Stärken jeweils 10 Punkte und notieren pro Karte jeweils ein Stichwort. Vielleicht fallen Ihnen bei den Vorlieben und den Stärken Ihrer Kinder auch ungewöhnliche Dinge ein. Notieren Sie auch diese gerne. In der zweiten Sitzung wollen wir Ihre Kinder besser kennenlernen. Sie werden das nächste Mal, wie Sie hier auf dem Flipchart sehen können, im Mittelpunkt stehen. Bitte bringen Sie die vorbereiteten Karten wie auch ein Foto Ihres Kindes zum nächsten Treffen mit. Haben Sie zu dieser Aufgabe noch Fragen?
Die Therapeutinnen warten auf mögliche Fragen und beantworten diese.
Dann danken wir für Ihr Kommen, freuen uns auf die nächste Sitzung und wünschen Ihnen eine gute Zeit!

7.2 Basis 2: Positive Seiten sehen und gemeinsam schöne Zeit verbringen

7.2.1 Übersicht der zweiten Sitzung

Ziele

- Ressourcenorientierten Blick auf das Kind fördern
- Gemeinsamkeiten bei den kindlichen Profilen entdecken
- Verständnis schaffen für die autismusspezifischen Besonderheiten der Wahrnehmung und des Verhaltens des Kindes
- Positive Eltern-Kind-Interaktion im Alltag fördern
- Eltern kennen konkrete Aktivitäten, um positiven Kontakt mit den Kindern erleben zu können

Inhalte

- Gestaltung von Steckbriefen der Kinder mit den jeweiligen Stärken und Lieblingsaktivitäten, die nach Beliebtheitsgrad angeordnet werden
- Vorstellung der Steckbriefe durch die Eltern
- Wie kann ich mit meinem Kind schöne Zeit verbringen?
- Wie kann ich Aktivitäten meines Kindes mit der Zeit interaktiver gestalten?

Methoden

- Plenum
- Einzelarbeit
- geleitetes Gruppengespräch
- Rollenspiele
- Zuruffrage

Material

- Vorbereitete Flipcharts »Wünsche, Fragen ...«, »Mein/unser Kind«, »Gemeinsame schöne Zeit«
- Infoblatt »Gemeinsam schöne Zeit verbringen«
- Blanko Flipcharts
- Stifte
- Tesafilm
- Metaplankarten
- Mitgebrachte Fotos der Kinder

Transferaufgabe

- Gemeinsam schöne Zeit mit dem Kind verbringen

7.2.2 Ablauf der zweiten Sitzung

Anfangsrunde (Plenum, ca. 15 Min.)

Das Flipchart »Wünsche, Fragen,...« aus der 1. Sitzung hängt bereits an der Wand. Die Therapeutinnen sitzen in der Runde und sind so auf Augenhöhe mit den Teilnehmer/innen. Eine von ihnen leitet den Einstieg in das zweite Treffen ein. In einer kurzen Anfangsrunde bekommen die Eltern Gelegenheit, offene Fragen bzw. Reste des letzten Treffens und persönliche Themen von hoher Dringlichkeit anzusprechen. Dabei ist es wichtig, dass jede/r Teilnehmer/in kurz (ca. 2 Min.) zu Wort kommt. Sollten die Teilnehmer/innen Schwierigkeiten haben, die Redezeit einzuhalten, kann die Einführung einer 2-Minuten-Sanduhr hilfreich sein.

Einen schönen guten Morgen und herzlich Willkommen zur zweiten Sitzung. Bevor ich Ihnen einen Überblick gebe, was wir heute machen, möchte ich erst einmal einen Eindruck bekommen, wie es Ihnen geht und welche sogenannten »Reste« Sie vielleicht noch beschäftigen. Diese kurzen Anfangsrunden werden uns nun als fester Programmpunkt begleiten. In der letzten Sitzung haben wir uns kennen gelernt und uns intensiv damit beschäftigt, mit welchen Fragen, Themen und Anliegen Sie gekommen sind. Wir haben diese gesammelt, thematisch geordnet, und Sie haben Interessenschwerpunkte benannt. Darüber hinaus haben wir begonnen über Autismus-Spektrum-Störungen und die Besonderheiten, die Sie bei Ihrem Kind wahrnehmen, zu sprechen.

Manchmal tauchen im Anschluss an eine Sitzung, an den darauffolgenden Tagen, beim Erzählen oder in den Nächten beim Schlafen noch sogenannte Reste auf. Diese können Fragen, Anmerkungen oder Wünsche sein. Daher habe ich zwei Fragen an Sie. Die erste beantworten Sie bitte alle, die zweite beantworten Sie, wenn es etwas zu sagen gibt.

Die erste Frage lautet: Wie geht es mir heute Morgen?

Die zweite Frage ist: Welche Reste im Sinne von Fragen, Anmerkungen, Wünschen habe ich noch mitgebracht?

Mögliche Ergänzungen zu den gesammelten Themenschwerpunkten aus der 1. Sitzung werden von der zweiten Therapeutin direkt auf Metaplankarten notiert und auf dem Flipchart »Wünsche, Fragen« ergänzt.

Gestaltung von Steckbriefen der Kinder (Einzelarbeit, ca. 15 Min.)

Wir haben Ihnen ja am Ende unseres letzten Treffens angekündigt, dass heute, auch wenn sie nicht persönlich dabei sind, Ihre Kinder im Mittelpunkt stehen werden. Es geht hier um Ihr Zusammenleben mit Ihrem Kind und wie es künftig noch besser gelingen kann. Deshalb wollen wir Ihre Kinder mit Ihrer Hilfe möglichst genau kennen lernen. Hierzu hatten wir Sie gebeten, jeweils zehn Stärken und zehn Lieblingsaktivitäten Ihres Kindes auf Metaplankarten zu notieren und ein Foto Ihres Kindes mit zu bringen. Wir möchten Sie nun bitten einen Steckbrief Ihres Kindes zu erstellen: Sie erhalten hierzu einen Flipchart-Bogen, den Sie entsprechend unserem Beispiel hier, gestalten und anschließend im Plenum vorstellen werden.

Die Therapeutin blättert erneut das Flipchart »Mein/unser Kind« auf.

Hierzu kleben Sie zuoberst das Foto Ihres Kindes auf und versehen das Flipchart mit seinem Namen. Im nächsten Schritt bringen Sie sowohl die Stärken, die Sie bei Ihrem Kind wahrnehmen als auch seine Lieblingsaktivitäten in eine Reihenfolge, indem Sie die Karten in je zwei Reihen aufkleben, wobei Sie die in Ihrer Wahrnehmung größte Stärke bzw. die absolute Lieblingsaktivität Ihres Kindes an oberster Stelle aufkleben.

Die Eltern ordnen die mitgebrachten Metaplankarten zu den wahrgenommenen Stärken und Lieblingsaktivitäten ihres Kindes nach Ausprägungs- bzw. Beliebtheitsgrad. So ergibt sich ein ressourcenorientiertes Profil jedes Kindes. Anschließend gestalten sie mit dem Foto ihres Kindes und den geordneten Karten den persönlichen Steckbrief ihres Kindes auf einem Flipchart-Bogen, wobei sie sich im Raum verteilen und mit benötigten Materialien von den Therapeutinnen versorgt werden.

Erläuterungen:

Wir haben die Eltern in unseren bisherigen Trainings bei diesem Schritt sehr konzentriert und achtsam in der Beschäftigung mit den Fähigkeiten und Vorlieben ihrer Kinder erlebt. Uns erscheint es wichtig, dieser Aufgabe ausreichend Zeit und Raum zu geben. Die Therapeutinnen sorgen für die Materialien, beantworten bei Bedarf Verständnisfragen und ziehen sich ansonsten aus dem Geschehen eher zurück. Bei fortgeschrittener Arbeit an den Steckbriefen machen sie »kleine Runden« und erfragen, wie viel Zeit die einzelnen Teilnehmer/innen zur Fertigstellung noch benötigen, bevor alle nach einer kurzen Pause im Plenum weiterarbeiten.

Vorstellung der Steckbriefe durch die Eltern (Plenum, ca. 5–10 Min. pro Kind)

Im Plenum stellt jedes Elternpaar bzw. der teilnehmende Elternteil sein Kind anhand des gestalteten Steckbriefes der Gruppe vor.

Sie haben sich gerade intensiv mit Ihrem Kind, seinen Stärken und seinen Vorlieben beschäftigt. Wir möchten Sie im nächsten Schritt darum bitten, den Steckbrief Ihres Kindes hier aufzuhängen und es mit all den Eigenschaften und Aktivitäten, die Sie gesammelt haben, uns vorzustellen.

Der entsprechende Steckbrief wird dazu am Flipchart aufgehängt und die Eltern/ der Elternteil stehen vor der Gruppe. Die Therapeutinnen achten bei dieser Präsentation darauf, dass der Fokus ausschließlich auf positiven Punkten liegt und verweisen bei Bedarf auf die noch folgenden Module zum Thema »Problemverhalten«. Manche Eltern sind so belastet aufgrund störender Verhaltensweisen ihres Kindes, dass sie kaum in der Lage sind, die positiven Seiten ihres Kindes wahrzunehmen und zu benennen. Die Therapeutinnen verweisen, im Sinne der Aufgabenstellung immer wieder darauf, die Stärken und Lieblingsaktivitäten der Kinder im Blick zu behalten und betonen die Wichtigkeit einer positiven Beziehung. Beispielhaft könnte das so aussehen:

Vielleicht erscheint es Ihnen nicht so leicht, sich gerade ausschließlich mit dem zu beschäftigen, was Ihr Kind gut kann und was es gerne tut. Vielleicht ist Ihnen zunächst gar nicht viel eingefallen zu meinen Fragen. Vielleicht denken Sie auch, deshalb bin ich nicht hergekommen, ich wünsche mir Hilfe bei verschiedenen Problemen. Mit all dem, was Sie belastet, Ihnen Sorgen bereitet und Ihren Alltag schwierig macht, werden wir uns in den folgenden Sitzungen ausführlich beschäftigen. Notieren Sie gerne wichtige Punkte für sich, die Ihnen gerade durch den Kopf gehen. So können wir sie zu einem späteren Zeitpunkt aufgreifen. Jetzt möchten wir Sie dazu einladen, den folgenden Fragen nachzugehen: Was mochten oder mögen Sie an Ihrem Kind? Wann und worüber haben Sie das letzte Mal mit Ihrem Kind oder über das, was Ihr Kind getan hat, gelacht oder sich gefreut? Für Veränderung von störendem Verhalten, um die es in den weiteren Sitzungen auch gehen wird, ist eine grundsätzlich positive Beziehung eine notwendige Basis.

Damit laden die Therapeutinnen dazu ein, die Basis einer liebevollen Beziehung zum Kind wiederzuentdecken und zu festigen. Durch die ergänzenden Fotos der Kinder und den Erläuterungen zu den einzelnen Punkten werden die Kinder in der Gruppe sowohl für die Leitung als auch für die anderen Teilnehmer/innen lebendig. Sowohl was als auch wie die Eltern über ihre Kinder erzählen, offenbart viel über die Qualität der Beziehung zum Kind und die Ressourcen, die in der Familie vorhanden sind. Außerdem übernehmen die Eltern auf diese Weise eine aktive Rolle, bei der sie selbst und ihr Kind mit seinen positiven Seiten im Zentrum der Aufmerksamkeit stehen.

Abschließend fassen die Therapeutinnen die Gemeinsamkeiten wie auch die berichteten Unterschiede in den Schilderungen der Eltern kurz zusammen. In manchen Fällen bietet es sich an, nochmals kurz den Zusammenhang zum Störungsbild herzustellen und mit den von den Eltern berichteten Punkten abzugleichen und zu verknüpfen. Häufig werden bei den Stärken Fähigkeiten benannt, die sich bei der späteren Bearbeitung von Störverhalten hervorragend nutzen lassen. Darüber hinaus erhalten die Therapeutinnen Hinweise für Verstärker für jedes Kind, die für das Modul »Problemverhalten meines Kindes ändern« genutzt werden können. Die Steckbriefe der Kinder werden deshalb zu allen weiteren Sitzungen im Raum aufgehängt, so dass jederzeit ein Bezug hergestellt und auf einzelne Inhalte zurückgegriffen werden kann.

Wir haben erlebt, dass Ihre Kinder bei allen individuellen Unterschieden im Hinblick auf ihre Stärken und Vorlieben auch viele Gemeinsamkeiten und Berührungspunkte haben, wie z. B. sich gut Details merken zu können, sich ausdauernd mit einer Sache, einem Thema beschäftigen und sich einarbeiten zu können, für das sie sich interessieren.

Erläuterungen:

Wir sind immer wieder beeindruckt, wie liebevoll und differenziert die meisten Eltern von ihren Kindern berichten. Meist entdecken die Eltern bei allen individuellen Unterschieden auch Gemeinsamkeiten im Hinblick auf beobachtete Stärken und Vorlieben: »Wie konnte ich das nur vergessen. Genau das kenne ich auch von meinem Sohn!« Manche der zunächst eher kritischen Eltern zeigen sich auch erstaunt und berührt darüber, was ihr Kind »doch« alles kann, während sie bislang ausschließlich auf die Probleme fokussiert waren.

Wie kann ich mit meinem Kind positive Zeit verbringen? (geleitetes Gruppengespräch, ca. 20 Min.)

Im anschließenden geleiteten Gruppengespräch wählt jeder Elternteil/jedes Elternpaar aus den zuvor berichteten Lieblingstätigkeiten ihres Kindes eine aus, die sie bis zum nächsten Gruppentreffen aufgreifen möchten, um mit ihrem Kind gemeinsam »schöne Zeit« zu verbringen. Dabei ist es wichtig, dass die Eltern sich auf die Aktivität mit ihrem Kind ohne Vorbehalte einlassen können und diese auch in einem anderen als dem häuslichen Umfeld nicht als störend einschätzen. Geeignet sind bei jüngeren Kindern ungeachtet ihres Funktions- und Sprachniveaus grundsätzlich Bewegungsspiele wie Schaukeln, Trampolin springen, Rutschen oder auch Seifenblasen. Bei älteren Kindern gilt es, je nach Sprach- und Funktionsniveau ein entsprechendes Spiel oder eine Aktivität auszuwählen. Auch die Beschäftigung mit oder das Gespräch über Sonderinteressen über einen begrenzten Zeitraum kann eine Möglichkeit darstellen, wenn dabei mit der Zeit der Aspekt der Gemeinsamkeit in den Vordergrund gerückt werden kann.

Wir haben nun Ihre Kinder mit ihren Stärken und ihren Vorlieben ein wenig besser kennenlernen können. Sie haben sehr liebevoll zusammengetragen, womit sich Ihre Kinder gerne beschäftigen und einige haben auch Beispiele genannt, womit sie selbst gut Kontakt zu ihrem Kind herstellen und Spaß mit ihm haben können. Wir möchten Sie nun bitten, eine dieser Lieblingsaktivitäten Ihres Kindes auszuwählen, um diese im Laufe der Woche aufzugreifen und bewusst eine schöne Zeit mit Ihrem Kind zu verbringen.

Eine der Therapeutinnen blättert das Flipchart »Gemeinsame schöne Zeit« auf. *Bei der konkreten Auswahl erscheinen uns folgende Punkte für eine erfolgreiche Umsetzung wichtig:*

- Die Berücksichtigung Ihrer zeitlichen Möglichkeiten. *Suchen Sie etwas aus, das für Sie in Ihrem Alltag mach- und integrierbar ist. Es geht um schöne, gemeinsame Momente, nicht um eine Aktivität mit hohem zeitlichem Aufwand.*
- Wählen Sie eine kindgeleitete Aktivität, die für Sie und die Umwelt akzeptabel ist.
Versuchen Sie sich in Ihr Kind hineinzuversetzen, die Aktivität soll ihm Spaß machen. Gleichzeitig sollte es etwas sein, das Sie mitmachen können. Und es

sollte weder von Ihnen noch von anderen Personen als Problemverhalten erlebt werden.
- *Die Aktivität lässt sich mit Ihnen (im Laufe der Zeit) interaktiver und damit noch spaßiger für Ihr Kind gestalten.*

Welche der von Ihnen gesammelten Interessen Ihres Kindes könnte sich aus Ihrer Sicht dafür eignen?
Die Eltern schlagen verschiedene Spielaktivitäten vor, welche eine der Therapeutinnen auf dem Flipchart notiert. Beispielhaft wird ein Vorschlag im Hinblick auf die vorgestellten Kriterien hinterfragt und überprüft. Bei Bedarf wird die Aktivität modifiziert oder eine andere Beschäftigung gewählt.

Und damit kommen wir zum heutigen letzten inhaltlichen Punkt, nämlich die spannende Frage, wie Sie sich selbst gut in das Spiel einbringen und es so im Laufe der Zeit für Ihr Kind noch lustiger oder interessanter gestalten können.

Wie kann ich mich in das Spiel meines Kindes einbringen und die Aktivitäten meines Kindes mit der Zeit interaktiver gestalten? (Rollenspiele, ca. 20 Min.)

Haben die Eltern sich für eine bestimmte Aktivität entschieden, gilt es anhand konkreter Beispiele Möglichkeiten zu erarbeiten, wie diese Aktivität interaktiv gestaltet werden kann. Insbesondere bei Eltern von jüngeren Kindern und Kindern mit geistiger Behinderung sind hierfür Rollenspiele zur Umsetzung spielerisch gestalteter Interaktionen sinnvoll. Bei den Eltern von Schulkindern ohne geistige Behinderung können Rollenspiele bei Bedarf genutzt werden, alternativ kann ein konkretes Vorgehen besprochen werden. Dabei werden in beiden Fällen Antworten auf die Frage gesucht: »Wie können Sie sich als Eltern mit der Zeit am Spiel Ihres Kindes beteiligen und dabei gleichzeitig dafür sorgen, dass Ihr Kind noch mehr Spaß hat als alleine?«

Jede/r von Ihnen hat nun eine Aktivität ausgewählt, die Ihr Kind mag, die für Sie und die Umwelt akzeptabel ist und die gemeinsam variiert und damit lustiger/ interessanter werden kann. Lassen Sie uns nun in kurzen Rollenspielen sehen, wie Ihr Kind bislang spielt und wie Sie sich in dieses Spiel einbringen können.

Rollenspiel:
Hier ein Beispiel aus einer unserer Gruppen: Die Eltern eines fünfjährigen Jungen, mit der Diagnose eines frühkindlichen Autismus, der einzelne Worte sprach, berichteten, ihr Sohn puzzle gerne ausdauernd und habe eine Vorliebe für Zahlen. Bislang gehe er dieser Beschäftigung mit Zahlen-Puzzeln entweder alleine nach oder ein Elternteil gebe ihm nacheinander die einzelnen Teile, nach denen er dann greife.

Frau X., können Sie mir kurz beschreiben, wie Ihr Sohn sich beim Puzzeln verhält, wenn Sie mit ihm spielen? Ich werde gleich die Rolle Ihres Sohnes übernehmen und Sie verhalten sich so, wie Sie es sonst auch tun. Die anderen Teilnehmer beobachten das kurze Rollenspiel im Hinblick auf den Kontakt und das gemeinsame Miteinander, z. B. durch Sprache und Blickkontakt.

Frau X. beschreibt kurz die Verhaltensweisen ihres Sohnes. Es folgt ein kurzes Rollenspiel.
Rollenspiel Therapeutin – Elternteil:
Die Therapeutin greift nach den Puzzleteilen, welche die Teilnehmerin in der Hand hält. Dabei nimmt sie keinen Blickkontakt auf und benennt keines der Teile, sondern ist ausschließlich auf die Teile selbst fokussiert.

Zuruffrage:
Welche Beobachtungen haben Sie im Hinblick auf Blickkontakt und Sprache gemacht?
Die Beobachtungen der Gruppe werden von der zweiten Therapeutin auf dem Flipchart notiert, z. B. fehlender Blickkontakt, nicht gesprochen, Teile nicht benannt, sondern nur nach ihnen gegriffen, kein Interesse am Gegenüber.

Zuruffrage:
Welche Ideen haben Sie, um beim Puzzeln Kontakt herzustellen und mehr ein gemeinsames Spiel daraus werden zu lassen?
Die Ideen aus der Gruppe werden erneut auf dem Flipchart notiert und bei Bedarf durch die Therapeutinnen ergänzt: z. B. Puzzleteil festhalten, bis das Kind Blickkontakt aufnimmt, dafür Teil evtl. direkt vor das eigene Gesicht halten, Puzzleteil festhalten und benennen und ggf. warten bis das Kind das Gesagte nachspricht, loben (verbal oder auch kitzeln, knuddeln, klatschen, wenn das Kind das mag), zwischen zwei oder mehreren Puzzleteilen auswählen lassen, wenn das Kind das schon kann, etc.
Wir werden nun noch einmal puzzeln und die gesammelten Ideen ausprobieren. Jetzt schlüpft Frau X. in die Rolle Ihres Sohnes, ich in Ihre. Anschließend werden wir die Rollen nochmals tauschen bzw. auch andere Gruppenmitglieder können sich in der Rolle der mitspielenden Mutter/des mitspielenden Vaters ausprobieren. Die Gruppe geht der Frage nach: Welche Veränderungen im Kontakt zueinander nehme ich wahr?
Die erarbeiteten Spielvariationen werden erneut kurz gespielt, wobei Frau X. die Rolle ihres Sohnes übernimmt. Bei der Auswertung wird zunächst Frau X. gefragt:
Wie erging es Ihnen in der Rolle Ihres Sohnes? Was empfanden Sie als hilfreich, was hat Ihnen Spaß gemacht und was empfanden Sie vielleicht als hinderlich oder schwierig?
Frau X.s Feedback wird stichwortartig notiert. Dann wird die Gruppe gefragt:
Welche Veränderungen hat die Gruppe bei den Beteiligten wahrgenommen? Was haben Sie für das gemeinsame Spiel hilfreich empfunden, was vielleicht als hinderlich?
Auch das Feedback der Gruppe wird stichwortartig notiert. Bei der Zusammenfassung des Feedbacks werden die für die Interaktion förderlichen Verhaltensweisen kurz benannt: Blickkontakt, Benennen von Puzzleteilen, mehr Spaß durch Lob, Berührungen. Es wird darauf hingewiesen, wie für das Kind angenehme Aktivitäten mit den Eltern als Mitspieler noch attraktiver werden können. Kritisches Feedback wird aufgegriffen, validiert und nach Möglichkeiten gesucht, wie diese konstruktiv beachtet und im elterlichen Verhalten berücksichtigt werden können.

Wir haben gerade erlebt, dass sich durch kleine Veränderungen in unserem Verhalten der Kontakt zum Kind interaktiver gestaltet werden kann und von beiden als positiv erlebt wird. Die kritischen Rückmeldungen haben uns wertvolle Hinweise gegeben, wo vielleicht Fallstricke lauern können, wie z. B. dass ein Kind das Interesse verlieren kann, wenn ich es überfordere und zu lange Puzzleteile zurückhalte in dem Glauben, es müsste mich z. B. nicht nur ansehen, sondern auch das gewünschte Teil noch benennen. Hier ist eine feine Beobachtung gefragt, wie Sie es gerade im Rollenspiel schon gezeigt haben.

Transferaufgabe

Zum Abschluss dieser Sitzung möchten wir Sie bitten im Laufe der Woche »Gemeinsame schöne Zeit« mit Ihrem Kind zu verbringen. Sie erhalten hierzu jetzt ein Infoblatt, auf dem die besprochenen Punkte nochmals zum Nachlesen zu finden sind. Es können kurze Spielsituationen sein, so wie Sie es gerade eben hier schon erlebt und selbst ausprobiert haben. Vielleicht klappt manches nicht sofort und muss noch feiner Ihren und den Bedürfnissen Ihres Kindes angepasst werden. Probieren Sie es aus und sammeln Sie erste Erfahrungen zu Hause. Wir freuen uns auf Ihre Rückmeldungen in der nächsten Sitzung.

Erläuterung:

Der Zeitbedarf für die einzelnen Inhalte dieser Sitzung war in den bislang von uns durchgeführten Trainings sehr unterschiedlich. Die hier aufgeführten Zeitangaben sind als orientierende Mittelwerte zu verstehen. In der dritten Sitzung ist deshalb bewusst »Leerzeit« eingeplant, die zum Abschluss der Inhalte dieser Sitzung oder bereits für Themen der Erweiterungsmodule genutzt werden kann.

7.3 Basis 3: Das Verhalten meines Kindes verstehen

7.3.1 Übersicht der dritten Sitzung

Ziele

- SORKC-Schema als hilfreiches Modell zur Analyse von Problemverhalten, das sowohl Verhalten als auch den Erwerb des Verhaltens erklärt und der sinnvollen Hypothesenbildung dient, kennen- und verstehen lernen
- Bedeutung von Lernprozessen für die Entstehung und Aufrechterhaltung von Verhalten verstehen lernen

- Ursachen und aufrechterhaltende Bedingungen für Verhalten kennenlernen
- SORKC-Schema für konkrete Verhaltensbeispiele anwenden lernen: konkrete auslösende Bedingungen (S), relevante Organismusvariablen (O), Verhaltensprobleme auf subjektiv-kognitiver, emotional-physiologischer und Verhaltensebene (R) sowie die Kontingenzverhältnisse (K) bei den auf das Verhalten folgenden Konsequenzen (C) identifizieren und analysieren lernen
- Verhaltensanalyse mit Hilfe des SORKC-Schemas durchführen lernen
- Motive für störendes Verhalten kennen- und in konkreten Problemsituationen identifizieren lernen

Inhalte

- Vorstellung des SORKC-Schemas und Begriffsklärung
- Beispielhafte Durchführung einer Mikroanalyse nach dem SORKC-Schema
- Vorstellung operanter Lernprozesse
- Vorstellung von Verhaltensmotiven

Methoden

- Plenum
- Kurzvortrag
- Zuruffrage

Material

- vorbereitetes Flipchart »Das SORKC-Modell«
- Blanko Flipcharts
- Arbeitsblatt »Ich analysiere das problematische Verhalten meines Kindes, um es besser zu verstehen«

Transferaufgabe

- Ich analysiere das problematische Verhalten meines Kindes, um es besser zu verstehen

7.3.2 Ablauf der dritten Sitzung

Anfangsrunde (Plenum, ca. 15 Min.)

Die Therapeutinnen sitzen in der Runde und sind so auf Augenhöhe mit den Teilnehmer/innen. Eine von ihnen leitet den Einstieg in das dritte Treffen ein. In einer kurzen Anfangsrunde bekommen die Eltern wieder Gelegenheit, offene Fragen bzw.

Reste des letzten Treffens und persönliche Themen von hoher Dringlichkeit anzusprechen sowie ein kurzes Feedback zu ihren Erfahrungen mit der Transferaufgabe »Wie verbringe ich schöne Zeit mit meinem Kind« zu geben. Dabei ist es wichtig, dass jede/r Teilnehmer/in kurz (ca. 3 Min.) zu Wort kommt.

Einen schönen guten Morgen und herzlich Willkommen zur dritten Sitzung. Bevor ich Ihnen einen Überblick über die heutige Sitzung gebe, möchte ich erst einmal wissen, wie es Ihnen geht, welche Erfahrungen Sie im Spiel mit Ihrem Kind gemacht haben und welche »Reste« Sie vielleicht noch beschäftigen.

Die ersten beiden Fragen beantworten Sie bitte alle, die dritte beantworten Sie, wenn es etwas zu sagen gibt.

- Die erste Frage lautet: Wie geht es mir heute Morgen?
- Die zweite Frage ist: Welche Erfahrungen habe ich beim Verbringen von schöner Zeit mit meinem Kind gemacht?
- Die dritte Frage ist: Welche Reste (im Sinne von Fragen, Anmerkungen, Wünschen) habe ich noch mitgebracht?«

Die Therapeutinnen fassen die Rückmeldungen zur Transferaufgabe kurz zusammen und beantworten bei Bedarf Rückfragen. Anschließend leitet eine von ihnen zum Thema der heutigen Sitzung über.

Vorstellung des SORKC-Modells (Kurzvortrag, ca. 10 Min.)

Nachdem Sie das letzte Mal Ihre Kinder mit Ihren Stärken und Vorlieben in der Gruppe vorgestellt haben und wir uns so ein erstes Bild von ihnen machen konnten, wollen wir uns heute den eher herausfordernden Verhaltensweisen zuwenden, die Sie bei Ihren Kindern auch erleben. Hierzu wollen wir Ihnen ein hilfreiches Modell zur Analyse von Problemverhalten vorstellen, das sowohl das Verhalten als auch den Erwerb des Verhaltens erklärt und aus dem sich Möglichkeiten ableiten lassen, was man tun kann, damit das problematische Verhalten weniger wird. Diese Analyse ist wichtig, damit wir zunächst besser verstehen, wodurch das problematische Verhalten beeinflusst ist, um dann hilfreiche Veränderungsmaßnahmen einleiten zu können. Ich stelle Ihnen zunächst das Modell vor. Im zweiten Schritt werden wir uns anhand eines Verhaltensbeispiels aus Ihrem Alltag mit der praktischen Anwendung des Modells vertraut machen.

Die Therapeutin blättert das Flipchart »Das SORKC-Modell« auf.

Hier sehen Sie das sogenannte SORKC-Modell, das von Frederick Kanfer im Zuge der kognitiven Orientierung der Verhaltenstherapie in den 1970er Jahren entwickelt wurde. Es dient der sogenannten »funktionalen Verhaltensanalyse«. Dies besagt, dass das Verhalten, hier als Reaktion (R) bezeichnet, daraufhin analysiert wird, ob und in welcher Hinsicht es von den vorhergehenden und nachfolgenden Bedingungen abhängig ist, d. h. das Verhalten wird als Funktion der vorangegangenen Bedingungen Situation (S) und Organismusvariable (O) sowie der nachfolgenden Bedingungen Konsequenzen (C) und Kontingenzen (K) betrachtet.

Die praktische Anwendung des SORKC-Modells (Plenum, ca. 30 Min.)

Die Therapeutin erklärt nachfolgend das Modell an einem Verhaltensbeispiel aus der Gruppe.

Lassen Sie mich das an einem Beispiel aus Ihrem Alltag verdeutlichen und erklären: Wer von Ihnen erinnert sich an eine Situation, in der Ihr Kind ein störendes Verhalten gezeigt hat, das Ihnen im Gedächtnis geblieben ist, das Sie vielleicht auch schon häufiger erlebt haben und als typisch für Ihr Kind bezeichnen würden? Bitte versuchen Sie, die Situation genau zu schildern.

Die Therapeutin wartet auf Rückmeldungen aus der Gruppe.

Genau. Das sind einige typische Verhaltensweisen. Lassen Sie uns eine Situation nun genauer ansehen.

Oder wenn die Antwort eher allgemein gehalten ist: *Schildern Sie bitte genau, was Ihr Kind getan hat, was Sie stört.*

Auf einem Blanko-Flipchart wird beginnend mit dem kindlichen Verhalten (R) Schritt für Schritt das SORKC-Schema für das genannte Beispiel erarbeitet.

Im Folgenden finden Sie ein Beispiel aus einer unserer Gruppen, an dem sich das SORKC-Modell vorstellen und erläutern lässt.

Fallbeispiel SORKC-Modell:

Diese Eltern berichteten, dass ihr 6-jähriger Sohn, der jeden Tag nach dem Kindergarten eine halbe Stunde am PC spielen dürfe, jedes Mal mit Schreien reagiere, wenn die Mutter den PC ausschalten wolle. Manchmal ließe sie ihn länger spielen, um weniger Stress zu haben. Immer sei das aber nicht möglich und es werde immer schwieriger die Zeiten am PC zu begrenzen.

Lassen Sie uns mit dem konkreten Verhalten Ihres Kindes in dieser Situation beginnen: Was genau sagte bzw. tat Ihr Kind? Beschreiben Sie das Störverhalten möglichst genau. – Das tragen wir bei »R« im Sinne von gezeigter »Reaktion des Kindes« ein:

$R = $ *X. schreit und versucht die Mutter vom PC weg zu schieben.*

Nun gehen wir zum nächsten Punkt: Was genau ging dem Verhalten Ihres Kindes voraus? – Wo trat das Störverhalten auf und welche Personen waren beteiligt? Wurde Ihr Kind zu etwas aufgefordert oder sollte es etwas Bestimmtes tun? Wollte es etwas Bestimmtes von Ihnen? Gab es äußere Reize, die eine Rolle spielten? – Dies wird bei dem Punkt »S« für »auslösende Situation« verzeichnet:

$S = $ *Die Mutter geht zu X. und sagt: Die halbe Stunde ist vorbei. Wir machen den PC jetzt aus.*

Damit kommen wir zum nächsten wichtigen Punkt in der Verhaltensanalyse: Was folgte auf das Verhalten Ihres Kindes? Wie reagierten Sie? Was sagten bzw. taten Sie? Und was bedeutete Ihre Reaktion für Ihr Kind? Dies wird unter dem Punkt »C« für »Konsequenz« im Sinne von »Reaktion der Eltern« notiert:

$C = $ *Also gut. Noch dieses Spiel zu Ende spielen, aber dann wird er ausgemacht.*

Wir kommen zum nächsten Punkt: Wie häufig reagieren Sie in dieser Art und Weise? Dies bezeichnet man in diesem Schema als »Kontingenz« und kürzt es mit »K« ab: Hier sagten Sie: Manchmal verlängern Sie die PC-Zeit, immer sei dies aber nicht möglich. Ist das so richtig? Wir bezeichnen dies als sogenannte »intermittierende Verstärkung«.

Ich möchte nun noch die sogenannte Organismus-Variable ergänzen, die mit »O« abgekürzt wird. Hier werden die autismusspezifischen Besonderheiten Ihres Kindes eingetragen, die es zu berücksichtigen gilt. Zu nennen sind bei Ihrem Kind die mit der Autismus-Spektrum-Störung zusammen hängende geringe Flexibilität und ein hohes Kontrollbedürfnis. Darüber hinaus scheint Ihr Kind nach dem Kindergartenbesuch ein Bedürfnis nach einer Ruhezeit in Form von PC-Zeit zu haben.

An dieser Stelle können nochmals Beispiele aufgegriffen werden, die im Rahmen der Psychoedukation benannt wurden. Den Eltern wird dabei deutlich, dass Sie sowohl »vorher« bei der Gestaltung der Situation als auch »nachher« mit ihren Reaktionen Einfluss auf das Verhalten ihres Kindes nehmen und damit die Wahrscheinlichkeit für angemessenes Verhalten erhöhen können. Sie sind mit Hilfe des SORKC-Schemas in der Lage eine Analyse von Problemverhalten vorzunehmen und können erste Vermutungen und Hypothesen über die zugrundeliegende Motivation bilden. Das SORKC-Schema wird von den Therapeutinnen abschließend zusammengefasst. Dabei ist es wichtig, auf die vorausgehenden Bedingungen und die mögliche Einflussnahme auf diese einerseits sowie sinnvolle Konsequenzen und das Kontingenzmanagement andererseits einzugehen. Die Tatsache, dass eine intermittierende Verstärkung ein gezeigtes Verhalten extrem stabilisiert, sollte bereits hier erwähnt und im weiteren Verlauf als kritischer Erfolgsfaktor bei der Veränderung von Problemverhalten unbedingt beachtet werden. Es ist sinnvoll, in diesem Zusammenhang bereits zu erwähnen, dass Veränderungsprozesse Zeit und Energie kosten und sich Erfolge häufig erst nach Überwindung von kindlichem Löschungstrotz einstellen. Um intermittierende Verstärkung von Problemverhalten und Misserfolge für die Eltern zu vermeiden, ist es wichtig, dass die Eltern über ausreichende Ressourcen verfügen und erst dann Veränderungsprozesse einleiten.

Ich möchte das gemeinsam erarbeitete SORKC-Modell nochmals kurz zusammenfassen. Wir haben zunächst das Problemverhalten des Kindes möglichst konkret beschrieben, das wir besser verstehen wollen. Im nächsten Schritt haben wir die auslösende Situation beschrieben, die dem Verhalten, der Reaktion des Kindes vorausgeht. Unter »C«, den sogenannten Konsequenzen, sind Ihre Reaktionen als Eltern bzw. Elternteil notiert. Bei »K«, den Kontingenzen, sind wir der Frage nachgegangen, wie häufig Sie auf diese Weise auf das Problemverhalten Ihres Kindes reagieren. Dabei lernt Ihr Kind durch eine intermittierende Verstärkung ein Verhalten besonders nachhaltig. Dies gilt es zu beachten, wenn Sie darüber nachdenken, durch Ihre Reaktionen das Verhalten Ihres Kindes positiv beeinflussen zu wollen. Wenn Sie etwas unternehmen, um das Problemverhalten zu verändern, tritt dieses meist zunächst stärker auf, was als Löschungstrotz bezeichnet wird. Sie benötigen ausreichend Zeit und Energie, um diese Phase zu überwinden und nicht vorzeitig aufzugeben, was im Sinne der intermittierenden Verstärkung zu einer Stabilisierung des Problemverhaltens führen würde. Die Organismus-Variable beschäftigt sich mit der grundsätzlichen Wahrnehmung und dem Temperament Ihres Kindes, wobei die Autismus-Spektrum-Störung eine zentrale Rolle spielt. Im Zentrum dieser Verhaltensanalyse steht das Verhalten Ihres Kindes. Es wird durch vorausgehende Bedingungen ebenso beeinflusst wie durch Ihre Reaktionen auf sein Verhalten. Sowohl mit dem »vorher« wie mit dem »nachher« werden wir uns in den weiteren Sitzungen ausführlich beschäftigen. Haben Sie hierzu Verständnisfragen?

Die Therapeutinnen warten auf weitere mögliche Verständnisfragen und beantworten diese. Fragen zu konkretem kindlichen Problemverhalten werden notiert und bei den folgenden Sitzungen aufgenommen und weiterbearbeitet.

Welche möglichen Gründe für störendes Verhalten gibt es? – Verhaltensmotive (Zuruffrage, ca. 15 Min.)

Lassen Sie uns an dieser Stelle sammeln, welche möglichen Gründe Sie bei störendem Verhalten Ihres Kindes kennen bzw. vermuten. Ein bestimmtes Verhalten kann unterschiedlich motiviert sein und benötigt deshalb auch unterschiedliche »Antworten« bzw. Lösungsansätze. Welche möglichen Gründe für störendes Verhalten Ihres Kindes sind Ihnen vertraut?

Mögliche Gründe für das kindliche Verhalten werden am Flipchart gesammelt und bei Bedarf durch die Therapeutinnen ergänzt:

- Aufmerksamkeit
- Vermeidung von Anforderungen
- Überforderung
- Frustrationsabbau
- Langeweile
- Kontrolle
- Spaß
- Selbststimulation

Neben den auslösenden Situationen und den Folgen des Verhaltens spielen auch die Motive für das Verhalten Ihres Kindes eine Rolle, um sein Verhalten zu verstehen und ändern zu können. Was Sie im Einzelnen tun können, werden wir in den folgenden Treffen besprechen.

Transferaufgabe

Zum Abschluss erhalten die Eltern die Aufgabe bis zur nächsten Sitzung anhand des Arbeitsblattes »Ich analysiere das problematische Verhalten meines Kindes, um es besser zu verstehen« ein Störverhalten im Sinne des SORKC-Modells zu beschreiben. Dabei ist es wichtig, zu betonen, dass die Eltern das Verhalten ihres

Kindes in einer konkreten Situation möglichst genau beschreiben und sich nur auf diese eine erlebte Situation beziehen sollen.

Zum Abschluss der heutigen Sitzung möchte ich Sie bitten, mit Hilfe dieses Arbeitsblattes ein Störverhalten Ihres Kindes, das Sie gerne ändern möchten, genauer zu beschreiben. Die Fragen sollen Ihnen helfen, die wesentlichen Punkte zusammenzutragen. Bitte beschreiben Sie das schwierige Verhalten Ihres Kindes möglichst konkret, indem Sie sich an eine bestimmte Situation erinnern, auch wenn es ähnliche andere gibt. In der nächsten Sitzung wollen wir in Kleingruppen an Ihren Beispielen arbeiten und gemeinsam Ideen sammeln, wie eine Verhaltensänderung eingeleitet werden kann. Ich freue mich auf Ihre Rückmeldungen bei unserem nächsten Treffen!

7.4 Basis 4: Problemverhalten meines Kindes ändern I – Strukturierungsmaßnahmen

7.4.1 Übersicht der vierten Sitzung

Ziele

- Verstehen weshalb Menschen mit einer Autismus-Spektrum-Störung ein höheres Bedürfnis nach Struktur und Orientierung haben
- Verschiedene mögliche Strukturierungshilfen kennenlernen
- Anregungen für die Gestaltung individuell angepasster Strukturierungshilfen erhalten
- Erlebte Selbstwirksamkeit der Eltern im Umgang mit dem Kind erhöhen
- Angemessenes Verhalten des Kindes fördern und störendes Verhalten reduzieren lernen

Inhalte

- Zusammenfassung der spezifischen Informationsverarbeitung bei ASS, ihrer Auswirkungen auf Lernprozesse und daraus folgender sinnvoller Konsequenzen
- Wie kann ich auf das Verhalten meines Kindes Einfluss nehmen? – Was kann ich schon im Vorfeld tun? – Vorstellung verschiedener Strukturierungshilfen
- Wie kann ich die häusliche Umgebung meines Kindes anschaulicher und übersichtlicher gestalten?
- Wie kann ich den Tagesablauf für mein Kind überschaubarer machen?
- Wie kann ich Aufgaben und Tätigkeiten für mein Kind so strukturieren, dass es sich darauf einlassen und sie zunehmend selbstständiger bewältigen kann?

- Beispielhafte Entwicklung einer individuell angepassten Strukturierungshilfe zum Erlernen eines komplexeren Handlungsablaufes bzw. zur Reduzierung eines konkreten Störverhaltens

Methoden

- Plenum
- Kurzvortrag
- Zuruffrage

Material

- vorbereitete Flipcharts »Folgen der speziellen Informationsverarbeitung bei ASS«, »Konsequenzen für die bestmögliche Unterstützung Ihres Kindes«, »Strukturierungshilfen«
- Beispielmaterial für Strukturierungshilfen und mögliche Schemata

Transferaufgabe

- Strukturierungsmaßnahme im Alltag einführen

7.4.2 Ablauf der vierten Sitzung

Anfangsrunde (Plenum, ca. 20 Min. und optional 5 Min. für einzelne Elternpaare/-teile)

Die Therapeutinnen sitzen in der Runde und sind so auf Augenhöhe mit den Teilnehmer/innen. Eine von ihnen leitet den Einstieg in das vierte Treffen ein. In einer kurzen Anfangsrunde bekommen die Eltern wieder die Gelegenheit, offene Fragen bzw. Reste des letzten Treffens und persönliche Themen von hoher Dringlichkeit anzusprechen. Rückmeldungen zur Transferaufgabe werden auf die Frage inwieweit es gelungen sei, ein konkretes Verhalten auszuwählen und zu beschreiben, eingegrenzt.

Einen schönen guten Morgen und herzlich Willkommen zur vierten Sitzung. Bevor ich Ihnen einen Überblick über die heutige Sitzung gebe, möchte ich zunächst wieder wissen, wie es Ihnen geht und inwieweit es Ihnen im Laufe der Woche gelungen ist, ein bestimmtes Störverhalten Ihres Kindes auszuwählen und zu beschreiben. Und natürlich haben Sie wieder die Gelegenheit, »Reste« aus der letzten Sitzung anzusprechen.

Die ersten beiden Fragen beantworten Sie bitte alle, die dritte beantworten Sie, wenn es etwas zu sagen gibt.

- Die erste Frage lautet: Wie geht es mir heute Morgen?

- Die zweite Frage ist: Inwieweit ist es mir gelungen, ein konkretes Störverhalten meines Kindes auszuwählen und zu beschreiben?
- Die dritte Frage ist: Welche Reste (im Sinne von Fragen, Anmerkungen und Wünschen) habe ich noch mitgebracht?«

Die Therapeutinnen fassen die Rückmeldungen zur Transferaufgabe kurz zusammen und antworten bei Bedarf auf Rückfragen.

Erläuterungen:

Vereinzelt benötigen Eltern bzw. Elternteile konkretisierende Nachfragen, um das von ihnen erlebte Störverhalten des Kindes so zu formulieren und einzugrenzen, dass es operationalisierbar wird. Aus unserer Erfahrung lohnt es sich, hier »sauber« zu arbeiten, um bei den folgenden inhaltlichen Schritten Erfolge verbuchen zu können. Der Zeitbedarf erhöht sich dann um etwa 5 bis 10 Minuten pro Elternpaar/-teil.

Welche Auswirkungen haben die speziellen Fertigkeiten der Informationsverarbeitung meines Kindes und wie kann ich diese berücksichtigen? (Kurzvortrag, ca. 20 Min.)

Die Folgen der besonderen Informationsverarbeitung von Menschen mit Autismus-Spektrum-Störung werden erneut benannt und die Methoden für sinnvolle Hilfestellungen vorgestellt.

Nachdem Sie nun alle ein Verhaltensbeispiel vorbereitet haben, wollen wir uns heute zunächst mit der so genannten »Organismus«-Variable im SORKC-Schema beschäftigen. Wir wollen uns dabei nochmals bewusst machen, welche Bedeutung spezielle Aspekte der Informationsverarbeitung Ihrer Kinder haben. Die Organismus-Variable beeinflusst stark, wie ein Kind auf seine Umgebung und vor allem neue Situationen (»S«) reagiert. Die Therapeutin schlägt das Flipchart »Folgen der speziellen Informationsverarbeitung bei Menschen mit ASS« auf.

- »Schwierigkeiten in der Aufnahme und Verarbeitung von sprachlichen Informationen
- Hohe Ablenkbarkeit (außer bei den eigenen Sonderinteressen)
- Geringere Konzentration auf soziale und emotionale Aspekte
- Erschwertes Lernen am Modell – Ahmen weniger nach
- Erschwerte Generalisierung – Erlerntes wird nicht auf neue Situationen und Zusammenhänge übertragen
- Erschwertes Erkennen von Sinnzusammenhängen
- Erschwerte Planung und Ausführung von Handlungen
- Beeinträchtigung zeitlicher und räumlicher Orientierung
- Hohes Bedürfnis nach Gleichheit
- Geringes Ansprechen auf Lob und soziale Anerkennung

- Wenig soziale Motivation, d. h. reduzierte eigenständige Kontaktaufnahme und wenig Einfordern von sozialem Kontakt
- Gute visuell-räumliche Fertigkeiten« (Häußler, 2012)

Wie können Sie Ihren Kindern unter den Voraussetzungen, die wir gerade besprochen haben, bestmögliche Hilfestellungen bei der Alltagsbewältigung und beim Lernen geben und damit die Wahrscheinlichkeit erhöhen, dass sie angemessenes Verhalten zeigen? Die Therapeutin schlägt das Flipchart »Konsequenzen für die bestmögliche Unterstützung Ihres Kindes« auf.

- »Verständnis durch visuelle Hilfen unterstützen
- Klare Strukturierung von Umgebung, Abläufen und Tätigkeiten
- Kurze und klare Informationen bzw. Anweisungen geben
- Längere Reaktionszeiten einkalkulieren
- Motivationshilfen individuell auf das Kind abstimmen
- Komplexere Aufgaben in Einzelschritte zerlegen und nacheinander erledigen lassen
- Flexibilität und Generalisierung von Erlerntem gezielt üben
- Wann immer möglich, an Stärken und Vorlieben ansetzen« (Häußler, 2012)

Welche Strukturierungshilfen gibt es und wie passe ich diese den Bedürfnissen meines Kindes an? (Zuruffrage, Plenum, ca. 30 Min.)

Nun folgt die Vorstellung verschiedener möglicher Strukturierungshilfen, eingeleitet mit der Frage, welche Strukturierungshilfen die Eltern bereits kennen und möglicherweise schon nutzen. Die Therapeutin nutzt zur Vorstellung das Flipchart »Strukturierungshilfen«.

An dieser Stelle möchte ich Sie mit unterschiedlichen Strukturierungshilfen vertraut machen. Vielleicht haben Sie selbst schon Varianten kennengelernt oder gar ausprobiert und können uns an Ihren Erfahrungen teilhaben lassen. Orientierend haben wir hier drei Bereiche definiert, die sich für eine klare Strukturierung anbieten:

- Umgebung: Wie kann ich die häusliche Umgebung meines Kindes anschaulicher und übersichtlicher machen?
- Abläufe: Wie kann ich den Tagesablauf für mein Kind überschaubarer machen?
- Tätigkeiten: Wie kann ich eine komplexe Tätigkeit für mein Kind überschaubarer und besser umsetzbar machen?

Die Therapeutinnen warten auf Rückmeldungen der Eltern und ordnen diese dem jeweiligen Bereich zu. Im Anschluss ergänzen sie die Beispiele der Eltern, reichen mitgebrachtes Anschauungsmaterial zu allen drei Bereichen zum besseren Verständnis in der Gruppe herum und erläutern dieses.

Erläuterungen:

Schwerpunktmäßig werden Methoden der visuellen Strukturierung vorgestellt. Bei jüngeren Kindern liegt der Schwerpunkt auf Bilderkartensystemen (s. u.), bei lesenden Kindern können auch geschriebene Listen sinnvoll sein. Bilderkarten können aus Fotos erstellt werden, unter dem link www.picto-selector.softonic.de können Eltern den Picto Selector kostenlos zur privaten Nutzung downloaden. Leider ist der Download kompliziert. Das Programm enthält aber über 30 000 Piktogramme. Zur Erstellung unserer Beispielpiktogramme verwendeten wir das kommerzielle Programm Boardmaker (www.rehavista.de).

Im folgenden Schritt wird das Verhaltensbeispiel, an dem in der vorigen Sitzung das SORKC-Modell erarbeitet wurde, aufgegriffen und gemeinsam überlegt, welche Strukturierungshilfen in diesem Fall hilfreich sein könnten.

Kommen wir nun auf unser Beispiel der letzten Sitzung zurück: Welche Strukturierungshilfen könnten hilfreich sein, damit das Kind die PC-Spielzeit von einer halben Stunde besser einhalten kann?

Die Therapeutinnen warten auf Rückmeldungen aus der Gruppe, notieren die Anregungen auf dem Flipchart und ergänzen diese bei Bedarf.

Mögliche Strukturierungshilfen können sein:

- PC-Zeit im Rahmen eines Tagesablaufplans als einen festen »Programmpunkt« aufnehmen
- Sanduhr, Timer oder Eieruhr zur Visualisierung der PC-Zeit verbunden mit visuellem bzw. akustischem Signal zur Beendigung der PC-Zeit
- PC-Bilderkarten, die z. B. jeweils 10 Minuten symbolisieren zur Visualisierung der PC-Zeit einsetzen und diese nach und nach abnehmen; sind alle Bilderkarten entfernt, ist die PC-Zeit für diesen Tag abgelaufen

Welche Strukturierungshilfen kann ich in Bezug auf das Problemverhalten meines Kindes nutzen? (Plenum, ca. 20 Min.)

Zum Abschluss dieses Treffens werden die Eltern gebeten, sich für das von Ihnen auf dem Arbeitsblatt beschriebene Störverhalten Ihres Kindes eine hilfreiche Strukturierungshilfe zu überlegen. Diese sollte dann zu Hause angefertigt und bis zum folgenden Treffen ausprobiert werden.

Zum Abschluss des heutigen Treffens möchte ich Sie bitten, sich mit dem von Ihnen auf dem Arbeitsblatt beschriebenen schwierigen Verhalten Ihres Kindes zu beschäftigen. Und zwar im Hinblick darauf, welche Strukturierungshilfe für Ihr Kind hilfreich sein könnte, um sich in dieser Situation besser orientieren und damit angemessener verhalten zu können. Bitte überlegen Sie sich Methoden, die Sie zu Hause umsetzen und bis zur nächsten Sitzung ausprobieren können. Sie haben jetzt Gelegenheit Fragen dazu zu stellen und auch Ihr Beispiel vorzustellen, wenn Sie noch Anregungen von der Gruppe benötigen.

Transferaufgabe:

Ihre Aufgabe ist es, die besprochenen Strukturierungshilfen zu Hause einzuführen. Notieren Sie gerne, was gut gelingt und wobei Sie »Nachbesserungsbedarf« sehen. Bitte bringen Sie »Anschauungsmaterial« oder konkrete Beispiele zum nächsten Treffen mit. Wir freuen uns auf Ihre Rückmeldungen bei unserem nächsten Treffen!

7.5 Basis 5: Problemverhalten meines Kindes ändern II – Konsequenzen

7.5.1 Übersicht der fünften Sitzung

Ziele

- Positive und negative Konsequenzen kennen und zur Verhaltensregulation einsetzen lernen
- Unterschiedliche Formen von Verstärkern und ihre Bedeutung zum Aufbau von angemessenem Verhalten kennenlernen
- Die bereits individuell für jedes Kind erstellte Verstärkerliste zum Verhaltensaufbau nutzen lernen
- Unterschiedliche Formen indirekter Bestrafung/Löschung zur Reduzierung von Verhaltensproblemen kennen- und nutzen lernen
- Angemessenes Verhalten fördern und störendes Verhalten reduzieren lernen
- Erlebte Selbstwirksamkeit der Eltern im Umgang mit dem Kind erhöhen

Inhalte

- Vorstellung positiver und negativer Konsequenzen anhand des Vierfelder-Schemas mit vorbereiteten Beispielen
- Vorstellung unterschiedlicher Verstärker: materiell, Aktivitätenverstärker, symbolisch, sozial
- Erste Schritte zur Entwicklung eines möglichen individuellen Verstärkerplans zur Förderung angemessenen Verhaltens
- Vorstellung unterschiedlicher Formen indirekter Bestrafung zur Reduzierung störenden Verhaltens

Methoden

- Plenum
- Kleingruppenarbeit

- Kurzvortrag

Material

- vorbereitete Flipcharts »Konsequenzen – Das Vierfelder-Schema«, »Verstärker«
- Infoblätter »Verstärkerplan«, »Verstärkerentzugsplan«
- Steckbriefe der Kinder aus der 2. Sitzung

Transferaufgabe

- Entwicklung eines Verstärker- oder eines Verstärkerentzugsplanes

7.5.2 Ablauf der fünften Sitzung

Anfangsrunde (Plenum, ca. 15 Min.)

Die Therapeutinnen sitzen in der Runde und sind so auf Augenhöhe mit den Teilnehmer/innen. Sie leiten den Einstieg in das fünfte Treffen ein. In einer kurzen Anfangsrunde bekommen die Eltern wieder Gelegenheit offene Fragen bzw. Reste des letzten Treffens und persönliche Themen von hoher Dringlichkeit anzusprechen.

Einen schönen guten Morgen und herzlich Willkommen zur fünften Sitzung. Bevor ich Ihnen einen Überblick über die heutige Sitzung gebe, möchte ich zunächst wieder einen Überblick bekommen, wie es Ihnen geht und aus welchem der drei Bereiche – Umgebung, Abläufe oder Tätigkeiten – Sie eine für Ihr Kind hilfreiche Strukturierungsmaßnahme ausgewählt und eingeführt haben?

- Die erste Frage lautet: Wie geht es mir heute Morgen?
- Die zweite Frage ist: Welche Reste im Sinne von Fragen, Anmerkungen, Wünschen habe ich noch mitgebracht?
- Die dritte Frage ist: Welche Strukturierungsmaßnahme habe ich ausprobiert? Bitte nennen Sie an dieser Stelle eine »Überschrift« zu der von Ihnen gewählten Maßnahme. Anschließend gibt es in Kleingruppen Gelegenheit, Ihre Beispiele nachzubesprechen und sich bei Bedarf weitere Anregungen zu holen. Danach werden wir uns mit dem Thema beschäftigen, wie Sie durch Ihre Reaktionen auf das Verhalten Ihres Kindes Einfluss nehmen können.

Die Therapeutinnen fassen die genannten Beispiele zur Transferaufgabe kurz zusammen und beantworten bei Bedarf Rückfragen. Anschließend werden die Teilnehmer/innen aufgefordert, die von ihnen gewählten Strukturierungshilfen in Kleingruppen vorzustellen, ihre Erfahrungen auszutauschen und sich bei Bedarf Anregungen zur Bewältigung von Umsetzungsschwierigkeiten zu holen.

Welche Erfahrungen habe ich bei der Einführung einer Strukturierungshilfe für mein Kind gemacht und wobei wünsche ich mir ggf. weitere Unterstützung? (Kleingruppenarbeit, ca. 20 Min.)

Ich möchte nun zunächst in Kleingruppen von zwei bis drei Personen Raum für Austausch und Anregungen geben: Was habe ich im Vorfeld getan, damit mein Kind sich besser orientieren und besser an Regeln halten kann und weniger problematisches Verhalten zeigt? Welche Erfahrungen habe ich gemacht und wobei benötige ich möglicherweise noch Unterstützung?

Die Therapeutinnen suchen die Kleingruppen auf und bieten bei Bedarf Unterstützung an. Anschließend findet im Plenum die Überleitung zum Thema des heutigen Treffens statt.

Wie kann ich durch meine Reaktionen auf gezeigtes Verhalten Einfluss nehmen? (Kurzvortrag, ca. 15 Min)

An dieser Stelle folgt die Einordnung in das bereits bekannte SORKC-Schema und die Vorstellung des Vierfelder-Schemas. Dabei ist es wichtig, auf die individuellen und mit Autismus-Spektrum-Störungen in Zusammenhang stehenden Erlebens- und Wahrnehmungsweisen des Kindes hinzuweisen. Zunächst verwendet die Therapeutin das Flipchart mit dem SORKC-Schema.

Wir haben uns nun ausführlich mit den Möglichkeiten beschäftigt, die Sie im Vorfeld ergreifen können, um Ihrem Kind die Orientierung zu erleichtern und damit seine Chancen, sich angemessen verhalten zu können, zu erhöhen. Jetzt gehen wir der Frage nach, wie Sie durch Ihre Reaktionen – im SORKC-Modell das »C« für »Konsequenzen« – auf das gezeigte Verhalten Ihres Kindes Einfluss nehmen können. Die möglichen Konsequenzen sehen wir uns nun im sogenannten »Vierfelder-Schema« genauer an. Die Therapeutin schlägt das Flipchart »Konsequenzen – das Vier-Felder-Schema« auf und erläutert die vier Felder.

Reaktionen auf gezeigtes Verhalten lassen sich grundsätzlich vier Kategorien zuordnen: Wir können dem Kind etwas **Angenehmes** *(1) geben oder (2) wegnehmen oder (3) wir können so reagieren, dass es eine* **unangenehme Folge** *für das Kind hat oder (4) dass wir ihm etwas Unangenehmes »erlassen«. Bieten wir etwas Angenehmes oder Positives an, sprechen wir von Belohnung. Beispiele hierfür sind Süßigkeiten, eine angenehme Unternehmung, Geld oder soziales Lob. Belohnungen erhöhen die Wahrscheinlichkeit, dass wir das gezeigte Verhalten wieder zeigen, da wir es als erfolgreich erlebt haben. Entfernen wir etwas Angenehmes sprechen wir von indirekter Bestrafung bzw. Löschung. Beispiele hierfür sind Fernseh- bzw. Computerverbot, Lieblingsspielzeug entfernen, Nachtisch streichen. Indirekte Bestrafung verringert grundsätzlich die Wahrscheinlichkeit, dass wir das gezeigte Verhalten wieder zeigen, da für uns angenehme Reize in der Folge entzogen werden. Dies muss nicht immer sofort passieren, aber mittel- und langfristig. Erfolgt etwas für das Kind Unangenehmes/Negatives, sprechen wir von direkter Bestrafung. Hierzu zählen Strafarbeiten oder auch Schimpfen, sofern Schimpfen als* *unangenehm erlebt wird. Direkte Bestrafung reduziert die Auftretenswahrscheinlichkeit des gezeigten Verhaltens, allerdings wird dabei kein neues, adäquates Verhalten gelernt und die Verhaltensänderung ist weniger stabil. Darüber hinaus werfen Bestrafungen ethische Fragen auf, weshalb die Anwendung der anderen Konsequenzen vorzuziehen ist. Wird dagegen ein unangenehmer Reiz entfernt, erhöht dies die Auftretenswahrscheinlichkeit des gezeigten Verhaltens. Dies wird auch als negative Verstärkung bezeichnet. Durch diesen Mechanismus lernen Kinder oft, dass ihr störendes Verhalten wirksam ist, und zeigen es deshalb häufiger. Zum Beispiel: Ihr Kind schreit und hält sich aufgrund seiner Geräuschempfindlichkeit die Ohren zu bis das laufende Radio ausgeschaltet wird. Es wird bei der nächsten solchen Situation sicher wieder schreien, da es sein Verhalten als wirksam erlebt hat. Fragen Sie sich bei all Ihren Reaktionen immer, was diese für Ihr Kind bedeuten, seine Erlebensweise ist entscheidend. Es ist durchaus möglich, dass Ihr Kind als Belohnungen gemeinte Reaktionen unangenehm erlebt, z. B. Berührungen. Ebenso können aversiv gemeinte Reaktionen, wie lautstarkes Schimpfen, auf ein Kind mit Autismus-Spektrum-Störung »unterhaltsam« wirken. Soweit zunächst der Überblick. Sie haben nun Gelegenheit, Verständnisfragen zu stellen.*

Die Therapeutinnen beantworten Verständnisfragen und stellen dann die Verbindung zum Thema des gezielten Einsatzes von Verstärkern/Belohnungen zum Aufbau angemessenen Verhaltens her.

Welche unterschiedlichen Verstärker kenne ich bereits und welche erscheinen mir geeignet, um mein Kind zu angemessenem Verhalten zu motivieren? (Plenum, ca. 20 Min.)

Die Therapeutin blättert das Flipchart »Verstärker« auf.

Sie sehen hier einen Überblick über verschiedene mögliche positive Verstärker. Diese sind Konsequenzen, die für Ihr Kind angenehm sind und es wahrscheinlich machen, dass es ein Verhalten häufiger zeigen wird. Es geht also – im Vierfelder-Schema gesprochen – um mögliche Belohnungen. Wir unterscheiden dabei materielle Verstärker, Aktivitätenverstärker, symbolische Verstärker und soziale Verstärker. Ich möchte Sie nun bitten, erneut auf den von Ihnen gestalteten Steckbrief Ihres Kindes zu sehen und zwar auf die Liste seiner Vorlieben und einige Beispiele für die verschiedenen Verstärkerarten zu benennen.

Erläuterung:

An dieser Stelle können die Hierarchie der verschiedenen Verstärker angesprochen und mögliche Vorbehalte von Eltern, die es im Hinblick auf die Verwendung von materiellen und Handlungsverstärkern geben könnte, aufgegriffen und hinterfragt werden. Ebenso ist es möglich und wünschenswert, über den Vorzug natürlicher und sozialer Verstärker zu sprechen bzw. entsprechende Beispiele hervorzuheben. Des Weiteren sollte die Notwendigkeit intermittierender Verstärkung dargelegt werden, die Verhalten deutlich und langfristig stabilisiert. In der nun folgenden Kleingruppenarbeit werden die Eltern dazu eingeladen, mögliche hilfreiche Verstärker zum Aufbau angemesseneren Verhaltens für das von Ihnen beschriebene Verhaltensbeispiel zu identifizieren und festzuhalten.

Welche der Vorlieben meines/unseres Kindes könnte – gezielt eingesetzt – hilfreich sein, damit mein/unser Kind sich angemessener verhält? (Kleingruppenarbeit, ca. 20 Min.)

Wenn Sie das von Ihnen in der Verhaltensanalyse beschriebene problematische Verhalten Ihres Kindes ändern möchten, welche Verstärker bzw. Belohnungen können Sie einsetzen und wie können Sie diese zum Aufbau des gewünschten Verhaltens gezielt nutzen? Ich möchte Sie nun bitten, für das von Ihnen beschriebene Verhaltensbeispiel auf dem Steckbrief Ihres Kindes mögliche passende, hilfreiche Verstärker auszuwählen, um Ihr Kind besser zu gewünschtem Verhalten motivieren zu können. Was wäre wichtig zu beachten? Vielleicht haben einige von Ihnen bereits solche sogenannten Verstärkerpläne genutzt und können Anderen hilfreiche Anregungen geben? Tauschen Sie sich gerne untereinander aus.

Anschließend können je nach Interesse Informationsblätter zur Erstellung und Einführung eines Verstärkerplans ausgegeben werden.

Erläuterung:

Je nach Wissensstand und Umsetzungsstärke der Eltern kann dies mit der Empfehlung verbunden werden, dabei, wenn möglich, therapeutische Hilfe in Anspruch zu nehmen. Aus unserer Erfahrung berichten Eltern manchmal, »das hätten sie alles schon ohne Erfolg probiert«, was häufig nicht auf das Instrument an sich sondern die mangelnde Umsetzung zurückzuführen ist.

Welche Verstärker könnte ich meinem Kind entziehen, wenn Verstärkerpläne zum Aufbau von gewünschtem Verhalten keine ausreichende Wirkung zeigen und zunächst der Abbau von unerwünschtem Verhalten im Vordergrund steht? (Kleingruppenarbeit, ca. 20 Min.)

Hier ist das Ziel, für das jeweilige Störverhalten mögliche angemessene Konsequenzen zu sammeln.

Häufig reichen Anreize zum Aufbau angemessenen Verhaltens alleine nicht aus, damit ein Kind lernen kann, sich gut zu verhalten. Wenn dies der Fall ist, kann es sinnvoll und notwendig sein mit Verstärkerentzugssystemen zu arbeiten, um störendes Verhalten abzubauen. Welche Dinge/Erfahrungen/Aktivitäten möchte Ihr Kind ungern missen und welche Dinge könnten Sie ihm je nach Ausprägung des unangemessenen Verhaltens »portionsweise« entziehen? Hier bewegen wir uns mit Blick auf das Vierfelder-Schema im Feld der indirekten Bestrafung bzw. Löschung.

Vielleicht haben manche auch hier schon Erfahrungen gesammelt, die anderen Teilnehmern helfen könnten?

Die Therapeutinnen stehen den Kleingruppen für Fragen zur Verfügung bzw. unterstützen sie bei Bedarf. Die Eltern sollten unbedingt darüber informiert werden, dass bei der Einführung eines Verstärkerentzugsplanes mit einer kurzfristigen Zunahme des Problemverhaltens (Löschungstrotz) zu rechnen ist. Es sollte zunächst geklärt werden, ob die Eltern über ausreichend Zeit und Energie verfügen, um diese zu erwartende »Hürde« zu nehmen, da ein vorzeitiges »Aufgeben« zu einer weiteren Festigung des Problemverhaltens führt. Anschließend bietet es sich auch hier je nach Interesse der Teilnehmer/innen an, Informationsblätter zur Erstellung und Einführung eines Verstärkerentzugsplanes auszugeben.

Transferaufgabe

Zum Abschluss der heutigen Sitzung werden die Eltern gebeten, zu Hause Entwürfe für einen Verstärker- bzw. Verstärkerentzugsplan zu erarbeiten. Dabei wird unterstützend auf die ausgegebenen Informationsblätter verwiesen. Die abschließende Diskussion und Fertigstellung wird für die folgende Sitzung angekündigt. Die sorgfältige Vorbereitung von Entwürfen ist entscheidend, um möglichst konkrete und damit erfolgversprechende Pläne erstellen zu können.

Zum Abschluss der heutigen Sitzung möchten wir Sie bitten, zu Hause mit Hilfe der Informationsblätter zur Erstellung von Verstärker- bzw. Verstärkerentzugsplänen einen ersten Entwurf zu erarbeiten. Bringen Sie diesen zur nächsten Sitzung mit, wo Sie ihn besprechen und verfeinern können. Ein sorgfältig erarbeiteter Entwurf ist Grundvoraussetzung, um diesen bei unserem nächsten Treffen fertigstellen und dann im Alltag erproben zu können. Haben Sie dazu Verständnisfragen?

Die Therapeutinnen beantworten mögliche Fragen zur Transferaufgabe.

Wir freuen uns auf die nächste Sitzung und wünschen Ihnen eine gute Woche!

7.6. Basis 6: Eigene Kraftquellen und Unterstützung im Alltag

7.6.1 Übersicht der sechsten Sitzung

Ziele

- Eltern fühlen sich durch die Anerkennung der besonderen Herausforderungen an sie im Alltag aufgrund der ASS ihres Kindes gewürdigt

- Eltern machen sich die Verteilung ihrer zeitlichen Ressourcen im Alltag bewusst
- Eltern erfahren Verständnis für ihre besondere Familiensituation im Austausch mit anderen Betroffenen
- Eltern werden für ihre Bedürfnisse sensibilisiert
- Eltern erhalten und entwickeln Ideen, welche Kraftquellen sie sich erschließen und wie sie diese in ihren Alltag integrieren können
- Eltern finden Raum, mögliche Gefühle von Überforderung und Erschöpfung im Alltag anzusprechen
- Eltern wissen um die Möglichkeiten der Entlastung durch andere und wo sie diese Hilfen bei Bedarf erhalten können
- Eltern werden offen für mögliche Hilfe von außen

Inhalte

- Strategien zur Stressbewältigung
- Angenehme Aktivitäten im Alltag
- Information über mögliche Hilfen von außen (z. B. FeD/FuD)

Methoden

- Plenum
- Kleingruppenarbeit
- Geleitetes Gruppengespräch
- Kurzvortrag
- Erfahrungsaustausch

Material

- Gegenstände, die unterschiedliche angenehme Aktivitäten symbolisieren: Kaffeetasse, CD, DVD, Turnschuhe, Kinokarten, Eintrittskarten für Museen, verschiedene Zeitschriften, Bücher, Spielkarten, Handy, kleine Gartengeräte, ...
- Notizen zu bevorzugten Hobbys bzw. angenehmen Aktivitäten der Teilnehmer/Innen (▶ Kap. 7.1, 1. Sitzung – Vorstellungsrunde)
- Vorbereitetes Flipchart »Kraftquellen«
- Selbstklebende Zettel
- Adressen von Institutionen, die Unterstützung für Familien anbieten (v. a. FeD/FuD)

Transferaufgabe

- Umsetzung der jeweils ausgewählten »kraftschöpfenden« Aktivität

7.6.2 Ablauf der sechsten Sitzung

Anfangsrunde (Plenum, ca. 15 Min.)

Die Therapeutinnen sitzen in der Runde und sind so auf Augenhöhe mit den Teilnehmer/innen. Sie leiten den Einstieg in das sechste Treffen ein. In einer kurzen Anfangsrunde bekommen die Eltern wieder Gelegenheit offene Fragen bzw. Reste des letzten Treffens und persönliche Themen von hoher Dringlichkeit anzusprechen.

Einen schönen guten Morgen und herzlich Willkommen zur sechsten Sitzung. Bevor ich Ihnen einen Überblick über die heutige Sitzung gebe, möchte ich zunächst wieder einen Überblick bekommen, wie es Ihnen geht und ob Sie sich – hinsichtlich der Transferaufgabe für heute – für den Entwurf eines Verstärkerplanes oder eines Verstärkerentzugsplanes entschieden haben?

- Die erste Frage lautet: Wie geht es mir heute Morgen?
- Die zweite Frage ist: Welche Reste im Sinne von Fragen, Anmerkungen und Wünschen habe ich noch mitgebracht?
- Die dritte Frage ist: Wofür habe ich einen Entwurf mitgebracht? Habe ich mich damit beschäftigt, wie ich mein Kind dabei unterstützen kann, erwünschtes Verhalten aufzubauen, oder damit, wie ich ihm helfen kann, unerwünschtes Verhalten abzubauen? Anschließend gibt es in Kleingruppen Gelegenheit Ihre Entwürfe zu besprechen, mögliche Fragen zu klären und sich bei Bedarf weitere Anregungen zu holen. Wir dachten an eine Kleingruppe zum Thema »Verstärkerplan« und eine zum Thema »Verstärkerentzugsplan«, die wir jeweils begleiten. Danach werden wir uns mit dem Thema beschäftigen, wie Sie Ihre eigenen Kraftquellen entdecken können und welche Unterstützungsmöglichkeiten es im Alltag gibt.

Jede Kleingruppe wird von einer Therapeutin begleitet.

Welche Erfahrungen habe ich bei der Entwicklung meines Verstärkerplanes bzw. Verstärkerentzugsplanes gemacht und welche Fragen sind für mich zu seiner Fertigstellung noch zu klären? (Kleingruppenarbeit, ca. 20 Min.)

Ich möchte Ihnen die Möglichkeit geben, kurz Ihre Erfahrungen auszutauschen und vor allem noch offene Fragen zu Ihren Entwürfen zu klären. Was benötigen Sie noch, um Ihren Entwurf fertig zu stellen und sich damit ausreichend vorbereitet und sicher zu fühlen, um Ihren Verstärkerplan bzw. Verstärkerentzugsplan im Alltag zu erproben?

Die Therapeutinnen beantworten offene Fragen zu den Entwürfen und unterstützen die Teilnehmer/innen, diese fertig zu stellen.

Erläuterung:

Es ist aus unserer Erfahrung nicht möglich, im Rahmen der Sitzung mit Teilnehmern/innen ohne eine hinreichend konkrete Entwurfsvorlage einen erfolgsversprechenden Verstärker- bzw. Verstärkerentzugsplan zu erarbeiten. In solchen Fällen sollte dann freundlich auf die Grenzen des Möglichen verwiesen werden.

Wie entdecke ich meine eigenen Kraftquellen und welche Unterstützungsmöglichkeiten gibt es im Alltag? (geleitetes Gruppengespräch, ca. 30 Min.)

Die Therapeutinnen legen verschiedene Gegenstände auf den Tisch oder den Fußboden, die angenehme kleine »Auszeiten« bzw. Freizeitaktivitäten symbolisieren. Sie leiten das Thema »Kraftquellen« ein. Dabei heben sie die besondere Erziehungsleistung der Eltern aufgrund der ASS ihres Kindes hervor. Anschließend greifen sie auf einige Beispiele der Eltern aus ihren Notizen der Vorstellungsrunde zurück, wo diese bereits Aktivitäten benannt hatten, denen sie gerne nachgehen.

Bislang haben wir uns ausführlich damit beschäftigt, wie Sie als Eltern Ihr Kind noch besser unterstützen und fördern können. Ihre Beispiele aus dem Alltag haben deutlich gemacht, vor welchen besonderen Herausforderungen Sie jeden Tag aufs Neue stehen und welche Probleme Sie zu bewältigen haben. Kinder mit ASS fordern ihren Eltern viel ab, manchmal bis zur Grenze der Belastbarkeit. Einige von ihnen haben mit Blick auf unsere Auswahl hier auf dem Tisch bereits geschmunzelt, einige denken vielleicht schon an ihre bevorzugten »Pausen«- bzw. Freizeitaktivitäten, von denen sie bereits in der Vorstellungsrunde zu Beginn des Trainings kurz berichtet hatten. Ich erinnere mich an ... (genannte Beispiele der Eltern anführen). Einige sehen eher nachdenklich aus. Was auch immer Ihnen gerade durch den Kopf geht, heute stehen Sie und Ihre Bedürfnisse im Mittelpunkt.

Eine der Therapeutinnen blättert das Flipchart »Kraftquellen« auf.

Was benötigen Sie – Sie als Einzelperson, Sie in der Beziehung zu Ihrem Partner und anderen Menschen – um immer wieder entspannen, Ihre Kraftreserven auffüllen und sich wohl fühlen zu können? Die Gegenstände hier und die Abbildungen auf dem Flipchart sind als Anregungen zu verstehen und sollen Sie zu einem Erfahrungsaustausch einladen.

Es bietet sich an, dass die Therapeutinnen beginnen und »modellhaft« über ihre eigenen Kraftquellen im Alltag sprechen. Der Hinweis, dass dies auch unter günstigeren Bedingungen längst nicht immer gelingt, trägt dazu bei, das Gespräch zu öffnen für mögliche Schwierigkeiten, Überforderung und die Frage, wann Hilfen von außen anzudenken sind. Hier ein Beispiel:

Ich bemühe mich kleine und auch etwas größere Inseln im Alltag unterzubringen. Meine tägliche kleine Insel ist meine nachmittägliche »Kaffeeauszeit« mit einem leckeren Capuccino – deshalb auch die Tasse hier auf dem Tisch – und 15 Minuten nur für mich, die ich eisern verteidige gegen Kinderfragen, Anrufe, Wäsche, und was es sonst noch so zu tun gibt. Meine etwas größeren Inseln sind Joggen und Yoga und »freie« Abende mit meinem Partner oder auch Freunden. Diese werden längst nicht so regelmäßig von mir »besucht«. Ich bzw. wir denken, das wäre schön, aber dann kommt oft doch etwas dazwischen .... Wie ist das bei Ihnen?

Die Therapeutinnen achten darauf, dass im Verlauf des Austauschs alle Teilnehmer/Innen zu Wort kommen. Sie geben positive Rückmeldung für die kleinen »Inseln«, die bereits entdeckt und genutzt werden und fokussieren dabei im Sinne von erlebter Selbstwirksamkeit darauf, wie es trotz schwieriger Rahmenbedingungen gelingen kann, sich Zeit für sich zu nehmen.

Erläuterung:

Erfahrungsgemäß entsteht bei diesem Thema eine sehr unterstützende Atmosphäre zwischen den Teilnehmern/Innen, in der Anregungen und Ideen ausgetauscht und humorvoll hinsichtlich ihrer Umsetzbarkeit überprüft werden. Nicht selten wird ganz im Sinne des Themas herzhaft gelacht.

Wichtige Aspekte, die von den Therapeutinnen bezugnehmend auf Aussagen der Teilnehmer/Innen betont werden können, sind:

- Selbstfürsorge stellt eine wichtige Voraussetzung dar, um selbst »bei Kräften« zu bleiben, psychisch wie physisch
- Zeit für die eigenen Kraftquellen ergibt sich nicht, sondern es gilt, diese wie andere (Pflicht-) Termine fest einzuplanen
- Besondere Herausforderungen, wie sie Eltern von Kindern mit ASS zu bewältigen haben, können besondere Hilfestellungen notwendig machen, und es ist sinnvoll diese bei Bedarf in Anspruch zu nehmen

Unterstützungsmöglichkeiten durch andere (Kurzvortrag, ca. 10 Min.)

Bei der Besprechung des Themas Kraftquellen gerade eben und auch bei anderen Gelegenheiten hier im Training erwähnten einige von Ihnen, dass es Ihnen teilweise kaum gelingt, sich Zeit für sich und Zeit gemeinsam als Paar zu nehmen – oder Ihnen auch die Zeit fehlt, um sich ausreichend um die Hausaufgaben des Geschwisterkindes zu kümmern ... (Die Therapeutin nennt von den Eltern geschilderte Situationen aus der heutigen und aus vorangegangenen Sitzungen von Zeitknappheit, Belastung und dem Wunsch nach Unterstützung im häuslichen Alltag.)

Deshalb wollen wir mit Ihnen auch Unterstützungsmöglichkeiten durch andere ansprechen und Ihnen verschiedene Hilfen, die Sie in Anspruch nehmen können, vorstellen. Wir wissen, dass es manchen Eltern nicht leicht fällt, sich für diese Angebote zu öffnen. Um so mehr ist es uns ein Anliegen, Sie bestmöglich zu informieren und Sie zu ermuntern, auf diese Angebote zurückzugreifen, wenn Ihre eigenen Ressourcen nicht ausreichen.

Die Therapeutinnen nennen unterschiedliche Angebote und Institutionen, die Unterstützung für Familien in der jeweiligen Region anbieten und beantworten Fragen der Eltern. Die jeweiligen Inhalte bzw. in Frage kommenden Hilfen gilt es den Elterngruppen von Kindern mit bzw. ohne eine geistige Behinderung anzupassen. Hier ein Überblick der in Frage kommenden Angebote:

- Familienentlastender Dienst (FeD) / Familienunterstützender Dienst (FuD): Es werden ambulante Angebote für Familien bereitgestellt, in denen ein Kind mit einer Behinderung lebt entweder in Form einer Einzel- oder einer Gruppenbetreuung. Der FeD/FuD ist oft an die Lebenshilfe angeschlossen. Die Kosten werden von der Pflegekasse (bei Bestehen einer Pflegestufe), dem Sozial- oder dem Jugendamt übernommen.
- Tagesgruppenbetreuung des Kindes als Maßnahme der Jugendhilfe (KJHG)
- Sozialpädagogische Einzelbetreuung des Kindes als Maßnahme der Jugendhilfe (KJHG)
- Kurzzeitpflege des Kindes in einer stationären Einrichtung für Pflegebedürftige (mindestens Pflegestufe 1)

Anschließend findet ein Erfahrungsaustausch der Eltern im Plenum statt.

Erfahrungsaustausch (Plenum, ca. 15 Min.)

Die Eltern erhalten die Gelegenheit, sich gegenseitig über bereits wahrgenommene Unterstützungsmöglichkeiten auszutauschen und Informationen weiterzugeben.

Einige von Ihnen habe bereits Erfahrungen mit der einen oder anderen Hilfe gemacht, die für andere von Interesse sein kann. Wir wollen Ihnen Raum zum Austausch geben und beantworten gerne noch offene Fragen.

Transferaufgabe

Am Ende dieser Sitzung werden die Teilnehmer/Innen dazu ermuntert, die im Alltag bereits bestehenden »Kraftquellen« weiter zu nutzen und möglichst noch auszubauen. Stark belasteten Eltern kann die Inanspruchnahme von Unterstützung durch andere ans Herz gelegt werden. Als Erinnerungshilfe für zu Hause können kleine selbstklebende Zettel für Notizen verteilt werden, welche die Eltern an ihre individuellen Kraftquellen erinnern und an verschiedenen vertrauten Orten bzw. Gegenständen angebracht werden können.

8 Erweiterungsmodule für alle Gruppen

8.1 Erweiterung E1: Welche Therapien gibt es und wie wirksam sind diese?

Zeitplanung: Die Durchführung dieses Moduls benötigt ca. 50 Minuten.

8.1.1 Übersicht Erweiterung E1

Ziele

- Die Eltern lernen unterschiedliche therapeutische Ansätze bei ASS kennen
- Die Eltern wissen, welche Therapieangebote sich für bestimmte Zielbereiche als wirksam erwiesen haben und welche als wenig geeignet einzuschätzen sind
- Die Eltern können informiert Entscheidungen treffen und sich gezielt um wirksame Therapieangebote für ihr Kind bemühen

Inhalte

- Nennung unterschiedlicher kindzentrierter Therapieansätze
- Besprechung der jeweiligen Indikationsbereiche
- Bewertung der jeweiligen Wirksamkeit
- Thematisierung familienbezogener Maßnahmen

Methoden

- Plenum
- Erfahrungsaustausch
- Kurzvortrag

Material

- Blanko Flipcharts
- Metaplankarten
- Tesafilm/Stecknadeln

- Infoblatt »Therapie«

Vorbereitung

- Kapitel 3 Behandlungsansätze

8.1.2 Ablauf Erweiterung E1

Nennung bekannter Therapiemaßnahmen (Plenum, ca. 5 Min.)

Heute beschäftigen wir uns damit, welche Therapiemöglichkeiten es bei Autismus-Spektrum-Störungen gibt, welche Schwerpunkte diese haben, welche Zielbereiche sie verfolgen und was über ihre Wirksamkeit bekannt ist.

Eine der Therapeutinnen fragt die Teilnehmer/innen, welche Therapien für ASS ihnen bekannt sind und notiert jede genannte Therapieform auf einer Metaplankarte. Wichtig ist hierbei, dass die Eltern alle ihnen bekannten und/oder bei ihren Kindern eingesetzten Therapiemaßnahmen nennen sollen und dürfen (auch Therapieformen, die nachweislich nicht nützlich sind).

Welche Therapien für autistische Kinder kennen Sie? Nennen Sie bitte jeweils eine Therapieform, ich werde sie aufschreiben, und nachdem wir unterschiedliche Therapiemaßnahmen gesammelt haben, werden wir diese nach Indikationsbereichen ordnen und über ihre Wirksamkeit sprechen.

Besprechung der jeweiligen Indikationsbereiche (Plenum, ca. 10 Min.)

Die Therapeutinnen ordnen die Metaplankarten mit Hilfe der Teilnehmer/innen auf dem Flipchart nach einzelnen Indikationsbereichen. Hierzu werden zunächst die Eltern gefragt, welcher Förderbereich bzw. welche Förderbereiche durch die jeweilige Therapie verbessert werden sollen. Eine Therapieform kann auch mehreren Zielbereichen zugeordnet werden.

Weshalb wurde bei Ihrem Kind Frühförderung (oder eine andere Art der Förderung/Therapie) verordnet und was wird in der Behandlung geübt bzw. was soll sich durch die Therapie verbessern?

Nachfolgend sind häufig genannte Beispiele nach Zielbereichen aufgeführt. Diese Beispiele stammen vor allem von teilnehmenden Eltern und sind nicht notwendigerweise wirksame Therapieverfahren:

- Therapien zur Förderung des sozialen und kommunikativen Verhaltens (Verhaltenstherapie, soziales Kompetenztraining, Musiktherapie, Delphintherapie und andere tiergestützte Therapien ...)
- Therapien/Methoden zur Sprachförderung (Logopädie, unterstützte Kommunikation, Verhaltenstherapie, Frühförderung, Bilderkarten, Talker ...)

- Therapien zur Förderung der Aufmerksamkeit und Konzentration (Medikamentöse Therapie, Konzentrationstraining, Frühförderung, schulische Unterstützung ...)
- Therapien zur Verbesserung der Grob- und Feinmotorik (Physiotherapie, Psychomotorik, Ergotherapie, Frühförderung, therapeutisches Reiten ...)
- Therapien zur Förderung der Wahrnehmung (Ergotherapie, Frühförderung ...)
- Therapien/Methoden zur Förderung lebenspraktischer Fertigkeiten und Selbstständigkeit (Verhaltenstherapie, Frühförderung, TEACCH ...)
- Therapien zur Reduktion von aggressivem Verhalten (medikamentöse Therapie, Verhaltenstherapie ...)
- Therapien zur Behandlung von Ängsten (medikamentöse Therapie, Verhaltenstherapie ...)
- Therapien zur Behandlung von Schlafstörungen (medikamentöse Therapie z. B. mit Melatonin, Verhaltenstherapie ...)
- Unspezifische Therapieverfahren (Vitamine, Ausleitungstherapien, Sauerstofftherapie ...)

Berichte der Eltern (Erfahrungsaustausch, ca. 15 Min.)

Die Eltern erhalten Gelegenheit, ihre Erfahrungen mit einzelnen Therapien zu berichten. Da es sich um individuelle Erfahrungen handelt, nehmen die Therapeutinnen überwiegend eine neutrale Haltung ein. Wenn ein Elternteil den anderen Teilnehmer/innen allerdings eine als nicht wirkungsvoll geltende Therapie empfiehlt, sollte dies durch die Therapeutinnen deutlich relativiert werden.

Informationen zur Wirksamkeit/Empfehlungen (Kurzvortrag, ca. 10 Min.)

Die Therapeutinnen können einzelne der genannten Therapien hinsichtlich ihrer Wirksamkeit bewerten (► **Kap. 3**). Dies ist allerdings aufgrund der Vielzahl an existierenden Therapieformen kaum möglich. Wir empfehlen, wichtige Kriterien zu nennen, die als wirkungsvoll eingestufte Behandlungsmethoden erfüllen. Diese können den Eltern als Orientierungs- und Entscheidungshilfe dienen. Diese Kriterien sind in der Textbox 8.1 und auf dem Infoblatt »Therapie« genannt. Sie folgen den aktuellen NICE-Guidelines und weiteren wissenschaftlich basierten Empfehlungen (► **Kap. 3.2**).

Textbox 8.1: Merkmale empfehlenswerter Therapien bei ASS

- Geeignete Therapieziele sind die Förderung des Sozialverhaltens, der Sprache, Kommunikation und Selbständigkeit, die Verbesserung interaktiven Spielverhaltens sowie die Reduktion von problematischem Verhalten, wie aggressivem oder stereotypem Verhalten, wenn dieses vorkommt.

- Die Therapieziele und Methoden sollten an den Entwicklungsstand des Kindes angepasst sein.
- Verhaltenstherapeutische Methoden sind geeignet.
- Visuelle Strukturierungshilfen sind geeignet.
- Motivationsfördernde Maßnahmen sind wichtig.
- Regelmäßiges Üben, wenn möglich in verschiedenen Kontexten, ist wichtig.
- Bei der Reduktion von problematischem Verhalten, wie selbstschädigendem oder aggressivem Verhalten, sollte zunächst eine Verhaltensanalyse durchgeführt werden (▶ Arbeitsblatt »Ich analysiere das problematische Verhalten meines Kindes, um es besser zu verstehen«).
- Der Einbezug der Eltern und weiterer Bezugspersonen ist wichtig, da Kinder und Jugendliche mit ASS in der Therapie Gelerntes nicht automatisch in den Alltag übertragen können.
- Hilfreich für die Anwendung des Gelerntem im Alltag ist auch, wenn in Therapie, Elternhaus und Kindergarten/Schule die gleichen oder ähnliche Methoden benutzt werden. Daher ist es sinnvoll, wenn ein regelmäßiger Austausch in gemeinsamen Gesprächen stattfindet.
- Im Therapieverlauf sollten sich positive Veränderungen im Verhalten des Kindes zeigen. Je nach Alter und Lernfähigkeiten kann dies bereits nach einigen Monaten sichtbar sein. Spätestens nach einem halben Jahr sollten konkrete Verbesserungen einzelner Verhaltensweisen beobachtet werden können.
- Aus wissenschaftlicher Sicht nicht geeignet zur Verbesserung von zentralen Symptomen der ASS oder assoziierter Verhaltensprobleme sind: auditorische Therapien, Integrationstherapie, Diäten, gestützte Kommunikation, Neurofeedback, psychoanalytische Therapien, Sauerstofftherapie, Schwermetallausleitung, Vitaminpräparate.

Familienbezogene Maßnahmen (Erfahrungsaustausch, ca. 10 Min.)

Die Therapeutinnen geben den Eltern Gelegenheit, sich über familienbezogene Maßnahmen, wie z. B. Eltern-Kind-Kuren, familienentlastender Dienst, Familienhilfe, auszutauschen.

Es wurde von einigen Eltern der Wunsch geäußert, sich auch über Eltern-Kind-Kuren und Maßnahmen zur Entlastung im Alltag auszutauschen und Empfehlungen zu bekommen. Dazu haben Sie nun Gelegenheit. Wer von Ihnen hat bereits Erfahrungen mit Eltern-Kind-Kuren (bzw. anderen familienbezogenen Maßnahmen) gemacht und möchte darüber berichten?

Erläuterung:

In den bisherigen Gruppen hatten einige Eltern positive Erfahrungen mit Eltern-Kind-Kuren gemacht, tauschten sich bezüglich dieser aus und gaben sich Adressen weiter, was von den Teilnehmer/innen im Feedback als positiv bewertet wurde. Auch andere Maßnahmen, wie Paartherapie, oder nicht therapeutische Unterstützungsmaßnahmen zur familiären Entlastung, wie familienentlastender Dienst, können in diesem Zusammenhang angesprochen werden.

8.2 Erweiterung E2: Wie unterstütze ich mein Kind im Kindergarten/in der Schule?

Zeitplanung: Die Durchführung des Moduls benötigt ca. 40 Minuten.

8.2.1 Übersicht Erweiterung E2

Ziele

- Eltern über Unterstützungsmöglichkeiten in Kindergarten und Schule informieren
- Eltern über rechtliche Regelungen informieren
- Austausch in der Gruppe fördern und hilfreiche Erfahrungen für andere Eltern verfügbar machen

Inhalte

- Klarheit und Orientierung bei Abläufen und Regeln in Kindergarten/Schule
- Wahrnehmungsbesonderheiten berücksichtigen
- Informationen zum Integrationshelfer
- Informationen zum Nachteilsausgleich mit praktischen Beispielen
- Was muss bzw. darf im Zeugnis stehen? Wer muss über die ASS des Kindes informiert sein?
- Wozu dienen Förderpläne?

Methoden

- Kurzvortrag
- Evtl. Kurzvortrag durch eine Fachkraft des zuständigen Förder- und Beratungszentrums oder den regionalen Landesfachberater für Autismus
- Geleitetes Gruppengespräch

Material

- Blanko Flipcharts

- Vorbereitete Flipcharts »Unterstützungsmöglichkeiten im Kindergarten«, »Unterstützungsmöglichkeiten in der Schule«
- Infoblatt »Kindergarten/Schule«

Vorbereitung

- Wissenswertes für Therapeutinnen (s. u.)
- Ggf. Fachkraft einladen

Vorbemerkung:

Einzelne Begriffe oder Abläufe können aufgrund bundeslandspezifischer Regelungen von den im Folgenden verwendeten Beschreibungen abweichen. Ggf. sollten sich die Therapeutinnen im Vorfeld erkundigen bzw. auf weitere lokale oder überregionale Beratungsmöglichkeiten an Schulen/Schulämtern, Sozial- und Jugendämtern oder auch bei Autismus Deutschland e. V. (lokal sowie überregional) hinweisen.

Wissenswertes für Therapeutinnen:

Grundlage für die Beschulung von Schülern mit ASS sowie für schulische Maßnahmen ist einerseits die »UN-Konvention über die Rechte von Menschen mit Behinderungen«, die seit 2009 in Deutschland gilt und in der u. a. die inklusive Beschulung geregelt ist. Außerdem relevant sind die »Empfehlungen zu Erziehung und Unterricht von Kindern und Jugendlichen mit autistischem Verhalten« der Ständigen Konferenz der Kultusminister der Länder aus dem Jahr 2000. Diese sind einsehbar unter: http://www.kmk.org/presse-und-aktuelles/pm2000/erziehung-und-unterricht-von-kindern-und-jugendlichen-mit-autistischem-verhalten.html.
Rechtliche Grundlage eines zu gewährenden Nachteilsausgleichs bei ASS (s. u.) sind die jeweiligen Schulgesetze (z. B. Hessisches Schulgesetz vom 14.07.2009).

Schüler mit ASS werden entweder regelbeschult, oder es wird analog zu Schülern ohne ASS ein sonderpädagogischer Förderbedarf festgestellt, der die weitere Beschulung regelt. Dies ist bei nicht lernzielgleicher Beschulung ein sonderpädagogischer Förderbedarf für Lernhilfe oder geistige Entwicklung. Bei stark ausgeprägten Verhaltensproblemen handelt es sich um einen sonderpädagogischen Förderbedarf im Bereich emotional-soziale Entwicklung und bei sprachlichen Schwierigkeiten im Bereich Sprache. Darüber hinaus bestehen die Schwerpunkte Sehen, Hören und körperlich-motorische Entwicklung.

Es gibt einerseits regionale Landesfachberater für Autismus und darüber hinaus Förder- und Beratungszentren mit dem Schwerpunkt ASS. Eine Übersicht der in Hessen zuständigen Landesfachberater mit den jeweiligen Zuständigkeitsgebieten und weiteren Informationen zu Schüler/innen mit ASS findet sich unter http://sonderpaedagogik.bildung.hessen.de/autismus/.

Von Autismus Deutschland e. V. werden mehrere Broschüren zum Thema Schule herausgegeben, auch Broschüren, die sich direkt an Lehrkräfte richten (www.autismus.de unter: Bücher).

8.2.2 Ablauf Erweiterung E2

Unterstützungsmöglichkeiten in Kindergarten bzw. Schule (Kurzvortrag, ca. 20 Min.)

Die Therapeutinnen führen in das Thema ein und besprechen Empfehlungen und Unterstützungsmöglichkeiten des Kindes in Kindergarten/Schule anhand der vorbereiteten Flipcharts und des Infoblatts »Kindergarten/Schule«. Dabei beantworten sie Verständnisfragen der Teilnehmer/innen. Spezifische Probleme oder besondere Situationen Einzelner werden im Anschluss in der Gruppe besprochen.

Nachdem wir in den vergangenen Stunden über schwierige und auch über schöne Situationen zu Hause gesprochen haben, befassen wir uns in der heutigen Stunde mit dem Thema Kindergarten und Schule. Einige von Ihnen haben bereits in den vergangenen Stunden Schwierigkeiten angesprochen, die es im Kindergarten bzw. in der Schule gibt. Damit sind Sie nach unserer Erfahrung nicht allein, denn häufig treten beim Kindergarten- und Schulbesuch Probleme auf, da Ihr Kind hier ja sozial stark gefordert ist. Zunächst möchten wir mit Ihnen grundsätzliche Empfehlungen und auch Unterstützungsmöglichkeiten besprechen. Sie finden diese auf dem Informationsblatt, das wir Ihnen austeilen. Besondere Fragen oder Probleme können wir im Anschluss daran besprechen.

- Klarheit und Orientierung
  Ebenso wie zu Hause benötigen Kinder und Jugendliche mit Autismus-Spektrum-Störungen auch im Kindergarten und in der Schule Struktur und Orientierung durch feste Abläufe, feste Orte und klare Regeln. Hierzu können Visualisierungen von Abläufen durch Bilder oder Stichworte hilfreich sein. Veränderungen, wie eine neue Sitzordnung im Klassenzimmer oder Stundenplanänderungen sollten möglichst vorher angekündigt werden. Besondere Herausforderungen stellen meist Pausensituationen oder freie Spielsituationen dar, da diese Situationen wenig strukturiert sind, es häufig laut ist und Gruppenaktivitäten mit Gleichaltrigen, wie z. B. gemeinsame Spiele, Bestandteil der Pause bzw. der freien Spielsituation im Kindergarten sind. Auch eher unstrukturierte Zeiten vor und nach dem Unterricht, wie notwendige Raumwechsel oder das Umziehen vor und nach dem Sportunterricht, sind oft schwierig für Kinder mit ASS. Für die Pausen oder andere freie Situationen kann es hilfreich sein, mit dem Kind Aufenthaltsorte zu überlegen, wo es sich wohlfühlt (z. B. geringer Lärmpegel, Beschäftigung mit angenehmen Themen möglich). Wenn es einen Integrationshelfer gibt, ist die Unterstützung durch sie/ihn in den Pausen und anderen »freieren Situationen« sehr sinnvoll.

- Wahrnehmungsbesonderheiten berücksichtigen
  Manche Kinder mit ASS sind sehr geräuschempfindlich, andere sind im visuellen Bereich sensibel und fühlen sich z. B. durch die Lichtverhältnisse geblendet, andere empfinden körperliche Nähe als unangenehm und stressauslösend. Wenn es möglich ist, sollten die jeweiligen Wahrnehmungsbesonderheiten bei der Auswahl und Gestaltung des Arbeitsplatzes und im Umgang mit dem Kind berücksichtigt werden (z. B. Schreien und lautes Sprechen mit dem Kind vermeiden, das Kind nicht direkt neben den Projektor oder unter eine helle Lampe setzen, weiße Tischplatte abdecken, ausreichend Sitzabstand zum Nachbarn, körperliche Berührungen vermeiden).
- Integrationshelfer (▶ Infoblatt »Recht«)
  Im Rahmen des Kindergarten- und Schulbesuchs können Kinder mit ASS durch einen Integrationshelfer (Synonyme: Teilhabeassistent, Schulbegleiter) unterstützt werden. Dies ist auch in Förderschulen möglich. Kostenträger dieser Maßnahme ist i. d. R. das zuständige Jugend- bzw. Sozialamt. In Hessen: Bei Kindern im Kindergarten und Kindern mit begleitender geistiger Behinderung (IQ < 70) liegt die Zuständigkeit beim Sozialamt, bei Schulkindern ohne Intelligenzminderung beim Jugendamt. Die Eltern müssen jeweils beim zuständigen Amt einen Antrag stellen. Außerdem muss die Schule schriftlich eine Stellungnahme abgeben, in der die Notwendigkeit und der Aufgabenbereich des Integrationshelfers genannt werden. Die Aufgabenbereiche des Integrationshelfers können neben dem sozialen Bereich (z. B. Förderung der Kontaktaufnahme zu Gleichaltrigen, Erhöhung der Regelakzeptanz), den lebenspraktischen Bereich betreffen (z. B. Orientierung im Schulgebäude), unterrichtsbezogen sein (z. B. Strukturierung der Aufgaben) und sich auf die psychische Befindlichkeit beziehen (z. B. Unterstützung in Stresssituationen).
- Nachteilsausgleich (▶ Infoblatt »Recht«)
  Es kann ein Nachteilsausgleich im Rahmen des Schulbesuchs erfolgen, analog zum bekannten Erlass für Schüler mit Lese-Rechtschreib- oder Rechenstörungen. Grundlage hierfür ist die gestellte Diagnose. Der Antrag auf Nachteilsausgleich wird von den Eltern gestellt, und die Entscheidung über die konkreten Inhalte wird von der Klassenkonferenz getroffen. Wichtige Punkte sind hierbei, dass dem Schüler kein Nachteil durch die ASS beim Schulbesuch entstehen darf (Chancengleichheit) und dass ein entsprechender Vermerk nicht im Zeugnis erscheinen darf. Der Nachteilsausgleich muss individuell und konkret für den Schüler formuliert werden. Beispiele für die Umsetzung eines Nachteilsausgleichs sind etwa eine Verlängerung von Arbeitszeiten, die Erlaubnis der Benutzung von Schreib-Computern für spezielle Aufgaben/Klassenarbeiten, eine Veränderung der Aufgabenstellung (z. B. Lückentext statt kompletter Text, visuelle Aufgabenstellung), eine geringere Gewichtung oder veränderte Erfassung mündlicher Mitarbeit (z. B. vorbereitete Referate) oder individuelle sportliche Übungen statt Mannschaftssport.
- Förderpläne
  Im Rahmen eines sonderpädagogischen Förderbedarfs oder im Rahmen der Unterstützung durch einen Integrationshelfer werden zur Unterstützung des Kindes individuelle Förderpläne für einen bestimmten Zeitraum erstellt, die konkrete Förderziele und Maßnahmen enthalten. Sie beziehen sich auf einzelne

Unterrichtsfächer, können aber auch Aspekte des Arbeits- und Sozialverhaltens betreffen. Ein Beispiel für Ziele und Maßnahmen aus einem Förderplan für den Bereich Sozialverhalten, der im Rahmen der Installation eines Integrationshelfers formuliert wurde: Ziele: Bei Konflikten nicht andere schlagen, Konflikte durch Reden regeln und Hilfe bei Erwachsenen holen. Maßnahmen: soziale Regeln visualisieren, Besprechungen mit der Integrationskraft, Einsatz eines Verstärkersystems unter Einbezug der Eltern.

Vertiefung der o. g. Themen (geleitetes Gruppengespräch, ca. 20 Min.)

Die Teilnehmer/innen erhalten Gelegenheit die genannten Themen weiter zu vertiefen. Neben einer Beantwortung der Fragen durch die Therapeutinnen sollten auch die Teilnehmer/innen einbezogen werden, die bereits Erfahrungen gemacht haben, so dass auf Elternebene eine Weitergabe von Informationen und ein Austausch von Erfahrungen zu den o. g. Themen erfolgen können.

Kontakt zum zuständigen regionalen Fachberater oder Förder- und Beratungszentrum vermitteln

Bei komplexen oder spezifischen Fragen oder Problemen ist es sinnvoll, dass sich die betreffenden Eltern direkt an den zuständigen regionalen Fachberater für Autismus oder das zuständige Förder- und Beratungszentrum wenden. Adressen und Hinweise dazu finden Sie auf den Internetseiten der Kultusministerien der einzelnen Bundesländer und für Hessen auch unter: http://sonderpaedagogik.bildung.hessen.de/autismus/.

8.3 Erweiterung E3: Welche Rechte haben wir und wie setzen wir diese durch?

Zeitplanung: Die Durchführung dieses Modul benötigt ca. 15 bis 20 Minuten, um die wesentlichen Inhalte zu besprechen. Mehr Zeit ist einzuplanen, wenn ein Austausch der Eltern untereinander ermöglicht werden soll.

8.3.1 Übersicht Erweiterung E3

Ziele

- Die Eltern erhalten Informationen über rechtliche Grundlagen, Vorgehensweisen und zuständige Stellen bei Antragstellungen

Inhalte

- Hilfreiche Links und Ratgeber
- Gesetzliche Zugehörigkeit
- Integrationshelfer in Kindergarten/Schule
- Nachteilsausgleich in der Schule
- Frühförderung und autismusspezifische Therapie
- Schwerbehindertenausweis
- Unterstützung in Ausbildung, Studium, Beruf

Methoden

- Kurzvortrag
- Plenum

Material

- Blanko Flipcharts
- Infoblatt »Recht«
- Ggf. Ratgeber zur Ansicht

8.3.2 Ablauf Erweiterung E3

Eine Therapeutin stellt die im Folgenden genannten Inhalte anhand eines Kurzvortrages und unter Nutzung des Infoblatts »Recht« vor. Bei Bedarf können einzelne Themen im Plenum diskutiert werden.

Hilfreiche Links und Ratgeber

Rechtliche Themen sind ein »weites Feld«, zu dem einige ausführliche Ratgeber und Informationstexte erschienen sind. Gute Übersichten sind im Internet auf der Homepage von Autismus Deutschland e. V. unter »Recht« zu finden (www.autismus.de), ebenso auf der Homepage des Bundesverbandes für körper- und mehrfach behinderte Menschen e. V. (www.bvkm.de). Unter dem letztgenannten

Link finden sich auch Hinweise über steuerrechtliche Nachteilsausgleiche. Weitere Informationen und aktuelle Gerichtsurteile sind darüber hinaus auf den Seiten der Bundesarbeitsgemeinschaft Werkstätten für behinderte Menschen e. V. (BAG; www.bagwfbm.de) unter Download einsehbar. Von der BAG wurde auch ein Rechtsratgeber für behinderte Menschen und ihre Angehörigen herausgegeben, den man gegen eine Versandkostenpauschale bestellen kann (www.bag-selbsthilfe.de/rechtshandbuch.html). Informationen hinsichtlich schulgesetzlicher Regelungen in unterschiedlichen Bundesländern sind auf der Homepage von Gemeinsam leben Hessen e. V. (www.gemeinsamleben-gemeinsamlernen.de) einsehbar.

Im Folgenden wird zu den wesentlichen rechtlichen Regelungen und Rechtsansprüchen ein Überblick gegeben.

Gesetzliche Grundlagen

Die gesetzliche Zugehörigkeit bezogen auf das Vorliegen einer ASS ist nicht immer eindeutig und kann außerdem in den einzelnen Bundesländern Deutschlands unterschiedlich geregelt sein. Als gesetzliche Grundlage gilt das *Sozialgesetzbuch (SGB)*, vor allem SGB VIII bei (drohender) seelischer Behinderung sowie SGB XII bei zusätzlicher geistiger und körperlicher Behinderung. Als weitere Grundlage ist seit 2009 die *UN-Konvention* über die Rechte von Menschen mit Behinderungen hinzugekommen, die u. a. der inklusiven Beschulung zugrunde liegt.

Kindergarten- und Schulbesuch

Es besteht im Rahmen des Kindergartenbesuchs die Möglichkeit, dass der Betroffene durch eine *Integrationshilfe/-assistenz* unterstützt wird, was als Eingliederungsmaßnahme entweder beim Sozial- oder Jugendamt zu beantragen ist.

Hinsichtlich der Schulwahl ist nach der oben genannten UN-Konvention zur inklusiven Beschulung der Besuch der Regelschule vorrangig, der Besuch einer Förderschule sollte eine Ausnahme darstellen. Bezogen auf die Schulwahl ist in den meisten Bundesländern der Wille der Eltern maßgeblich.

Im Rahmen des Schulbesuchs kann das betroffene Kind individuell durch einen *Schulbegleiter/Teilhabeassistenten* unterstützt werden, dies ist auch in Förderschulen möglich. Kostenträger dieser Maßnahme ist i. d. R. das zuständige Jugend- bzw. Sozialamt. Neben einem Antrag der Eltern ist auch eine Stellungnahme der Schule einzureichen, in der die Notwendigkeit und der Aufgabenbereich des Schulbegleiters benannt sind. Die Aufgabenbereiche des Schulbegleiters können neben dem sozialen Bereich (z. B. Förderung der Kontaktaufnahme zu Gleichaltrigen, Erhöhung der Regelakzeptanz), den lebenspraktischen Bereich betreffen (z. B. Orientierung im Schulgebäude), unterrichtsbezogen sein (z. B. Strukturierung der Aufgaben) und sich auf die psychische Befindlichkeit beziehen (z. B. Unterstützung in Stresssituationen). Je nach Bundesland gelten etwas unterschiedliche Regelungen. Darüber hinaus kann ein *Nachteilsausgleich* im Rahmen des Schulbesuchs erfolgen, analog zum bekannten Erlass für Schüler mit Lese-Rechtschreib-

oder Rechenstörungen. Wichtige Punkte sind hierbei, dass dem Schüler kein Nachteil durch die Autismus-Spektrum-Störung beim Schulbesuch entstehen und ein entsprechender Vermerk nicht im Zeugnis erscheinen darf. Beispiele für die Umsetzung eines Nachteilsausgleichs sind etwa eine Verlängerung von Arbeitszeiten, eine Veränderung der Aufgabenstellung (z. B. Lückentext statt kompletter Text), eine geringere Gewichtung oder veränderte Erfassung mündlicher Mitarbeit (z. B. vorbereitete Referate) und im Sportunterricht individuelle Übungen statt Mannschaftssport (▶ Kap. 8.2).

Frühförderung und autismusspezifische Therapie

Als Behandlungsmaßnahme kann eine Frühfördermaßnahme durchgeführt werden, die bei Kindern mit Autismus-Spektrum-Störung im Gegensatz zu behinderten Kindern ohne Autismus auch über die Kindergartenzeit hinaus fortgesetzt werden darf, so dass die Förderung in einem dafür spezialisierten Autismus-Therapie-Zentrum bis zum 21. bzw. 27. Lebensjahr möglich ist. Eine Autismus-spezifische Therapie wird im Rahmen der Eingliederungshilfe vom Sozial- oder Jugendamt finanziert. Der Begriff »autismusspezifisch« ist allerdings nicht geschützt und auch nicht inhaltlich festgelegt, ähnlich auch Frühförderung. Deshalb ist es wichtig, auf die Art und die Inhalte der Therapie zu achten (▶ Kap. 8.1). Die genannte Finanzierung ist auch möglich, wenn bereits eine andere Maßnahme zur Eingliederung besteht, wie z. B. eine Schulbegleitung.

Schwerbehindertenausweis

Der Schwerbehindertenausweis ist i. d. R. beim Versorgungsamt zu beantragen. Adressen und Antragsformulare finden sich unter www.versorgungsaemter.de. Geprüft werden der Grad der Behinderung und die Voraussetzungen für bestimmte Merkzeichen. Der Behinderungsgrad kann von 30 % (leichte soziale Anpassungsschwierigkeit) bis 100 % (schwere soziale Anpassungsschwierigkeit) reichen und betrifft das erforderliche Ausmaß an zusätzlicher Unterstützung und Beaufsichtigung. Je nach dem Erfüllen der Voraussetzungen für bestimmte Merkzeichen können bestimmte Nachteilsausgleiche in Anspruch genommen werden. Beispielsweise bedeutet das Merkzeichen »H« – Hilflos, dass der Betroffene bei typischen Alltagsabläufen auf Hilfe durch eine andere Person angewiesen ist, wodurch die kostenlose Nutzung öffentlicher Nahverkehrsmittel möglich ist. Das Merkzeichen »B« berechtigt zur Mitnahme einer Begleitperson aufgrund eines reduzierten oder fehlenden Gefahrenbewusstseins oder Orientierungsvermögens des Betroffenen und ermöglicht die unentgeltliche Beförderung der Begleitperson.

Unterstützung in Ausbildung, Studium und Beruf

Wenn eine Ausbildung auf dem allgemeinen Arbeitsmarkt nicht möglich ist, kann unter bestimmten Voraussetzungen eine Ausbildung in einem Berufsbildungswerk (BBW) erfolgen. Bei der jeweiligen Arbeitsagentur sind die entsprechenden Informationen erhältlich; ebenso muss dort auch ein entsprechender Antrag gestellt werden. Als Unterstützung im Rahmen eines Studiums kann ein Studienhelfer im Sinne der Eingliederungshilfe beantragt werden. Befindet sich der Betroffene in einem Beschäftigungsverhältnis auf dem allgemeinen Arbeitsmarkt, ist eine Berufsbegleitung möglich. Diese sollte beim Integrationsamt beantragt werden. Dieses ist je nach Bundesland unterschiedlich angesiedelt, in Hessen beispielsweise beim Landeswohlfahrtsverband und in Nordrhein-Westfalen beim Landschaftsverband.

8.4 Erweiterung E4: Wie gehe ich mit Geschwisterkindern um?

Zeitplanung: Die Durchführung dieses Moduls benötigt ca. 70 Minuten.

8.4.1 Übersicht Erweiterung E4

Ziele

- Eltern erhalten die Möglichkeit, Schwierigkeiten in der Beziehung zwischen den Geschwistern anzusprechen
- Eltern werden ermutigt das/die Geschwisterkind/-er über die Besonderheit ihres Bruders/ihrer Schwester altersentsprechend aufzuklären
- Eltern erhalten Informationen über günstige Verhaltensweisen gegenüber dem gesunden Geschwisterkind, die seine besondere Situation im Hinblick auf die ASS des Bruders/der Schwester berücksichtigen
- Eltern lernen, wie sie positive Spielinteraktionen der Kinder fördern und begleiten können

Inhalte

- Wie und wann spreche ich mit dem/den Geschwisterkind/-ern über die Besonderheit des Bruders/der Schwester?
- Wie kann ich durch mein eigenes Verhalten das Geschwisterkind darin unterstützen mit der Autismus-Spektrum-Störung seines Bruders/seiner

Schwester angemessen umgehen zu lernen und gleichzeitig Raum für seine eigenen Bedürfnisse zu finden?
- Wie kann ich positives, gemeinsames Spielen der Geschwister fördern?

Methoden

- Plenum
- Kurzvortrag
- Geleitetes Gruppengespräch
- Rollenspiel

Material

- Blanko Flipcharts
- Vorbereitetes Flipchart »Voraussetzungen für die Förderung von gemeinsamem Spiel«
- Metaplankarten
- Infoblätter »Geschwister_Buchtipps«, »Geschwister_Tipps für Eltern«, »Geschwister_gemeinsames Spielen«
- Bücher: »Was ist mit Tom?« von Britta Seger (Iris Kater Literaturverlag), »Davids Welt« von D. H. Mueller und V. Ballhaus (Annette Betz Verlag), »Das Geschwister-ABC« von Christiane Arens-Wiebel (zu beziehen über das Autismus-Therapiezentrum Bremen)
- Spielmaterialien: Brettspiel für die jeweilige Altersgruppe, bei jüngeren Kindern z. B. Murmelbahn, Klangbaum

Vorbereitung

- Kapitel 5 (Geschwister von Kindern und Jugendlichen mit ASS)

Transferaufgabe

- Je nach Interesse und Bedarf Fragen des Geschwisterkindes aufgreifen und miteinander ins Gespräch kommen, schöne gemeinsame Zeit nur mit den Eltern/einem Elternteil einführen bzw. Spielzeit der Geschwister einführen und anleiten

8.4.2 Ablauf Erweiterung E4

Welche Fragen im Hinblick auf das/die (gesunde/n) Geschwisterkind/-er beschäftigen mich? (Plenum, ca. 10 Min.)

Die Therapeutinnen fragen in Anlehnung an die bereits genannten Stichpunkte der Themensammlung des ersten Treffens zunächst konkretisierend nach, welche

Fragen die Eltern hinsichtlich des Umgangs mit dem gesunden Geschwisterkind genau beschäftigen. Sie notieren die nun formulierten Fragen/Interessen auf Metaplankarten und ordnen diese nach Themenschwerpunkten am Flipchart.

Einige von Ihnen gaben bereits bei unserem ersten Treffen an, dass Sie Fragen zu den gesunden Geschwisterkindern bzw. zum Geschwisterverhältnis beschäftigen. Diesen wollen wir jetzt Raum geben. In einer ersten kurzen Runde wollen wir Sie bitten, Ihre Fragen möglichst konkret zu formulieren. Wir notieren sie und ordnen sie auf dem Flipchart nach Themenschwerpunkten. Im Anschluss werden wir diese dann besprechen.

Erläuterungen:

Die Eltern, die wir kennen lernten, äußerten oft die Sorge, dass das Geschwisterkind möglicherweise »zu kurz komme« oder benannten als Problem, dass das autistische Kind sehr dominantes und teilweise fremdaggressives Verhalten dem Bruder/der Schwester gegenüber zeige. Einige Eltern fragten eher allgemein, was es für das Geschwisterkind bedeute, mit einem autistischen Bruder/einer autistischen Schwester aufzuwachsen. Empirische Befunde zum subjektiven Erleben des Geschwisterverhältnisses, zum Verständnis über ASS und zur Entwicklung der Geschwisterkinder sind daher im Theorieteilkapitel Geschwister aufgeführt und können als Grundlage zur Beantwortung dieser Fragen herangezogen werden.

Da kaum spezifische Behandlungsansätze existieren, die sich auf eine Förderung der geschwisterlichen Interaktion und des Geschwisterverhältnisses bei ASS beziehen (▶ **Kap. 5**), basieren die im Folgenden gegebenen Empfehlungen auf eigenen therapeutischen Erfahrungen in der Arbeit mit Geschwisterkindern sowie auf den in Kapitel 5 (Geschwister von Kindern und Jugendlichen mit ASS) dargestellten Interventionen.

Entsprechend der in unseren Trainings thematisierten Fragen sind in diesem Modul Anregungen zu folgenden Themenschwerpunkten zusammengestellt:

- Psychoedukation Geschwisterkind
- Tipps für einen günstigen elterlichen Umgang mit dem Geschwisterkind
- Förderung positiver gemeinsamer Spielinteraktionen

Psychoedukation Geschwisterkind: Wie kläre ich das (gesunde) Geschwisterkind über die Besonderheit seines Bruders/seiner Schwester auf? (Plenum und Infoblatt »Geschwister_Buchtipps«, ca. 10 Min.)

Das Geschwisterkind über Autismus zu informieren und aufzuklären ist sinnvoll, um Erlebtes einschätzbar und verständlich zu machen. Eventuell bei dem Geschwisterkind bestehende, nicht realistische Annahmen können korrigiert werden. Im ungünstigen Fall könnte das Geschwisterkind annehmen, mit der Entstehung der Krankheit selbst etwas zu tun zu haben oder selbst zu einem späteren Zeitpunkt auch zu erkranken. Außerdem kann das Kind, falls auffälliges Verhalten des au-

tistischen Kindes in der Öffentlichkeit auftritt, wenn es möchte, Dritten gegenüber Auskunft geben. Die Aufklärung sollte altersgerecht sein und sich an Alltagsbeispielen bzw. gemeinsamen Erlebnissen orientieren. Einige Bücher, die hilfreich sein können, um miteinander ins Gespräch zu kommen bzw. Fragen aufzugreifen, liegen auf dem Tisch zur Ansicht aus. Auch auf dem Infoblatt, das ich Ihnen austeile, finden Sie Buchtipps.

Die Therapeutin verteilt das Infoblatt »Geschwister_Buchtipps«. Bei einem autistischen Kind im Kindergarten- und Grundschulalter eignen sich die Bücher »Was ist mit Tom?« oder auch »Davids Welt«. Im »Geschwister-ABC« sind relevante Themen sind von A (Autismus) bis Z (Zwänge) aufgeführt und beinhalten neben Informationstexten Fragen zur individuellen Auseinandersetzung (z. B. P. Panik »Hat dein Bruder/deine Schwester Angst vor etwas?«)«

Tipps für einen günstigen elterlichen Umgang mit dem Geschwisterkind bezogen auf ASS (Plenum und Infoblatt »Geschwister_Tipps für Eltern«, ca. 10 Min.)

Eine der Therapeutinnen verteilt das Infoblatt »Geschwister_Tipps für Eltern«. Anschließend wird in das Thema eingeleitet:

Einige von Ihnen berichteten, dass das Geschwisterkind häufig zurückstecken müsse und Sie wünschten sich Anregungen, wie Sie durch Ihr eigenes Verhalten das Geschwisterkind darin unterstützen können mit der Autismus-Spektrum-Störung seines Bruders/seiner Schwester gut umgehen und leben zu lernen. Auf dem Infoblatt haben wir einige hilfreiche Anregungen für Sie zusammengestellt, die wir nun gemeinsam besprechen.

Dies sind die wesentlichen Punkte:

- Eltern und andere Bezugspersonen sollten dem Geschwisterkind Raum geben, um sowohl positive als auch negative Gefühle, die es dem autistischen Bruder/der autistischen Schwester gegenüber empfindet, anzusprechen und für alle Gefühle Verständnis zeigen.
- Eltern sollten dem Geschwisterkind explizit Aufmerksamkeit und Zeit widmen und ihm auch Unternehmungen mit den Eltern/einem Elternteil ohne das autistische Geschwisterkind ermöglichen.
- Besonders jüngere Geschwisterkinder müssen vor möglichen aggressiven Übergriffen autistischer Kinder geschützt werden.
- Geschwisterkinder sollten dabei unterstützt werden, schöne gemeinsame Aktivitäten mit ihrem an ASS erkrankten Geschwisterkind zu erleben. Hierbei ist, insbesondere anfangs, elterliche Anleitung zur Spiel- und Kontaktgestaltung erforderlich. (Das Vorgehen wird im folgenden Abschnitt beschrieben.)
- Dem Geschwisterkind sollten Verhaltensweisen vermittelt werden, wie es sich besonders bei von Unverständnis geprägten Reaktionen der Umwelt auf störendes Verhalten des autistischen Geschwisterkindes verhalten kann (z. B. bei fehlender Reaktion auf Ansprache, stereotypen Äußerungen, distanzlosem Verhalten)

- Wenn eine therapeutische Behandlung des autistischen Kindes erfolgt und Geschwisterrivalität oder Konflikte bestehen, könnte das Geschwisterkind mit in die Therapie einbezogen werden, um ein positiveres Miteinander und angemessene Konfliktlösungsstrategien im therapeutischen Kontext zu erlernen.
- Es sollte betont werden, dass im Rahmen der Identitätsentwicklung die Tatsache, das Geschwisterkind eines autistischen Kindes zu sein, nur einen Aspekt darstellt, und gleichzeitig ganz viele weitere Faktoren eine Rolle spielen.

Spielbezogene Förderung positiver Interaktionen zwischen den Geschwistern

Überprüfung der Voraussetzungen für die Anwendung einer spielbezogenen Interaktionsförderung (Kurzvortrag, ca. 5 Min.)

Bevor die Therapeutinnen die Bezugsperson dazu anleiten, wie sie durch ein geleitetes, gemeinsames Spielen das Interaktionsverhalten und das Verhältnis der Geschwister langsam verbessern kann, sind folgende Punkte zu berücksichtigen, da möglicherweise zunächst vorbereitende Maßnahmen notwendig sind. Eine der Therapeutinnen stellt die folgenden Punkte am Flipchart »Voraussetzungen für die Förderung von gemeinsamem Spiel« vor.

Bevor wir besprechen, wie Sie Ihre Kinder beim Spielen unterstützen können, so dass sie im Laufe der Zeit mehr Freude bei gemeinsamen Aktivitäten erleben, ist es wichtig, einige wichtige Punkte zu überprüfen bzw. zu beachten, die eine notwendige Voraussetzung für eine erfolgreiche Durchführung darstellen.

Hier sind die wesentlichen Voraussetzungen zusammengestellt:

- Es ist wichtig, die familiäre Situation sowie die Ressourcen der Bezugsperson, die die entsprechenden Maßnahmen durchführen soll, zu beachten. Eventuell sollten zunächst andere Schwerpunkte im Vordergrund stehen, z. B. bei hoher Belastung der Bezugsperson (▶ **Kap. 7.6**) oder wenn die Eltern-Kind-Beziehung stark beeinträchtigt ist (▶ **Kap. 7.2**).
- Die Problematik, die zwischen den Geschwistern besteht, sollte genau und konkret erfasst werden, z. B. in Form einer Verhaltensanalyse nach dem SORKC-Schema (▶ **Kap. 7.3**).
- Das autistische Kind muss über die geforderten Spielfertigkeiten verfügen und zu dem Spiel grundsätzlich motiviert sein. Falls das Kind ein erforderliches Spielverhalten noch nicht beherrscht (z. B. Würfeln), sollte dieses zunächst schrittweise im gemeinsamen Spiel mit der (erwachsenen!) Bezugsperson aufgebaut und eingeübt werden.
- Die von den Eltern gewünschten Ziele sollten realistisch und erreichbar sein. Dabei ist das Entwicklungsalter des autistischen Kindes zu berücksichtigen und sein damit verbundenes Spielverhalten und -interesse. Außerdem sollte das gemeinsame Spiel mit dem alterstypischem Spielinteresse und -verhalten des gesunden Geschwisterkindes vereinbar sein.

- Die Eltern sollten darüber informiert sein, dass sie anfangs stark gefordert sind, da die Spielsequenzen zunächst durch sie vorbereitet, begleitend strukturiert und moderiert werden müssen.
- Die Eltern sollten darauf vorbereitet sein, dass es sich um einen (langsamen) Prozess handelt und schrittweise Verbesserungen im Verlauf zu erwarten sind. Jeder gemeinsame lustige Augenblick zählt!

Sind diese Voraussetzungen erfüllt, können die Eltern nun darin unterstützt werden, wie sie schrittweise schöne gemeinsame Aktivitäten unter den Geschwistern aufbauen und fördern können.

Schrittweiser Aufbau von positiven Spielinteraktionen der Geschwister (geleitetes Gruppengespräch und Infoblatt »Geschwister_gemeinsames Spielen«, ca. 10 Min.)

Die Therapeutinnen geben zunächst Informationen zu wichtigen Rahmenbedingungen, die Rolle bzw. Funktion der Bezugspersonen sowie hilfreiche Verhaltensweisen im Spiel selbst. Parallel dazu oder auch anschließend wird das Infoblatt »Geschwister_gemeinsames Spielen« in der Gruppe durchgesprochen.

Fragen der Teilnehmer/innen werden durch die Therapeutinnen beantwortet oder ins Plenum gegeben und von anderen Eltern beantwortet.

Wesentliche Punkte hierbei sind:

- Die Bezugsperson sollte die jeweils bestehende Problematik altersgerecht mit den Kindern besprechen und daraus die geplante Spielzeit ableiten und vorstellen.
- An der Spielzeit nehmen die Bezugsperson, das autistische Kind und das Geschwisterkind teil. Eventuell kann die Spielzeit auch visuell angekündigt bzw. angezeigt werden z. B. durch ein entsprechendes Plakat oder Piktogramm.
- Die ausgewählten Spiele sollten für die Kinder interessant und mit Spaß verbunden sein, wobei es anfangs wichtig ist, dass sie Regeln beinhalten (Regelspiele) oder dass sich Verhaltensregeln einführen lassen (z. B. Murmelbahn: jeder bekommt fünf Murmeln und es wird abwechselnd gespielt). Eventuell ist bei der Spielauswahl eine Vorstrukturierung durch die Bezugsperson sinnvoll, wenn ein Spiel für eines der Kinder zu schwierig ist oder wenn sich die Kinder aufgrund einer Vielzahl an zur Verfügung stehenden Spielen nicht entscheiden oder einigen können. Die Bezugsperson kann die Kinder dann aus ihrer Vorauswahl auswählen lassen.
- Aufgabe der Bezugsperson ist es, Hilfestellungen zu geben, damit der Spielverlauf möglichst reibungslos funktioniert und positive Rückmeldungen für angemessenes Verhalten zu geben. Die Hilfestellungen können verbal sein (z. B. »Jan bekommt den Würfel.«) oder aus körperlichen Prompts bestehen (z. B. auf den Würfel tippen, damit das Kind würfelt oder die Hand auf den Arm des Kindes legen, damit es wartet). Außerdem kann die Bezugsperson das Spielgeschehen neutral kommentieren und dadurch die Aufmerksamkeit der Kinder weiterhin darauf lenken. Das Mitspielen der Bezugsperson ist erlaubt, wenn die vorge-

nannten Aufgaben mit der Moderatorenrolle vereinbar sind. Beim Mitspielen kann sie als Modell fungieren.
- An die Spielzeit kann ein Belohnungssystem angeschlossen werden, so dass beispielsweise jedes Kind auf ein bestimmtes Verhalten besonders achten muss und am Ende der Spielzeit einen Sticker oder eine Belohnung erhält, wenn ihm das gelungen ist. Ein Verhaltensplan mit Belohnungssystem bietet sich an, wenn ein spezifisches Problemverhalten im Vordergrund steht, wie zum Beispiel Schlagen, Beschimpfen oder nicht abwarten können. Alternativ können am Ende einer gelungenen Spielzeit Sticker oder Belohnungen dafür gegeben werden, dass sich die Kinder freundlich und fair verhalten haben, und die Bezugsperson begleitet dies mit positivem Feedback hinsichtlich günstiger Verhaltensweisen und eines schönen gemeinsamen Spielens.
- Es ist ausreichend, wenn die Spielzeit anfangs etwa 10 Minuten beträgt. Sie kann dann schrittweise verlängert werden, wenn sie positiv verläuft. Ein Abbruch der Spielzeit durch die Bezugsperson ist selbstverständlich möglich, wenn sich z. B. Streitigkeiten nicht beenden lassen oder sich Konflikte zuspitzen.
- Die Bezugsperson kann sich im Verlauf passiver verhalten und sich auch räumlich entfernen, wenn das gemeinsame Spiel gut gelingt, so dass die Kinder schließlich alleine miteinander spielen. Allerdings ist nicht grundsätzlich davon auszugehen, dass angemessenes, gemeinsames Spielen automatisch auf andere Spielaktivitäten übertragen wird, da damit andere Anforderungen verbunden sind. Möglicherweise ist erneut eine anfängliche Unterstützung und Moderation durch die Bezugsperson notwendig.

Rollenspiel der ersten gemeinsamen Spielstunde (Plenum, ca. 20–30 Min.)

Beim Thema »Spielen mit Geschwistern« bieten die Therapeutinnen an, eine Spielsituation im Rollenspiel darzustellen, bei dem die betreffende Bezugsperson und andere Teilnehmer/innen mitspielen.

Um das eben Besprochene zu Hause mit Ihren Kindern praktisch umsetzen zu können, haben Sie nun hier in einem Rollenspiel mit anderen Teilnehmern die Gelegenheit, die erste gemeinsame Spielstunde durchzuführen. Wir haben hierzu verschiedene Spielmaterialien mitgebracht. Es gibt drei Rollen: der Erwachsene, der die Spielzeit moderiert, und die beiden Geschwisterkinder. Sie können sich aussuchen, welche Rolle sie selbst übernehmen möchten. Alle anderen sind stille und aufmerksame Beobachter. Da es eine neue Situation ist, die möglicherweise nicht ganz einfach ist, ist es sinnvoll, hier ganz praktisch auszuprobieren, was man tun könnte. Es ist eine Übung und es geht nicht darum, dass es perfekt sein muss. Nach dem Rollenspiel können Sie Rückmeldungen geben, was gut funktioniert hat und was eventuell noch verändert werden könnte. Ich werde zuerst die betreffende Person fragen, dann die anderen Rollenspielteilnehmer und die Beobachter. Wenn Sie möchten, können Sie die Situation dann in einem zweiten Rollenspiel in veränderter Form spielen, falls es Verbesserungsvorschläge gibt, oder auch die Rollen tauschen. Wer möchte eine Spielsituation ausprobieren?

- **Vorbereitung Rollenspiel:** Die Bezugsperson, die mit dem Rollenspiel beginnen möchte, kann sich aussuchen, welche der drei Rollen sie spielen möchte. Dann werden weitere Mitspieler gesucht. Sollte sich keiner der Teilnehmer/innen bereit erklären, die Elternrolle zu übernehmen, spielt eine der Therapeutinnen diese Rolle. Die Teilnehmer/innen des Rollenspiels bekommen eine kurze Vorbereitungszeit, in der die Rollen aufgeteilt und präzisiert werden. Die betreffende Bezugsperson benennt dazu einzelne Aspekte der Situation, informiert ihre Rollenspielpartner darüber, wie sie sich verhalten sollen, und wählt geeignete Spielmaterialien aus.
- **Durchführung eines Rollenspiels mit Beobachtern oder Durchführung mehrerer Rollenspiele in Kleingruppen** (max. 5 Minuten pro Rollenspiel): Die zweite Therapeutin übernimmt dabei eine beobachtende Rolle und achtet auf die Zeit.
- **Nachbesprechung des Rollenspiels:** Nach dem Rollenspiel loben die Therapeutinnen die Spieler für ihre Bereitschaft und Mitarbeit. Sie geben zunächst der betroffenen Bezugsperson die Möglichkeit, sich darüber zu äußern, wie es ihr ergangen ist und ob die dargestellte Lösung aus ihrer Sicht hilfreich und umsetzbar ist.

Vielen Dank, dass Sie diese Situation hier in der Gruppe vorgespielt haben. Zuerst möchte ich Frau/Herrn X fragen: Wie ist es Ihnen ergangen?

Die Therapeutin wartet die Antwort ab und fragt dann:

Ist es gelungen, ein gemeinsames Spiel aufzubauen? Was hat gut funktioniert? Was könnte anders gemacht werden?

Dann erfolgt ein Feedback der anderen Teilnehmer, der Beobachter und der zweiten Therapeutin.

Durchführung eines modifizierten Rollenspiels: Es empfiehlt sich ein modifiziertes, zweites Rollenspiel durchzuführen, in das Verbesserungsvorschläge aufgenommen werden. Es besteht hierbei auch die Gelegenheit, einen Rollentausch vorzunehmen. Wenn eine günstige Lösung erarbeitet und dargestellt wurde, sollte geklärt werden, ob die betreffende Bezugsperson glaubt, diese umsetzen zu können.

Frau/Herr X können Sie sich vorstellen, dass Sie so wie Sie es jetzt gemacht haben, auch zu Hause die Spielstunde mit Ihren Kindern durchführen? Oder sehen Sie Schwierigkeiten und benötigen noch etwas für die Umsetzung?

Transferaufgabe

Die Eltern erhalten die Transferaufgabe, zu Hause eine positive Spielinteraktion der Geschwister aufzubauen analog zu dem im Infoblatt »Geschwister_gemeinsames Spielen« dargestellten Vorgehen.

9 Erweiterungsmodule für Kleinkinder und Kinder mit geistiger Behinderung

9.1 Erweiterung KK1: Wie kann ich mein Kind bei der Sprachentwicklung unterstützen?

Zeitplanung: Die Durchführung des Moduls Sprachförderung benötigt ca. 90 Minuten.

9.1.1 Übersicht Erweiterung KK1

Ziele

- Eltern kennen die Vorläuferfähigkeiten für die Entwicklung von Kommunikation und Sprache und erfahren, wie sie diese bei ihrem Kind fördern können
- Eltern werden erneut motiviert, »schöne gemeinsame (Kind geleitete!) Zeit« mit ihrem Kind zu verbringen
- Eltern entwickeln ein Verständnis für kommunikative Sprachaspekte
- Eltern erfahren, wie sie durch ihr eigenes Kommunikationsverhalten den Sprachaufbau bei ihrem Kind fördern und unterstützen können
- Eltern erfahren, wie sie Möglichkeiten im Alltag herstellen können, um kommunikative Sprache ihres Kindes zu fördern
- Eltern lernen Bilderkarten als Form der unterstützen Kommunikation zur Förderung des Spracherwerbs bzw. -aufbaus kennen und einsetzen
- Aufbau/Verbesserung wechselseitiger Kommunikation

Inhalte

- Vorstellung der Vorläuferfähigkeiten: Gemeinsame Aufmerksamkeit und Imitation
- Kurze Wiederholung der Merkmale kindgeleiteter gemeinsamer schöner Zeit und geeigneter Aktivitäten
- Vorstellung kommunikativer Sprachaspekte: Beeinflussung des Verhaltens anderer Personen, Wunsch- und Bedürfnisäußerung

- Vorstellung und Einübung von »alltagstauglichen« Übungen, bei denen Bilderkarten unterstützend kommunikativ eingesetzt werden
- Günstiges Kommunikationsverhalten der Eltern

Methoden

- Plenum
- Kurzvortrag
- Geleitetes Gruppengespräch
- Rollenspiel

Material

- Blanko Flipcharts
- Vorbereitete Flipcharts »Spracherwerb«, »Gemeinsame schöne Zeit«
- Gegenstände, wie Spielsachen oder Nahrungsmittel
- Bilderkarten/Fotos zur Demonstration
- Infoblatt »Sprachförderung«

Transferaufgabe

- Sprachförderung im Alltag, v. a. Wünsche äußern, ggf. mit Bilderkarten/Foto
- Elterliches Sprachniveau anpassen

9.1.2 Ablauf Erweiterung KK1

Einführung (Plenum, ca. 3 Min.)

Eine der Therapeutinnen leitet in das Thema ein.

Viele von Ihnen haben berichtet, Ihr Kind habe noch keine bzw. wenig kommunikative Sprache entwickelt. Einige Kinder nähmen andere Personen an die Hand, um ihnen z. B. Wünsche zu vermitteln. Andere lautierten oder sprächen Worte, die sie gehört hätten nach, manche sofort, manche mit zeitlicher Verzögerung, was man als »Echolalie« bezeichnet. Und vereinzelt verwendeten Kinder Worte bereits kommunikativ. Wir wollen nun der Frage nachgehen, wie Sie Ihr Kind unterstützen können, Sprache zu entwickeln bzw. diese auszubauen – und, ganz besonders, erlernte Sprache kommunikativ, also im Austausch mit einem anderen Menschen einzusetzen. Dabei wollen wir uns zunächst damit beschäftigen, welche Fähigkeiten ihr Kind hierzu bereits entwickelt haben muss.

Wichtige Vorläuferfähigkeiten für den Spracherwerb (Kurzvortrag, ca. 10 Min.)

Wesentliche Vorläuferfähigkeiten für den Spracherwerb sind Imitation und gemeinsame Aufmerksamkeit. Dies setzt ein grundsätzliches Interesse an anderen Menschen voraus, das bei Kindern mit ASS häufig erst geweckt werden muss. Eltern können sich interessant für ihr Kind machen und sie zu vermehrtem Blickkontakt motivieren, indem sie ihr eigenes Verhalten auf das ihres Kindes abstimmen, es imitieren und kommentieren und lernen auch auf kleine kommunikative Signale reagieren. Auf Einflussnahme und Aufforderungen sollte dabei möglichst verzichtet werden. Im Hinblick auf die »gemeinsame Aufmerksamkeit« werden die wesentlichen Entwicklungsschritte vorgestellt und die Bedeutung von Blickkontakt und Blickfolgeverhalten herausgearbeitet. An dieser Stelle kann gut der Zusammenhang zur bereits thematisierten »Schönen gemeinsamen Zeit« hergestellt werden. Die Merkmale kindgeleiteter gemeinsamer schöner Zeit werden am Flipchart kurz wiederholt und ihre Bedeutung im Hinblick auf den Spracherwerb erläutert.

Welche Fähigkeiten benötigt ihr Kind, um Sprache erlernen zu können?
Eine der Therapeutinnen schlägt das Flipchart »Spracherwerb« auf.

Die beiden entscheidenden Vorläuferfähigkeiten, Imitation und gemeinsame Aufmerksamkeit sehen Sie hier. Was ist damit genau gemeint und wie können Sie Ihr Kind unterstützen, diese Fähigkeiten auf- bzw. auszubauen? Bei der Imitation geht es um die Fähigkeit nachzuahmen. Dabei ahmen bei einer normgerechten Entwicklung Eltern zunächst das Kind/den Säugling nach und begleiten dabei ihr Tun bzw. ihr Spiel oft sprachlich. Das Kind erlebt dabei, dass es Dinge, die es als angenehm empfindet, auslösen und mit seinen Handlungen Einfluss auf andere Personen nehmen kann. Einfluss auf andere Personen nehmen zu können, stellt einen ersten wichtigen kommunikativen Sprachaspekt dar. Voraussetzung hierfür ist ein Interesse an anderen Menschen, das bei Kindern mit Autismus-Spektrum-Störungen häufig noch geweckt werden muss. Deshalb hat die schöne gemeinsame Zeit eine ganz besondere Bedeutung – insbesondere auch für die Entwicklung von Sprache. Hier erfährt Ihr Kind, dass Interaktion Freude bereiten kann und, indem Sie als Eltern zunächst Ihr Kind imitieren, es angenehme, lustige Dinge bewirken kann.

Eine der Therapeutinnen schlägt das bereits bekannte Flipchart »Schöne gemeinsame Zeit« auf.

Die Anregungen zur »Gemeinsame schöne Zeit« sind Ihnen bereits vertraut, hier noch einmal kurz der Überblick. Die »Gemeinsame schöne Zeit« stellt eine ausgezeichnete Möglichkeit dar, um Ihrem Kind Gelegenheit zu geben, im Spiel Einfluss auf Ihr Verhalten zu nehmen und sich als wirksam in der Interaktion zu erleben. Eine weitere wichtige Fähigkeit für das Erlernen von Sprache ist die sogenannte gemeinsame Aufmerksamkeit. Diese entwickelt sich in mehreren Schritten, wobei Eltern zunächst dem Blick des Kindes folgen und benennen, wofür ihr Kind sich interessiert. Im nächsten Schritt beginnt sich das Kind für das zu interessieren, was eine andere Person tut bzw. sieht und folgt aktiv dem Blick bzw. einer verbalen oder gestischen Aufforderung der anderen Person. Im dritten Schritt geht die Initiative vom Kind aus: Es beginnt zu deuten und wendet als Aufforderung den Blick zur angesprochenen Person, um diese auf etwas aufmerksam zu machen oder auch um Gewünschtes zu erhalten. Im vierten und letzten Schritt überprüft das Kind, indem es mit seinem Blick zwischen dem Gegenstand und der Person hin- und herwechselt, ob die »angesprochene« Person seiner Aufmerksamkeit folgt und diese teilt. Der Aufbau von Blickkontakt und die Fähigkeit, einem Blick zu folgen, sind wesentliche Fähigkeiten zur Herstellung gemeinsamer Aufmerksamkeit.

Ein weiterer wesentlicher kommunikativer Sprachaspekt ist die Wunsch- und Bedürfnisäußerung, mit dem wir uns im nächsten Schritt genauer beschäftigen wollen.

Wie kommuniziert mein Kind? Wie drückt es aus, was es haben möchte? (geleitetes Gruppengespräch, ca. 3 Min. pro Teilnehmer/in):

Die Therapeutinnen fragen die Eltern, wie ihre Kinder ihre Bedürfnisse ausdrücken bzw. beginnen zunächst mit der Schilderung eines bereits bekannten Beispiels aus einer der vorherigen Stunden.

Wie kommuniziert Ihr Kind mit Ihnen? Wie drückt es aus, was es haben möchte? Wie weist es Sie auf etwas hin?

Eine Therapeutin sammelt alle Beiträge stichwortartig am Flipchart (z. B. nimmt meine Hand, gibt Flasche etc.).

Die Therapeutinnen fragen auch:

Wie kommuniziert Ihr Kind im Kindergarten/in der Schule? Werden dort bestimmte Methoden, wie Gebärden oder Bilderkarten, benutzt?

Vorstellung von Kommunikationsmethoden (Kurzvortrag mit Demonstration im Rollenspiel, ca. 10 Min.)

Die Therapeutinnen stellen Möglichkeiten vor, wie Sprache aufgebaut und Kommunikation gefördert werden kann.

Es ist für Ihre Kinder nicht nur wichtig, Wörter und Sätze sprechen zu lernen, sondern auch zu lernen, die Wörter und Sätze sinnvoll kommunikativ einzusetzen und damit zu erfahren, dass es sich lohnt, mit anderen zu sprechen. Beispielsweise nutzt es wenig, wenn ein Kind ein bestimmtes Wort, z. B. Joghurt, vor sich hinspricht, es muss lernen, Joghurt zu einer Person zu sagen, wenn es einen Joghurt essen möchte. D. h. die Sprache wird zur Kommunikation benutzt, um dadurch etwas zu erreichen. Das können Sie Ihrem Kind beibringen. Ich stelle Ihnen zwei Möglichkeiten vor.

Zur Veranschaulichung werden Gegenstände, wie Spielsachen, oder Nahrungsmittel bzw. ein Bild/Foto verwendet und das Vorgehen wird in einem Rollenspiel der Therapeutinnen dargestellt.

Wenn Ihr Kind Ihnen den Joghurt bringt, weil es ihn essen möchte, nehmen Sie ihn, schauen Sie Ihr Kind auf Augenhöhe an, halten Sie den Joghurt in Sichtweite des Kindes und in die Nähe ihres eigenen Gesichts und sagen Sie »Joghurt«. Warten Sie, ob Ihr Kind Ihre Äußerung oder ein ähnliches Wort nachspricht und geben Sie ihm dann den geöffneten Joghurt zum Essen. Falls das Kind noch nicht nachspricht, fordern Sie zunächst Blickkontakt ein (evtl. durch leichtes Kopfdrehen), benennen Sie den Joghurt klar und deutlich und geben Sie dann erst dem Kind den Joghurt, nachdem es Sie kurz angeschaut hat. Sie können den Joghurt auch erneut an sich nehmen, nachdem Ihr Kind etwas davon gegessen hat und die Übung noch einmal durchführen. Wenn das Kind Joghurt essen möchte, ist es motiviert, daher wird es bereit sein, etwas zu tun. Führen Sie diese Übung auch mit anderen Nahrungsmitteln oder Spielzeug durch, das Ihr Kind mag und haben möchte. Wichtig ist hierbei, eine »Dreiecksituation« herzustellen, so dass das Kind gleichzeitig den Gegenstand und Ihr Gesicht betrachten kann, um langfristig den kommunikativen Akt besser zu verstehen.

Wenn im Kindergarten oder in der Schule mit Bildern oder Fotos gearbeitet wird, können Sie dies auch zu Hause tun. Erstellen Sie Fotos oder Bilder von den Dingen, die Ihr Kind mag und gerne haben möchte. Bringen Sie Ihrem Kind bei, dass es Ihnen das entsprechende Bild geben und gleichzeitig zumindest kurz Blickkontakt aufnehmen soll und dafür, im Austausch, den gewünschten Gegenstand erhält. Legen Sie das Foto zunächst vor das Kind, während Sie den gewünschten Gegenstand in der Hand halten. Wenn Ihr Kind das Bild nicht nimmt und Ihnen nicht übergibt, geben Sie ihm das Bild in die Hand und führen Sie seine Hand zu Ihrer. Wenn eine weitere Person anwesend ist, könnte diese dabei helfen und die Hand des Kindes von hinten führen. Wenn Sie das Bild erhalten haben, fordern Sie den Blickkontakt von Ihrem Kind ein, halten Sie dann das Bild gemeinsam mit dem Gegenstand hoch, benennen Sie den Gegenstand und geben ihn Ihrem Kind. Führen Sie diese Übung auch mit anderen Nahrungsmitteln oder Spielzeug durch, die Ihr Kind mag und haben möchte. Benutzen Sie anfangs immer nur das passende Bild, später können Sie mehrere Bilder in einem Buch aufkleben, und das Kind kann eines auswählen, wenn es etwas haben möchte. Dies ist aber am Anfang noch zu schwierig. Wenn Ihr Kind verstanden hat, dass es über den Austausch des Bildes etwas bekommen hat, sollten Sie spätestens ab jetzt von Ihrem Kind einfordern, dass es bei der Übergabe des Bildes einen (kurzen) Blickkontakt mit Ihnen aufnimmt, bevor Sie reagieren.

Die Therapeutinnen demonstrieren das Vorgehen mit einem Spielzeug oder Nahrungsmittel bzw. ergänzend mit einem passenden Foto/einer Bilderkarte. Auch das Handführen bei der Übergabe des Fotos/der Bilderkarte durch eine weitere Person, die sich hinter dem Kind befindet, aber nicht mit dem Kind interagiert, wird demonstriert.

Folgende Punkte sind grundsätzlich wichtig:

- Es ist wichtig, dass die Eltern diese Übungen in Situationen durchführen, wenn das Kind etwas Bestimmtes haben möchte und dadurch motiviert ist.
- Das Benutzen eines Fotos/einer Bilderkarte ist noch nicht für jedes Kind geeignet, es muss dafür die zweidimensionale Darstellung des Gegenstandes erkennen können.

- Die Eltern sollten darauf hingewiesen werden, dass eine Abstimmung mit Erzieher/innen bzw. Lehrer/innen oder Therapeut/innen sehr wichtig ist, damit nach Möglichkeit ein einheitliches Vorgehen benutzt wird. Da autistische Kinder etwas Gelerntes nicht automatisch auf eine andere Situation übertragen können, ist das Üben mit unterschiedlichen Personen und Gegenständen wichtig. Wenn Gebärden o. ä. gelernt werden, ist es wichtig, deren kommunikativen Gebrauch, so wie oben dargestellt, aufzubauen.
- Grundsätzlich muss das langfristige Ziel jeder Sprachförderung sein, dass das Kind aktive Lautsprache aufbaut und kommunikativ einsetzt. Der Einsatz von Bildkarten sollte also nur ein Zwischenstadium darstellen. Anhand von Bildkarten kann das Kind vor allem Folgendes lernen: den Kommunikationsakt des »Einforderns/Wünschevermittelns« und rezeptive Sprachfertigkeiten, d. h. passiven Wortschatz. Dieser passive Wortschatz ist eine wichtige Voraussetzung für die expressive Sprachbildung, auf deren Förderung über Verstärkung für Lautieren, (teilweise) Wortbildung und andere Methoden des sprachlichen und vokalen Ausdrucks besonders geachtet werden soll. Auch über Singen sind manche Kinder zu motivieren, aktive Sprache zu lernen. Die so gelernte Sprache sollte dann allerdings auch zur Kommunikation eingesetzt werden, was zusätzlich aktiv gefördert werden muss. Ebenso kann durch den Einsatz von Gebärden vor allem deren kommunikative Funktion geübt werden. Auch Gebärden sollten bei hörenden Kindern immer nur zusammen mit Lautsprache eingesetzt werden (d. h. bei der Durchführung der Gebärden muss der Inhalt der Gebärde durch Eltern/Therapeutinnen/Erzieherinnen benannt werden).

Wie spreche ich mit meinem Kind? (Kurzvortrag und Infoblatt »Sprachförderung«, ca. 15 Min)

Nun kommen wir zu der Frage, wie Sie mit Ihrem Kind sprechen können, damit es Sie gut versteht und neue Wörter lernen kann. Dazu sind auf dem Informationsblatt, das ich Ihnen austeile, einige Empfehlungen genannt.

Die Therapeutin bespricht mit den Eltern die einzelnen Punkte des Informationsblatts »Sprachförderung« anhand der genannten und ggf. weiterer Beispiele.

- Gegenstände benennen, mit denen sich das Kind beschäftigt. Ein Begriff kann auch mehrfach wiederholt werden.
- Die verwendete Sprache sollte dem Kind angepasst werden, d. h. kurze Sätze mit kindgerechtem Wortgebrauch und klarer Betonung verwenden.
- Direkte Aufforderungen geben, wenn das Kind etwas tun soll. Beispielsweise sagen: »Zieh deine Jacke an, wir gehen in den Kindergarten.« anstatt »Draußen ist es heute kalt, da musst du dich warm anziehen.«
- Konkrete Entscheidungsoptionen anbieten, wenn das Kind eine Entscheidung treffen soll. Z. B. »Möchtest du das Feuerwehrauto mitnehmen oder den Bus?« anstatt »Such dir ein Spielzeug aus, das du heute mitnehmen möchtest.«
- Die Äußerung des Kindes aufgreifen und erweitern. Das vom Kind gesagte Wort oder der Satz sollte von dem Erwachsenen wiederholt und um einige Worte

erweitert werden. Handelt es sich um eine stereotype Äußerung, so kann auch diese zur Förderung der expressiven Sprache aufgegriffen werden, wenn diese nicht so häufig auftritt, dass sie ausschließlich als Problemverhalten erlebt wird.
- Dem Kind vorsagen. Wenn eine Frage an das Kind gerichtet wird und es diese nicht beantwortet oder wiederholt anstatt eine Antwort zu geben, kann ein Elternteil die korrekte Antwort vorsagen, um das Kind darin zu unterstützen, zu lernen auf Fragen zu antworten.

Welche Erfahrungen habe ich bislang gemacht? (geleitetes Gruppengespräch, ca. 20 Min.)

Die Therapeutinnen geben den Eltern Gelegenheit, eigene Erfahrungen zu diesem Thema mitzuteilen und weitere Vorschläge zu ergänzen.

Welche Möglichkeiten kann ich im Alltag schaffen, um kommunikatives Sprechen meines Kindes zu fördern? (Kurzvortrag, ca. 10 Min.)

Am Ende der heutigen Sitzung beschäftigen wir uns damit, wie Sie im Alltag durch bestimmte Situationen und kleine Übungen das Sprechen Ihres Kindes fördern können. Die erste Möglichkeit, die wir eben besprochen haben, heißt: Nutzen Sie die Wünsche Ihres Kindes. D. h. warten Sie ab, wenn Ihr Kind etwas haben möchte, damit es aktiv einen Wunsch äußern kann, indem es Sie ansieht, Ihnen etwas bringt oder den Begriff nennt. Sie können weitere Situationen schaffen, in denen Ihr Kind Sie um etwas bitten muss, indem Sie z. B. Spielsachen oder Nahrungsmittel, die Ihr Kind gerne mag, so aufbewahren, dass Ihr Kind Sie sich nicht alleine nehmen kann, z. B. in einer durchsichtigen Kiste, die es noch nicht öffnen kann oder auf einem Regal. Üben Sie das Äußern von Wünschen auch bei Aktivitäten, beispielsweise wenn Sie Ihr Kind schaukeln oder wenn es möchte, dass Sie einen Ball zu ihm zurück rollen.

Auch Singspiele sind geeignet, um Kommunikation und Sprache zu fördern, vor allem Singspiele, die auch Bewegungen beinhalten. Singen Sie mit deutlicher Betonung, schauen Sie das Kind an, machen Sie dazu passende Bewegungen. Nachdem Sie dem Kind das Lied einige Male vorgesungen haben, machen Sie Pausen, warten Sie, ob das Kind Sie erwartungsvoll anschaut, damit Sie weitersingen, oder ob es einzelne Teile mitsingt. Singen Sie dasselbe Lied an mehreren aufeinanderfolgenden Tagen, damit Ihr Kind die Bewegungen, die Melodie und den Text lernen kann. Sie können sich auch gerne von einer CD unterstützen lassen und mitsingen.

Transferaufgabe

Bitte überlegen Sie, welche Methoden Sie zu Hause einführen und ausprobieren möchten. Wir werden dann in der nächsten Sitzung besprechen, was Sie ausprobiert haben und wie es funktioniert hat. Haben Sie dazu noch Fragen?

Fragen und Anmerkungen der Teilnehmer/innen zur Umsetzung der Transferaufgabe (Plenum, ca. 5–10 Min.)

Die Therapeutinnen beantworten offene Fragen der Teilnehmer/innen und greifen Anmerkungen auf, damit die konkrete Umsetzung einer Methode zum Sprachaufbau zu Hause von den Eltern ausprobiert werden kann.

9.2 Erweiterung KK2: Wie kann ich mein Kind bei der Sauberkeitsentwicklung unterstützen?

Zeitplanung: Die Durchführung dieses Moduls benötigt ca. 40 Minuten.

9.2.1 Übersicht Erweiterung KK2

Ziele

- Eltern erhalten Kenntnisse über notwendige Voraussetzungen für ein erfolgreiches Toilettentraining
- Eltern erfahren, mit welchen Methoden sie ihr Kind bei der Erlangung von Sauberkeit und Trockenheit am Tag unterstützen können

Inhalte

- Voraussetzungen für ein erfolgreiches Toilettentraining
- Ablauf eines Toilettentrainings
- Umgang mit Toilettenphobie und »Toilettenverweigerungssyndrom«

Methoden

- Kurzvortrag
- Geleitetes Gruppengespräch

Material

- Vorbereitetes Flipchart »Toilettentraining«
- Blanko Flipcharts
- Infoblatt »Toilettentraining«

Transferaufgabe

- Überlegung, ob die biologischen Voraussetzungen für ein Toilettentraining erfüllt sind
- Überlegung, ob hinsichtlich vorhandener Ressourcen aktuell ein Toilettentraining durchgeführt werden soll
- Ggf. Gewöhnung des Kindes an die Toilette
- Ggf. Durchführung des Toilettentrainings

Information zur Anwendung dieses Moduls:

In unseren Trainings kam bei Eltern jüngerer Kinder öfter die Frage auf, was sie tun könnten, damit ihr Kind tagsüber regelmäßig zur Toilette geht und keine Windel mehr benötigt. Aus diesem Grund wurde dieses Modul hinzugenommen. Es konzentriert sich auf Anleitungen zur Heranführung des Kindes an das Sitzen auf der Toilette und die Darm- und Blasenentleerung bei Kindern ohne komplexe Ausscheidungsstörungen, wie etwa Enkopresis mit Obstipation, Harninkontinenz mit Miktionsaufschub oder nächtliches Einnässen mit zusätzlichen Symptomen. Bei einer komplexen Symptomatik im Bereich der Darm- und Blasenkontrolle ist ein über das Elterntraining hinausgehendes und an den Leitlinien für eine Enkopresis- und Enuresisbehandlung orientiertes Vorgehen zu wählen.

Literaturempfehlungen für Therapeuten/Therapeutinnen zur Enkopresis- und Enuresisbehandlung:

von Gontard, A. (2011). Enkopresis: Erscheinungsformen – Diagnostik – Therapie, 2. Auflage. Stuttgart: Kohlhammer
 von Gontard, A. (2010). Enkopresis (Leitfaden Kinder- und Jugendpsychotherapie, Band 15). Göttingen: Hogrefe
 von Gontard, A. & Lehmkuhl, G. (2009). Enuresis (Leitfaden Kinder- und Jugendpsychotherapie, Band 4). 2., überarbeitete Auflage. Göttingen: Hogrefe

9.2.2 Ablauf Erweiterung KK2

Vorstellung Toilettentraining (Kurzvortrag und Infoblatt »Toilettentraining«, ca. 15 Min.)

Einige von Ihnen hatten berichtet, dass Ihr Kind tagsüber noch nicht zur Toilette geht und eine Windel benötigt. Daher beschäftigen wir uns mit dem Thema »Sauberkeitstraining«. Damit sind Maßnahmen gemeint, mit denen Sie Ihr Kind unterstützen können zu lernen, die Toilette regelmäßig zu benutzen, damit das Kind perspektivisch tagsüber keine Windel mehr braucht. Etwas anders gelagert ist die nächtliche Sauberkeit, auf die wir später noch eingehen können, wenn es dazu Fragen gibt.

Wichtige Punkte zu notwendigen Voraussetzungen und zur Durchführung des Sauberkeitstrainings am Tag sind hier auf dem Flipchart notiert. Diese finden Sie auch auf diesem Informationsblatt, das ich Ihnen austeile.

Die Therapeutin schlägt das vorbereitete Flipchart »Toilettentraining« auf, verteilt das Informationsblatt »Toilettentraining« und bespricht es mit den Eltern.

Wie können Sie Ihr Kind nun darin unterstützen, dass es zum Pipi machen zur Toilette geht? Um ein Toilettentraining erfolgreich durchführen zu können, sollten ein paar wesentliche Voraussetzungen erfüllt sein:

- *Wenn es Ihr Ziel ist, dass Ihr Kind trocken wird, dann kann das nur erreicht werden, wenn Ihr Kind die biologische Reife hat, seine Blase kontrollieren zu können. Dies ist daran zu erkennen, dass ein Kind z. B. bewusst Pipi einhält, wenn bevorzugte Voraussetzungen zur Blasenentleerung nicht gegeben sind oder auf Aufforderung bei nicht ganz voller Blase Pipi machen kann, wie z. B. vor einer Autofahrt, oder sich beim Pipi-Machen sehr darauf konzentriert oder Interesse zeigt, die Toilette aufzusuchen oder wenn es quengelt, wenn die Windel nass ist oder Sie auf andere Weise darauf aufmerksam macht. Das Kind sollte die Fähigkeit haben, seinen Harndrang für etwa eine Stunde zurückzuhalten.*
- *Bei Kindern, die in die Windel koten, kann es sinnvoll sein, das Kind an regelmäßige Toilettengänge zu gewöhnen, auch wenn die biologische Reife für die Blasenkontrolle noch nicht vorhanden ist. Hier geht es darum, die Darmentleerung auf der Toilette zu unterstützen. Voraussetzung ist allerdings eine biologisch Reife, den Stuhlgang bzw. Darm zu kontrollieren. Im Allgemeinen wird die Darmkontrolle vor der Blasenkontrolle erreicht.*
- *Sie müssen sich also klar werden darüber, was das Ziel des Sauberkeitstrainings sein soll: Gewöhnung des Kindes an die Toilette und Unterstützung der Sauberkeitsentwicklung über längere Zeit oder vollständige Trockenheit – letztere setzt die biologische Reife der Blasenkontrolle voraus, ersteres nicht.*
- *Bevor Sie mit dem Sauberkeitstraining beginnen, überprüfen Sie bitte, ob Ihnen hierfür ausreichend Zeit und Energie zur Verfügung steht, um das Training mit Ihrem Kind an aufeinanderfolgenden Tagen für längere Zeit durchführen können. Wenn Ihr Kind die notwendige biologische Reife und wenig Angst hat, kann das Training relativ schnell erfolgreich sein, wenn es sehr ängstlich ist und/ oder die biologische Reife noch nicht gegeben ist, kann es notwendig sein, die Übungen über einen langen Zeitraum durchzuführen und zu ritualisieren.*
- *Wenn Sie sich aktuell dagegen entscheiden, ein regelmäßiges Sauberkeitstraining durchzuführen, schaden Sie Ihrem Kind nicht. Sie können das Training problemlos zu einem späteren Zeitpunkt beginnen.*

Haben Sie sich zu diesen Punkten Gedanken gemacht und sich für das Sauberkeitstraining entschieden, geht es im nächsten Schritt um die Überprüfung bzw. Anpassung der Ausstattung.

- *Überprüfen Sie, ob es Ihrem Kind gelingt, in bequemer Sitzhaltung auf der Toilette zu sitzen. Es bietet sich an, einen Hocker für das Aufstellen der Füße zu besorgen und evtl. einen Toilettensitz.*

Dann beginnen Sie, Ihr Kind an die Toilette zu gewöhnen:

- *Gewöhnen Sie Ihr Kind zunächst an die Toilette, wenn es bisher noch nie darauf gesessen hat. Dies ist bereits ein Teil des Sauberkeitstrainings. Ihr Kind kann dabei die Windel zunächst weiterhin anlassen, wenn es das möchte. Lassen Sie es auf der Toilette sitzen und loben Sie es, wenn es ihm gelungen ist. Verlängern Sie die Sitzzeit schrittweise, bis es 10 bis 15 Minuten auf der Toilette sitzen kann. Das Kind darf sich während dieser Zeit mit Spielsachen o. ä. Dingen, die es gerne mag, beschäftigen.*

Nun beginnt das eigentliche Training:

- *Sorgen Sie dafür, dass Ihr Kind während des Trainings tagsüber keine Windel trägt. (Während des Mittagsschlafs darf es weiterhin eine Windel tragen.) Es sollte keine Hose tragen oder eine Hose, die es selbst herunterziehen bzw. öffnen kann.*
- *Führen Sie Schickzeiten ein, d. h. bringen Sie Ihr Kind immer nach 90 Minuten zur Toilette. Wenn Ihr Kind bereits vorher nass ist oder wenn es zwar auf der Toilette saß, aber dort nicht Pipi gemacht hat, verkürzen Sie die Schickzeiten auf eine Stunde. Sie können sich zur Erinnerung einen Wecker stellen.*
- *Lassen Sie Ihr Kind in einer bequemen Sitzhaltung mindestens 10 Minuten auf der Toilette sitzen. Es kann sich dabei mit Spielsachen oder anderen angenehmen Aktivitäten beschäftigen, diese sollten jedoch nicht zu ablenkend sein. Wenn Ihr Kind bereits nach wenigen Minuten die Blase entleert hat, kann es natürlich unmittelbar danach aufstehen und muss nicht länger sitzen bleiben. Wenn Ihr Kind nach 10 bis 15 Minuten noch nicht in die Toilette uriniert hat, lassen Sie es trotzdem aufstehen. Sie loben Ihr Kind dann für das Sitzen und geben Sie ihm auch eine kleine Belohnung.*
- *Wenn Ihr Kind Pipi in die Toilette gemacht hat, loben Sie es dafür. Es ist zu empfehlen neben lobenden Worten eine Belohnung einsetzen und Ihr Kind darauf hinweisen, dass es diese für den erfolgreichen Toilettenbesuch bekommt. Daher sollten Sie die Belohnung unmittelbar nach dem Toilettengang geben.*
- *Loben Sie Ihr Kind, wenn es von sich aus die Toilette aufsucht.*
- *Wenn Ihr Kind seine Blase nicht auf der Toilette entleert, sondern an einer anderen Stelle, reagieren Sie neutral/zeigen Sie keine Verärgerung. Bringen Sie es von dort zur Toilette, um sich hinzusetzen und Resturin zu entleeren.*
- *Verkürzen Sie die Schickzeiten von 90 auf 60 Minuten, wenn das Kind außerhalb der Toilette Pipi gemacht hat oder wenn es nach den 10 Minuten auf der Toilette sitzen nicht dort uriniert hat.*

- *Verlängern Sie die Schickzeiten von 90 Minuten auf zwei Stunden, wenn Ihr Kind einen ganzen Tag lang trocken war. So bekommt es die Möglichkeit, selbst zur Toilette zu gehen.*
- *Sprechen Sie mit den Erzieherinnen/Lehrerinnen oder der Integrationskraft, damit die Schickzeiten auch im Kindergarten bzw. der Schule eingeführt werden.*

Fragen und Anregungen der Eltern (geleitetes Gruppengespräch, ca. 20 Min.)

Die Therapeutin gibt den Eltern Gelegenheit, Fragen zu stellen. Eltern, deren Kinder bereits tagsüber sauber und trocken sind, können ihre Erfahrungen mitteilen und Anregungen geben.

Transferaufgabe

Auf Grundlage der erhaltenen Informationen sollen die Eltern überlegen, ob aktuell Maßnahmen zur Gewöhnung des Kindes an die Toilette bzw. zur Erlangung von Trockenheit am Tag durchgeführt werden können und ob sie mit der Umsetzung der vorgestellten Schritte beginnen möchten.

Empfehlungen bei spezifischen Problemen:

Toilettenphobie

Möglicherweise schildern einige Eltern spezifische Probleme. Nicht selten kommt es vor, dass ein Kind Angst vor der Toilette zu haben scheint, entweder davor hineinzufallen, vor Tieren in der Toilette, Geräuschen oder einfach, weil es sich um eine neue Situation handelt. Dann ist ein langsames Gewöhnen an das Sitzen auf der Toilette der erste Schritt. Wenn sich das Kind nicht auf die Toilette setzen möchte, ist es zunächst wichtig, diese für das Kind »attraktiv« zu machen, z. B. durch Belohnung für kurzes Sitzen, Beschäftigung mit Lieblingsaktivitäten dort oder mit einer Annäherung über das Gießen von Wasser in die Toilette, Betätigung der Toilettenspülung, Beobachtung des Spülgangs etc. Manchmal ist ein kleinschrittiges Vorgehen erforderlich. Dabei sollte die jeweilige Handlung für das Kind angenehm sein und dazu führen, dass es seine Ängste überwinden lernt.

»Toilettenverweigerungssyndrom«

Einige Kinder bestehen darauf, eine Windel zu tragen, wenn sie Stuhl absetzen, obwohl sie bei der Blasenentleerung die Toilette benutzen. Dies wird Toilettenverweigerungssyndrom genannt. Es gibt Kinder, die auch bei der Blasenentleerung lieber eine Windel tragen und bei denen nicht die Angst vor der Toilette im Vordergrund steht, sondern das Bedürfnis, eine Windel zu benutzen. Wenn ein Kind seine Windel nicht ablegen möchte, kann es anfangs mit Windel auf die Toilette gesetzt werden. In die Windel abgesetzter Stuhl kann dann gemeinsam mit dem Kind in der Toilette entsorgt werden. Für den Urin kann ein Loch in die Windel geschnitten werden, so dass das Kind zunächst mit angezogener Windel in die Toilette urinieren kann, schrittweise kann die Windel verkleinert und später ganz weggenommen werden.

Nächtliches Einnässen

Mit der Behandlung des nächtlichen Einnässens sollte erst begonnen werden, wenn das Kind tagsüber trocken und sauber ist. Bei der Behandlung des nächtlichen Einnässens sind erneut mehrere Aspekte zu beachten, die im Rahmen dieses Moduls nicht differenziert ausgeführt werden können, jedoch in den o. g. spezifischen Leitfäden dargestellt sind.

10 Erweiterungsmodule für (Vor-) Schulkinder ohne geistige Behinderung

10.1 Erweiterung SK1: Wie kann ich mein Kind darin unterstützen, soziale Situationen zu verstehen und sich angemessen zu verhalten?

Zeitplanung: Die Durchführung des Moduls benötigt ca. 40 Minuten.

10.1.1 Übersicht Erweiterung SK1

Ziele

- Verständnis schaffen für Besonderheiten beim Verstehen von Sprache und dem Sprachgebrauch bei ASS
- Sprachliche Formulierungen nutzen, die für ASS-Betroffene verständlich sind
- Verständnis sozialer Situationen bei ASS-Betroffenen fördern
- Angemessenes soziales Verhalten bei ASS-Betroffenen fördern
- Wechselseitige Kommunikation verbessern

Inhalte

- Beispiele für sprachliche Missverständnisse
- Mit dem Kind/Jugendlichen soziale Situationen vor- und nachbesprechen, evtl. unterstützt durch Soziale Geschichten und Comic-Zeichnungen
- Mit dem Kind/Jugendlichen besprechen, wie es/er sich verhalten kann, wenn es/er geärgert wird
- Förderung einer themenbezogenen, wechselseitigen Kommunikation
- Dem Kind/Jugendlichen Orientierung geben, dass die Kommunikation vom Vertrautheitsgrad zu einer anderen Person abhängt

Methoden

- Kurzvortrag
- Geleitetes Gruppengespräch
- Ggf. Präsentation von Materialen

Material

- Blanko Flipcharts
- Flipchart »Kommunikation – Andere verstehen«
- Infoblatt »Geärgert werden und sich wehren«
- Ggf. Beispiele für Soziale Geschichten oder Comic Strip-Gespräche

Transferaufgabe

- Elterliches Sprachniveau anpassen
- Schwierige Situationen vor und nach besprechen
- Ggf. Soziale Geschichten, Comic-Zeichnungen oder Kreismodell zu Hause verfassen

Erläuterung zur Anwendung des Moduls:

Die Therapeutinnen sollten die Inhalte spezifisch an die Fragen der jeweiligen Gruppe anpassen. Im Folgenden wird auf unterschiedliche sozial-kommunikative Schwierigkeiten eingegangen, von denen bei Bedarf einige vertieft und andere weggelassen werden können.

10.1.2 Ablauf Erweiterung SK1

Sprachliche Missverständnisse (Kurzvortrag, ca. 3 Min.)

Als Einstieg in das Thema nennen die Therapeutinnen ein oder mehrere Beispiele, wie eine Redewendung zu Missverständnissen führen kann (Beispiel A) und wie sozial unpassendes Verhalten aus wörtlichem Verstehen resultiert (Beispiel B). Hierzu können die im Folgenden aufgeführten Beispiele genutzt werden oder Beispiele, die in einer bisherigen Gruppensitzung von Teilnehmenden genannt wurden.

Beispiel A: Frau Dr. Preißmann, eine ASS-betroffene Ärztin, schildert in ihrem Buch »Asperger – Leben in zwei Welten«, dass sie die Aussage »Hier werden spätestens um 18 Uhr die Bürgersteige hochgeklappt« wörtlich verstand, sich darüber erschreckte und im Hotelzimmer blieb, anstatt abends spazieren zu gehen.

Beispiel B: Frau Dr. Preißmann schildert ebenfalls, wie eine Klassenkameradin in der Schule über ihr Mäppchen schimpfte, dessen Reißverschluss sich nicht öffnen ließ. Sie nahm die Aussage, dass man dieses Mäppchen am Besten in den Müll schmeißen solle, wörtlich und tat es zur Verärgerung der Klassenkameradin.

Zu Beginn unseres Themas »Soziale Situationen verstehen und sich angemessen verhalten« möchte ich Ihnen zunächst ein Erlebnis berichten, dass mit einem sprachlichen Missverständnis zu tun hat. [Eine Therapeutin schildert ein oder mehrere Beispiele]. *Kennen Sie das auch, dass Ihr Kind Sie oder andere im Alltag manchmal wörtlich nimmt oder missversteht?*

Beispiele der Eltern zu sprachlichen Missverständnissen (geleitetes Gruppengespräch, ca. 10 Min.)

Die Therapeutinnen sammeln Beispiele der Eltern.

Absichten verstehen (Kurzvortrag, ca. 10 Min.)

Die Therapeutinnen fassen die genannten Aspekte zusammen. Sie weisen darauf hin, dass situations- und sozial-kommunikativ unpassendes Verhalten daraus resultieren kann, dass Äußerungen wörtlich und konkret genommen werden bzw. dass Aussagen teilweise nur korrekt zu verstehen sind, wenn man die dahinter stehenden Absichten erkennt.

Obwohl sich Ihre Kinder gut ausdrücken können und Sprache an sich gut verstehen, kann die Verwendung von nicht wörtlich gemeinten Aussagen, wie Ironie oder Redewendungen, zu Schwierigkeiten führen, da sie wörtlich verstanden werden und die dahinter stehende Absicht der anderen Person nicht erkannt wird. Versuchen Sie daher, sich klar und eindeutig auszudrücken, um von Ihren Kindern verstanden zu werden. Erklären Sie Ihren Kindern verwendete Redewendungen und weisen Sie sie auf Ironie hin, wenn eine solche Situation im Alltag auftritt. Sie können zur Illustration auch Zeichnungen mit Gedanken- und Sprechblasen verwenden, aus denen hervorgeht, dass sich Gedachtes und Gesagtes unterscheiden können. Auf dem Flipchart, das wir Ihnen zeigen, sind weitere Beispiele genannt, die verdeutlichen, dass sich das Gesagte und das dabei Gedachte unterscheiden. Dazu sind Gedanken- und Sprechblasen dargestellt.

Die Therapeutinnen schlagen das Flipchart »Kommunikation – Andere verstehen« auf und besprechen die Beispiele, die den Unterschied zwischen Gedanken (Gedankenblasen) und Aussagen (Sprechblasen) einer Person verdeutlichen.

Sie können solche zeichnerischen Darstellungen mit Gedanken- und Sprechblasen auch zu Hause nutzen, um Absichten und Annahmen anderer Personen zu verdeutlichen. Außerdem können solche Zeichnungen dazu verwendet werden, um einem Kind, das für andere verletzende Dinge sagt, zu verdeutlichen, dass man nicht alles, was man denkt, auch genauso aussprechen darf und lieber eine andere Formulierung benutzen sollte.

Geärgert werden und sich wehren (Kurzvortrag und Infoblatt »Geärgert werden und sich wehren«, ca. 5 Min.)

Wie Sie an dem letzten Beispiel auf dem Flipchart sehen können, kann auch beim Geärgert werden wörtliches Verstehen eine Rolle spielen. Beispielsweise tut das Kind etwas Unpassendes, weil Klassenkameraden es ihm gesagt haben, und weil es die dahinter stehende Absicht des Ärgerns nicht erkannt hat.

Auf das Thema »Geärgert werden« kommen wir nun ausführlicher zu sprechen, da es in der Gruppe gewünscht wurde. Sie erhalten dazu ein Informationsblatt.

Die Therapeutinnen verteilen das Infoblatt »Geärgert werden und sich wehren«.

Einige von Ihnen haben die Erfahrung gemacht, dass Ihr Kind von anderen Kindern geärgert wurde. Manchmal kommt es allerdings vor, dass Kinder mit ASS nichts davon erzählen, weil sie selbst nicht bemerkt haben, dass sie geärgert wurden. Wenn Kinder davon berichten, kann es teilweise schwierig sein, den vom Kind geschilderten Hergang vollständig zu verstehen, da das Kind Schwierigkeiten damit hat zu berücksichtigen, welche Informationen für den Zuhörer relevant sind. Stellen Sie am besten konkrete Fragen, z. B. ob es geschlagen wurde, oder lassen Sie sich die Situation aufmalen.

Es ist außerdem sinnvoll zu besprechen, was Ihr Kind tun kann. Allgemein ist es hilfreich, wenn sich Ihr Kind, z. B. in der Pause in der Nähe von Erwachsenen oder freundlichen Mitschülern aufhält, um zu verhindern, dass es geärgert wird, oder um leicht Hilfe zu bekommen. Es ist auch wichtig, mit dem Kind genau zu besprechen, was es konkret in der Situation sagen oder tun kann, wenn es erneut in der gleichen oder in ähnlicher Weise geärgert wird. Sie können eine Situation zu Hause »durchspielen«, wenn Ihr Kind dazu bereit ist. Sie können dazu auch eine Geschichte schreiben. In diesen sozialen Geschichten, die auch unter der englischen Bezeichnung »social stories« bekannt sind, sollte die jeweilige Situation genau beschrieben und die beteiligten Personen genannt werden, es sollte beschrieben werden, was warum passiert. Es können auch soziale Regeln genannt werden. Die Geschichte kann zusätzlich durch Zeichnungen anschaulicher gemacht werden.

Zur Verdeutlichung kann das folgende Beispiel vorgelesen werden oder/und ein für die Gruppe Passenderes erdacht werden.

> Ein Beispiel für eine Soziale Geschichte:
> Andere Kinder versperren mir den Weg zum Klettergerüst
> Ich möchte in der Pause auf dem Klettergerüst klettern. X und Y aus meiner Klasse versperren mir den Weg vor dem Klettergerüst. Sie sagen, ich darf nicht klettern. Das Klettergerüst ist für alle Kinder der Schule da. Ich darf es auch benutzen. Ich sage »Jeder Schüler darf hier klettern. Lasst mich vorbei.« Wenn sie mich vorbei lassen, gehe ich und klettere. Wenn sie mich nicht vorbei lassen, sage ich nochmal »Jeder Schüler darf hier klettern. Lasst mich vorbei.« Wenn Sie mich nicht vorbei lassen, gehe ich zur Pausenaufsicht und erzähle ihr, dass mich X und Y nicht auf das Klettergerüst lassen, dass ich aber gerne klettern möchte.

Sich mit anderen unterhalten (Kurzvortrag, ca. 3 Min.)

Eine Unterhaltung zu führen, ist oft nicht einfach. Vielleicht kennen Sie das: Sie sprechen über ein Thema, Ihr Kind geht nicht darauf ein, sondern spricht über etwas anderes. Oft möchten die Kinder gerne über ihre Themen und Sonderinteressen sprechen. Ein Grund hierfür ist sicherlich, dass sie an diesen Themen große Freude haben. Darüber hinaus kann es sein, dass sie nicht genau wissen, wie sie auf eine Aussage reagieren und ein Gespräch weiterführen können. Sie können mit Ihrem Kind anstehende Gespräche vorbesprechen und gemeinsam überlegen, wie man z. B. jemanden begrüßen und was man z. B. in einem Telefonat mit den Großeltern erzählen kann. Sie können Ihr Kind auch dazu anregen, Fragen zu stellen, dass es zwar einerseits über sein Lieblingsspiel erzählen kann, dann aber auch ein anderes Kind nach dessen Lieblingsspiel fragt und dabei eine Zuhörerrolle einnimmt. In der Situation kann es hilfreich sein, dem Kind eine Hilfestellung zu geben und es zum Gesprächsthema zurückzuführen. Sie können auch für eine bestimmte Gesprächssituation eine Geschichte schreiben, wie eben beschrieben.

Wissen, wem man etwas Persönliches erzählen darf (Kurzvortrag, ca. 3 Min.)

Manche Kinder und Jugendliche fallen dadurch auf, dass sie etwas laut aussprechen, was andere als unfreundlich oder peinlich empfinden. Dies ist in der Regel nicht böse gemeint. Sie sagen, was sie denken oder was eine Tatsache ist, und achten weniger auf die Befindlichkeiten anderer. Erklären Sie Ihrem Kind, dass es nicht alles, was es denkt, auch sagen sollte. Sie können dazu, wie besprochen, auch Gedanken- und Sprechblasenzeichnungen verwenden. Unfreundliche Aussagen über andere sollten so nicht geäußert werden oder nur außerhalb der Hörweite der Person. Auch sehr persönliche Informationen über die eigene Person oder Familienmitglieder sollten bei Personen, die man nicht gut kennt, unterlassen werden. Für manche Kinder ist es schwierig zu unterscheiden, wer vertraut und wer fremd ist. Dann ist es hilfreich, dies mit Ihrem Kind zu besprechen. Hierzu können Sie mit Ihrem Kind Gruppeneinteilungen in Fremde, Bekannte und sehr vertraute Personen vornehmen, z. B. in Form von Listen oder einem Kreismodell (entnommen aus »Navigating the Social World« von J. L. McAfee bzw. »SOKO Autismus« von A. Häußler, C. Happel, A. Tuckermann, M. Altgassen, K. Adl-Amini). Das Kreismodell sieht vor, dass zunächst ein kleiner Kreis gezeichnet wird, der das Kind repräsentiert. Ein etwas größerer Kreis um diesen ersten Kreis herum symbolisiert Angehörige der Kernfamilie, ein weiterer, größerer Kreis Verwandte oder gute Freunde, so dass größere Kreise einen abnehmenden Grad an Vertrautheit widerspiegeln. Alle Personen, mit denen das Kind im Alltag zu tun hat, sollten in das Modell aufgenommen werden. Es kann nun besprochen werden, welches Thema für welche »Kreise« passend ist. Dabei gilt, dass das gleiche Thema dann auch mit allen Personen auf den kleineren Kreisen besprochen werden darf. Beispielsweise kann über das Wetter mit vielen Personen gesprochen werden, über eigene körperliche Beschwerden nur mit vertrauteren Personen.

Eine Therapeutin zeichnet das Kreismodell auf ein Flipchart und gibt den Eltern Gelegenheit, Fragen zu stellen.

Transferaufgabe

Die Therapeutinnen regen dazu an, konkrete Situationen, die für das jeweilige Kind bzw. den Jugendlichen relevant oder schwierig sind, entsprechend den vorgestellten Methoden vor und nach zu besprechen. Die Therapeutinnen können zudem darauf hinweisen, dass diese Methoden auch von anderen Personen, wie der Integrationskraft des Kindes, verwendet werden können und dass sich zur weiteren Übung ergänzend ein soziales Kompetenztraining für die Kinder anbietet.

10.2 Erweiterung SK2: Wie erkläre ich meinem Kind seine Besonderheit?

Zeitplanung: Die Durchführung dieses Moduls benötigt ca. 40 Minuten.

10.2.1 Übersicht Erweiterung SK2

Ziele

- Den Eltern Anhaltspunkte geben, wann eine Aufklärung ihres Kindes über die Diagnose sinnvoll ist
- Hilfestellungen geben, wie dem Kind/Jugendlichen seine Besonderheit verständlich erklärt werden kann

Inhalte

- Wann sollte ich mein Kind über seine Diagnose aufklären?
- Informationen über Bücher und Internetseiten erhalten, die für die Psychoedukation des Kindes/Jugendlichen hilfreich sind

Methoden

- Plenum
- Kurzvortrag
- Geleitetes Gruppengespräch

Material

- Blanko Flipcharts
- Ggf. Bücher zur Ansicht
- Infoblatt »Mein Kind weiß Bescheid«

Vorbereitung

- Die Therapeutinnen weisen in der vorausgehenden Stunde darauf hin, dass das Thema besprochen wird, und bitten die Eltern, entsprechende Materialien und Bücher mitzubringen, über die sie verfügen. Auch von den Therapeutinnen werden hilfreiche Bücher und Broschüren zur Ansicht und als Literaturliste zur Verfügung gestellt und Internetadressen notiert.

10.2.2 Ablauf Erweiterung SK2

Einführung in das Thema Psychoedukation (Plenum, ca. 15 Min.)

Haben Sie oder eine andere Person mit Ihrem Kind darüber gesprochen, dass es eine Autismus-Spektrum-Störung hat? Wenn ja, gab es dafür einen bestimmten Anlass? Wie wurde Ihrem Kind seine Besonderheit erklärt?

Die Therapeutinnen geben den Eltern Gelegenheit, ihre Erfahrungen zu berichten, auszutauschen und ggf. ihre Materialien vorzustellen.

Wann und wie kann ich mein Kind über seine Besonderheit aufklären? (Kurzvortrag, ca. 20 Min.)

Kinder ab einem gewissen Alter und Entwicklungsstand können im Laufe der Zeit im Kontakt mit anderen oder in bestimmten Situationen bemerken, dass sie »anders sind«. Sie fragen sich manchmal, weshalb sie etwas nicht so können wie ein anderer oder warum sie bestimmte Hilfestellungen und Therapien benötigen. Dies kann ein Anlass sein, Ihr Kind über seine Diagnose aufzuklären. Erfahrungsgemäß spielt das Wissen über die Diagnose besonders bei Jugendlichen und jungen Erwachsenen eine wichtige Rolle und kann zur Entlastung und einem besseren Verständnis eigener Stärken und Schwierigkeiten beitragen. Ob Sie Ihr Kind aufklären, hängt ab vom Interesse des Kindes, seinen Lebensumständen und vor allem von der Frage, ob dies für Ihr Kind hilfreich und nützlich ist. Aus diesem Grund sind die möglichen Vor- bzw. Nachteile sowie der angemessene Zeitpunkt einer Aufklärung immer individuell zu diskutieren. Haben Sie dazu Fragen?

Die Therapeutinnen geben den Eltern Gelegenheit, Fragen zu stellen.

Wenn Sie Ihr Kind informieren möchten, tun Sie das in altersentsprechender Weise. Benutzen Sie Begriffe, die Ihr Kind kennt, und nennen Sie Beispiele. Wenn Ihr Kind jünger als sieben Jahre ist, empfiehlt es sich, konkrete Verhaltensweisen zu nennen. Z. B. »Beim Morgenkreis im Kindergarten ist es für dich schwierig, dich zu den anderen zu setzen und etwas zu erzählen, wenn du an der Reihe bist.« Wenn Ihr Kind älter als sieben Jahre ist, können Sie allgemeinere Situationen nennen. Z. B. »Es fällt dir schwer, in der Schule aufzupassen und mit den anderen Kindern in der Gruppe zu spielen.« Bei Jugendlichen kann der Begriff Autismus-Spektrum-Störung verwendet werden, und der/die Jugendliche kann angeregt werden, sich selbst dazu weiter zu informieren. Eine anschauliche Erklärung ist auch das Modell des sechsten Sinns von Carol Gray. Sie benennt neben den bekannten fünf Sinnen, über die wir unsere Umwelt wahrnehmen, als sechsten Sinn die soziale Wahrnehmung. Dieses Modell der Sinne kann besonders gut verwendet werden, um Stärken und Schwächen Ihrer Kinder anzusprechen.

Vorstellung/Nennung von Materialen zur Psychoedukation des Kindes/ Jugendlichen (Kurzvortrag, ca. 5 Min.)

Bücher, die genutzt werden können, um mit Kindern über ihre Besonderheiten zu sprechen, sind in der Textbox 10.1 und als Infoblatt »Mein Kind weiß Bescheid« aufgelistet, Buchtipps für Jugendliche und junge Erwachsene sind im Rahmen der Erweiterung SK3 (▶ Kap. 10.3) genannt.

Textbox 10.1: Bücher zur Psychoedukation betroffener Kinder

- »Ich bin etwas Besonderes: Arbeitsmaterialien für Kinder und Jugendliche mit Autismus/Asperger-Syndrom« von Peter Vermeulen (Verlag Modernes Lernen)
- »Davids Welt« von D. H. Mueller & V. Ballhaus (Annette Betz Verlag)
- »Was ist mit Tom?« von Britta Seger (Iris Kater Literaturverlag)
- »Manuel – Mein Leben mit Autismus. Aufklärung in der Grundschule« von Elisabeth Neumann (Iris Kater Literaturverlag)
- »Autismus: Adlerblick und Tunnelsicht: Tipps für Kids« von Melanie Matzies-Köhler (CreateSpace Independent Publishing Platform)
- »Nino« von Eva Salber (Verlag Kleine Wege) (Der Begriff »Autismus« kommt nicht vor, es wird eine besondere Ordnung in Ninos Kopf beschrieben.)
- Buchtipps für Jugendliche und junge Erwachsene (▶ Kap. 10.3)

Textbox 10.2: Internetseiten für betroffene Jugendliche und junge Erwachsene

- www.aspies.de
- www.asperger-forum.de
- Für junge Frauen: www.aspiana.de und www.aspergia.de

10.3 Erweiterung SK3: Was habe ich in der Pubertät zu erwarten?

Zeitplanung: Die Durchführung dieses Moduls benötigt ca. 40 Minuten.

10.3.1 Übersicht Erweiterung SK3

Ziele

- Die Eltern erhalten Informationen über Entwicklungsverläufe bei ASS
- Die Eltern erfahren, worauf in der Pubertät zu achten ist
- Die Jugendlichen erhalten Beratung bei in der Pubertät relevanten Themen

Inhalte

- Nennung der Ergebnisse von Verlaufsstudien
- Beispielhafte Schilderung von Lebenssituationen Jugendlicher und junger Erwachsener mit ASS
- Informationen über in der Pubertät relevante Themen
- Sichtung von Büchern und Vorstellung von Internetseiten für Jugendliche

Methoden

- Plenum
- Zuruffrage
- Kurzvortrag

Material

- Vorbereitetes Flipchart »Pubertät«
- Blanko Flipcharts
- Metaplankarten der ersten Sitzung (Wünsche, Fragen, Interessen) zum Thema Pubertät/weitere Entwicklung
- evtl. Bücher
- evtl. Literaturliste zum Mitgeben

Vorbereitung

- Kap. 2.2, 1.3.1
- Bücher bereitstellen
- Literaturliste erstellen

Erläuterung zur Anwendung des Moduls:

Viele Eltern möchten wissen, was in der Pubertät »auf sie zukommen kann.« Sie fragen sich, ob ihre Kinder besondere Schwierigkeiten haben werden oder ob es Verbesserungen geben wird und was sie beachten sollten. Aufgrund der aktuellen Datenlage lassen sich diese Fragen lediglich recht allgemein beantworten basierend auf Ergebnissen aus wissenschaftlichen Verlaufsstudien. Ergänzend können auch individuelle Fallbeispiele von den Therapeutinnen bekannten Patient/innen angeführt werden, um den Eltern Ideen zu geben. Allerdings ist auch hierbei zu verdeutlichen, dass es sich um Tendenzen handelt und Einzelfälle nicht immer verallgemeinert werden können. Die Inhalte dieses Moduls sind insbesondere für Eltern älterer Kinder und Jugendlicher mit durchschnittlichen kognitiven Fähigkeiten geeignet. Ausführlichere Informationen zu Entwicklungsverläufen aus Studien sind in Kapitel 2.2 zu finden. Zusätzlich relevant, insbesondere hinsichtlich der Entstehung einer depressiven Symptomatik im Jugendalter, ist das Kapitel 1.3.1.

10.3.2 Ablauf Erweiterung SK3

Fragen der Eltern erfassen und konkretisieren (Plenum, ca. 5 Min.)

Die Therapeutin kündigt an, dass das Thema »Was ist in der Pubertät bzw. in der weiteren Entwicklung des Kindes zu erwarten?« besprochen wird. Sie verweist dabei auf die entsprechenden Wünsche, Fragen und Interessen der Eltern, die in der ersten Sitzung erarbeitet wurden, indem sie auf die Themenliste Bezug nimmt. Eventuell müssen die Anliegen der Eltern durch Nachfragen der Therapeutin weiter konkretisiert werden.

Was erwartet die Eltern in der Pubertät und wenn die Kinder älter werden? (Zuruffrage, ca. 5 Min.)

Es ist schwierig vorherzusagen, wie sich Ihr Kind im Einzelnen entwickeln wird, da dies von vielen unterschiedlichen Faktoren abhängt. Bevor ich Ihnen einige Informationen dazu gebe, möchte ich Sie fragen: Was denken Sie, wie es in der Pubertät weitergeht? Haben Sie diesbezüglich evtl. bestimmte Befürchtungen?

Die zweite Therapeutin notiert die Äußerungen der Eltern stichwortartig am Flipchart, auch sich widersprechende Annahmen werden erfasst.

Entwicklungsverläufe und Themen in der Pubertät (Kurzvortrag, ca. 20 Min.)

Zu den Punkten, die wir gesammelt haben, kann ich Ihnen einige Tendenzen nennen, da man in wissenschaftlichen Verlaufsstudien untersucht hat, wie sich junge Erwachsene mit Autismus-Spektrum-Störungen entwickelt haben. Allerdings wurden insgesamt nur wenige Studien durchgeführt, und in den Studien wurden Gruppen von Personen befragt, daher lassen sich die Ergebnisse nicht direkt auf eine bestimmte Einzelperson übertragen. Außerdem wurden meist Personen befragt, die sich früher einmal in einer klinischen Behandlung befunden haben, daher sind die Ergebnisse nicht sehr repräsentativ.

- *Verlaufsstudien zeigen, dass der Schweregrad der Autismussymptomatik in der Regel mit zunehmendem Alter abnimmt* (dies kann die Therapeutin durch das

Zeichnen einer entsprechenden Linie auf einem Flipchart darstellen). *Günstige Voraussetzungen für die weitere Entwicklung sind die sprachlichen und intellektuellen Fähigkeiten des Betroffenen.*
- *Im Vergleich zu Jugendlichen und jungen Erwachsenen ohne Autismus-Spektrum-Störung, die sich ab dem Jugendalter stark an Gleichaltrigen orientieren, von den Eltern ablösen und ihre Selbstständigkeit weiter entwickeln, ist es bei den Jugendlichen und jungen Erwachsenen mit Autismus-Spektrum-Störung häufig so, dass die Eltern als Kontaktpersonen weiterhin eine wichtige Rolle spielen und weiterhin elterliche Unterstützung benötigt wird.*
- *Bei einigen Jugendlichen kann in der Pubertät oder danach, ähnlich wie bei Jugendlichen ohne Autismus, eine depressive Symptomatik entstehen, was damit zusammenhängen könnte, dass ihnen eigene soziale Schwierigkeiten bewusster werden.*

Die Therapeutinnen geben den Eltern Gelegenheit, Fragen zu stellen bzw. das Gesagte zu kommentieren. Zudem können die Therapeutinnen individuelle Fallbeispiele ihnen bekannter Patienten/innen nennen. Beispielsweise berichten wir von Jugendlichen, die wir aus unseren sozialen Kompetenzgruppen kennen. Weitere Informationen können aus Büchern von selbst betroffenen Erwachsenen über ihre Jugend und das Erwachsenwerden entnommen werden.

Jugendliche und junge Erwachsene, die wir aus den sozialen Kompetenztrainings kennen, machen entweder einen Schulabschluss, befinden sich in einer Berufsausbildung, manchmal auf dem freien Arbeitsmarkt, manchmal in einem geschützten Rahmen wie in einem Berufsbildungswerk, oder sie haben ein Studium begonnen. Einige benötigen hierbei Unterstützung durch einen Jobcoach. Manchmal müssen Lösungen zur Gestaltung des Arbeitsplatzes überlegt werden, z. B. in einem Großraumbüro, da es dort als zu laut und anstrengend erlebt wird. Einige der Jugendlichen haben den Führerschein gemacht und kommen mit dem Auto zur Therapie, andere schilderten, dass sie in den Fahrstunden Schwierigkeiten hatten, ausreichend schnell auf ihre Umwelt zu reagieren und überlegen, ob sie den Führerschein machen werden. Von den Eltern hören wir oft, dass die Jugendlichen selten ausgehen, rauchen und trinken meist ablehnen und oft Hinweise zur Körperhygiene benötigen.

Themen, bei denen Jugendliche häufig Beratung benötigen, werden am Flipchart »Pubertät« visualisiert und besprochen.

Körperhygiene, wie regelmäßiges Duschen, Kleiderwechsel und Deo-Gebrauch, ist ein Bereich, in dem viele Jugendliche und junge Erwachsene weiterhin Hinweise und Unterstützung durch Sie als Eltern benötigen. Dies beschreibt auch die selbst betroffene Ärztin Christine Preißmann in einem ihrer Bücher (s. u.). Als weitere Bereiche, bei denen Jugendliche und junge Erwachsene mit Autismus-Spektrum-Störungen auf die Unterstützung und die Informationsvermittlung durch ihre Eltern angewiesen sind, nennt sie den Umgang mit:

- *körperlichen Veränderungen wie Bartwuchs, Menstruation*
- *Befindlichkeitsveränderungen, die mit hormonellen Einflüssen einhergehen*
- *Privatsphäre: Was sollte man nicht in der Öffentlichkeit sagen und tun?*

- Sexualität, v. a. Berücksichtigung eigener Wünsche, Empfängnisverhütung. Diesbezüglich können auch Aufklärungsbücher oder auch der Besuch einer Sexualberatung hilfreich sein.

Wie können Jugendliche und junge Erwachsene beraten werden? (Sichtung von Büchern, ca. 5 Min.)

Von Betroffenen selbst geschriebene Bücher über ihre Wahrnehmung und ihr bisheriges Leben können für Jugendliche und junge Erwachsene hilfreich sein. Viele dieser Bücher beinhalten auch »typische Pubertätsthemen« und geben Empfehlungen zu den Themen Körperhygiene und Selbstständigkeit sowie Partnerschaft und Sexualität. Beispielsweise wird geschildert, wie man auf sein Äußeres achten kann und sich gegenüber Personen, die man attraktiv findet, verhalten sollte. Die Jugendlichen haben so die Möglichkeit, etwas von Gleichaltrigen zu erfahren und auf Grundlage der beschriebenen Erfahrungen Empfehlungen zu bekommen. Eventuell ist auch die Ausdrucksweise, die manchmal für nicht von Autismus Betroffene etwas direkt erscheint, zur Vermittlung des Themas an die Jugendlichen günstig.

Die Therapeutinnen nennen entsprechende Bücher bzw. verteilen die Titel als Literaturliste. Sie verweisen auch auf geeignete Internetseiten von Betroffenen, wenn dies noch nicht im Rahmen der Erweiterung SK2 »Wie erkläre ich meinem Kind seine Besonderheit?« (▶ Kap. 10.2) erfolgt ist.

Aus unserer Sicht sind die in der Textbox 10.3 genannten Bücher gut geeignet, um auf Identitäts- und Pubertätsfragen von Jugendlichen mit hochfunktionalen ASS Antworten zu geben, hilfreich für die Jugendlichen selbst können auch die in der Textbox 10.4 genannten Internetseiten sein.

Textbox 10.3: Bücher von Betroffenen zu Themen der Pubertät

- »Freaks, Geeks and Asperger Syndrome: A User Guide to Adolescents« von Luke Jackson (Jessica Kingsley Publishers, in englischer Sprache)
- »Colines Welt hat neue Rätsel« von Nicole Schuster (Kohlhammer Verlag)
- »Wenn Bretter manchmal vor Köpfen kleben und man im Sitzen miteinander gehen kann – ein Alltagsleitfaden für Kinder und Jugendliche mit Autismus« von Karla Schneider und Vanessa Köneke (Verlag Kleine Wege)
- »Überraschend anders – Mädchen und Frauen mit Asperger« von Christine Preißmann (TRIAS-Verlag)

Textbox 10.4: Internetseiten für Jugendliche und junge Erwachsene mit ASS

- www.aspies.de
- www.asperger-forum.de
- Für junge Frauen: www.aspiana.de und www.aspergia.de

11 Evaluation

Das FAUT-E wird aktuell im Rahmen einer Längsschnittstudie mit einem Zeitreihenversuchsplan mit multiplem Baseline-Design evaluiert. Alle Eltern, die an dem Elterntraining teilnehmen und freiwillig an der Evaluation teilnehmen möchten, werden zweimal vor dem Training sowie zweimal nach dem Training bezüglich ihres eigenen Erlebens und der Entwicklung ihrer Kinder befragt. Es wird davon ausgegangen, dass durch das Training elterliches Stresserleben vermindert und die selbst wahrgenommene Erziehungskompetenz der Eltern erhöht wird. Des Weiteren wird angenommen, dass sich kindliches Störverhalten durch das Training reduziert.

Das Studiendesign sieht vor, dass die Eltern zu mehreren Messzeitpunkten Fragebögen zu den o. g. Bereichen beantworten. Zu einem ersten Messzeitpunkt (T1) drei Monate vor Trainingsbeginn erfolgt die erste Fragebogenerhebung, weitere Erhebungen erfolgen zu Trainingsbeginn (T2), unmittelbar nach Beendigung des Elterntrainings (T3) sowie drei Monate nach Trainingsabschluss (T4). Durch die so gewählten Messzeitpunkte sollen Veränderungen innerhalb eines interventionsfreien Zeitraums (T1–T2) mit Veränderungen innerhalb des Interventionszeitraums (T2–T3) verglichen und darüber unspezifische Effekte kontrolliert werden. Zudem wird über die Follow-up-Messung (T4) die Stabilität der Effekte ermittelt.

Die Zielgrößen werden mittels standardisierter Fragebogenverfahren erfasst. Beispielsweise wird das Elternbelastungsinventar (EBI, Tröster, 2010, deutsche Version des Parenting Stress Index, Abidin, 1990) verwendet, mit dem sowohl elterliche Funktionsbereiche, wie Gesundheit und elterliche Kompetenz, als auch herausforderndes Verhalten des Kindes erhoben werden.

Eingeschlossen werden Eltern, bei deren Kind die Diagnose einer Autismus-Spektrum-Störung von einem Kinder- und Jugendpsychiater bzw. Psychologen gestellt worden ist. Bei allen Kindern und Jugendlichen sollte als diagnostischer Standard die Diagnostische Beobachtungsskala für autistische Störungen (ADOS, Rühl, Bölte, Feineis-Matthews & Poustka, 2004) angewendet worden sein sowie mit den Eltern das revidierte Diagnostische Interview für Autismus (ADI-R, Bölte, Rühl, Schmötzer & Poustka, 2006) durchgeführt worden sein. In diesen beiden Verfahren müssen die erforderlichen Cut-off-Werte für eine Störung des autistischen Spektrums erfüllt sein. Ausgeschlossen aus der Datenanalyse werden Eltern, die an weniger als fünf Sitzungen des Trainings teilgenommen haben. Zudem können Personen, bei denen sich im Verlauf die Indikation des Trainings als nicht sinnvoll erweist (z. B. zu stark belastet) vom Training und der Studie ausgeschlossen werden.

Die erforderliche Stichprobengröße beträgt – dem Ergebnis einer a-priori Poweranalyse für abhängige Variablen (G* Power Version 3.1.0, Faul, Buchner, Erdfelder & Lang) zu Folge – etwa 30 Teilnehmende, wenn ein Effekt mittlerer Größe erwartet wird. Aktuell liegen noch nicht ausreichend viele vollständige Datensätze vor, so dass davon auszugehen ist, dass erste Evaluationsergebnisse in 2016 präsentiert werden können.

Sollten sich in dieser Pilotevaluation Effekte zeigen, ist im Rahmen einer Folgestudie ergänzend zur Erfassung der Outcome-Maße über Fragebogenverfahren eine standardisierte Verhaltensbeobachtung der Eltern-Kind-Interaktion zur Evaluation des Trainings geplant.

Literaturverzeichnis

Adolphs, R. & Spezio, M. (2006). Role of the amygdala in processing visual social stimuli. *Progress in brain research, 156,* 363–378. doi:10.1016/S0079-6123(06)56020-0.
Aman, M. G., McDougle, C. J., Scahill, L., Handen, B., Arnold, L. E., Johnson, C., Stigler, K. A., Bearss, K., Butter, E., Swiezy, N. B., Sukhodolsky, D. D., Ramadan, Y., Pozdol, S. L., Nikolov, R., Lecavalier, L., Kohn, A. E., Koenig, K., Hollway, J. A., Korzekwa, P., Gavaletz, A., Mulick, J. A., Hall, K. L., Dziura, J., Ritz, L., Trollinger, S., Yu, S., Vitiello, B. & Wagner, A. (2009). Medication and parent training in children with pervasive developmental disorders and serious behavior problems: results from a randomized clinical trial. *Journal of the American Academy of Child and Adolescent Psychiatry, 48*(12), 1143–1154. doi:10.1097/CHI.0b013e3181bfd669.
American Psychiatric Association. (2013). *Diagnostic and Statistical Manual of Mental Disorders (DSM-5)*. Arlington, VA: APA.
Andari, E., Duhamel, J.-R., Zalla, T., Herbrecht, E., Leboyer, M. & Sirigu, A. (2010). Promoting social behaviour with oxytoxin in high-functioning autism spectrum disorders. *Proceedings of the National Academy of Science, 107,* 4389–4394.
Annaz, D., Campbell, R., Coleman, M., Milne, E. & Swettenham, J. (2012). Young children with autism spectrum disorder do not preferentially attend to biological motion. *Journal of Autism and Developmental Disorders, 42*(3), 401–408. doi:10.1007/s10803-011-1256-3.
Asperger, H. (1944). Die »Autistischen Psychopathien« im Kindesalter. *Archiv für Psychiatrie und Nervenkrankheiten, 117,* 76–136.
Atladóttir, H. O., Thorsen, P., Østergaard, L., Schendel, D. E., Lemcke, S., Abdallah, M. & Parner, E. T. (2010). Maternal infection requiring hospitalization during pregnancy and autism spectrum disorders. *Journal of Autism and Developmental Disorders, 40*(12), 1423–1430. doi:10.1007/s10803-010-1006-y.
Baird, G., Simonoff, E., Pickles, A., Chandler, S., Loucas, T., Meldrum, D. & Charman, T. (2006). Prevalence of disorders of the autism spectrum in a population cohort of children in South Thames: The Special Needs and Autism Project (SNAP). *The Lancet, 368,* 210–215.
Baron-Cohen, S., Jolliffe, T., Mortimore, C. & Robertson, M. (1997). Another advanced test of theory of mind: evidence from very high functioning adults with autism or asperger syndrome. *Journal of child psychology and psychiatry, and allied disciplines, 38*(7), 813–822.
Baron-Cohen, S., Tager-Flusberg, H. & Cohen, D. (Hrsg.). (2000). *Understanding other minds: Perspectives from autism and developmental cognitive neuroscience*: Oxford University Press.
Benderix, Y. & Sivberg, S. (2007). Siblings' experiences of having a brother or sister with autism and mental retardation: A case study of 14 siblings from 5 families. *Journal of Pediactric Nursering, 22,* 410–418.
Bertoglio, K., Jill James, S., Deprey, L., Brule, N. & Hendren, R. (2010). Pilot study of the effect of methyl B12 treatment on behavioral and biomarker measures in children with autism. *Journal of Alternative and Complementary Medicine, 16*(5), 555–560.
Billstedt, E., Gillberg, I. C. & Gillberg, C. (2011). Aspects of quality of life in adults diagnosed with autism in childhood: a population-based study. *Autism: the international journal of research and practice, 15*(1), 7–20. doi:10.1177/1362361309346066.
Bingel, C. (2012). *Visualisieren* (2. Aufl., TaschenGuide: Bd. 214). Freiburg: Haufe.

Black, C., Kaye, J. A. & Jick, H. (2002). Relation of childhood gastrointestinal disorders to autism: nested case-control study using data from the UK General Practice Research Database. *BMJ (Clinical research ed.), 325*(7361), 419–421.
Blackledge, J. & Hayes S.C. (2006). Using acceptance and commitment training in the support of parents of children diagnosed with autism. *Child and Family Behavior Therapy, 28*(1), 1–18.
Blake, R., Turner, L., Smoski, M., Pozdol, S. & Stone, W. (2003). Visual recognition of biological motion is impaired in children with autism. *Psychological Science, 14,* 151–157.
Blass, E. & Camp, C. (2001). The ontogeny of face recognition: Eye contact and sweet taste induce face preference in 9- and 12-week-old human infants. *Developmental Psychology, 37,* 762–774.
Boettcher Minjarez, M., Williams, S., Mercier, E. & Hardan, A. (2011). Pivotal Response Group Treatment Program for Parents of Children with Autism. *Journal of Autism and Developmental Disorders, 41,* 92–101.
Bölte, S. (Hrsg.). (2009). *Autismus: Spektrum, Ursachen, Diagnostik, Intervention, Perspektiven.* Bern: Hans Huber Hogrefe AG.
Bölte, S., Feineis-Matthews, S. & Poustka, F. (2003). Frankfurter Test und Training des Erkennens fazialen Affekts (FEFA). Frankfurt am Main: J.W.G. Universität Frankfurt.
Bölte, S., Rühl, D., Schmötzer, G. & Poustka, F. (2006). *Diagnostisches Interview für Autismus-Revidiert (ADI-R).* Bern: Hans Huber Hogrefe AG.
Bölte, S., Uhlig, N. & Poustka, F. (2002). Das Savant-Syndrom: Eine Übersicht. *Zeitschrift für Klinische Psychologie und Psychotherapie, 31,* 291–297.
Bölte, S., Duketis, E., Poustka, F. & Holtmann, M. (2011). Sex differences in cognitive domains and their clinical correlates in higher-functioning autism spectrum disorders. *Autism: the international journal of research and practice, 15*(4), 497–511. doi:10.1177/1362361310391116.
Bolton, P., Carcani-Rathwell, I., Hutton, J., Goode, S., Howlin, P. & Rutter, M. (2011). Epilepsy in autism: Features and correlates. *British Journal of Psychiatry, 198*(4), 289–294.
Bowler, D. M. (1992). »Theory of Mind« in Asperger's Syndrome. *Journal of Child Psychology and Psychiatry, 33*(5), 877–893.
Burack, J., Charman, T., Yirmiya, N. & Zelazo, P. (Hrsg.). (2001). *The development of autism: Perspectives from theory and research.* Mahwah, NJ: Erlbaum.
Buschmann, A. & Jooss, B. (2012). *Heidelberger Elterntraining zur Kommunikations- und Sprachanbahnung bei Kindern mit globaler Entwicklungsstörung. Trainermanual.* München: Urban & Fischer in Elsevier.
Carpenter, M., Nagell, K. & Tomasello, M. (1998). Social cognition, joint attention and communicative competence from 9 to 15 months of age. *Monographs of the Society for Research in Child Development, 63*(4), 1–143.
Cauda, F., Costa, T., Palermo, S., D'Agata, F., Diano, M., Bianco, F., Duca, S. & Keller, R. (2013). Concordance of white matter and gray matter abnormalities in autism spectrum disorders: A voxel-based meta-analysis study. *Human Brain Mapping.* doi:10.1002/hbm.22313.
Cebula, K. R. (2012). Applied Behavior Analysis Programs for Autism: Sibling psychosocial adjustment during and following intervention use. *Journal of Autism and Developmental Disorders, 42,* 847–862.
Ceponiene, R., Lepisto, T., Shestakova, A., Vanhala, R., Alku, P., Naatanen, R. & Yaguchi, K. (2003). Speech-sound-selective auditory impairment in children with autism: they can perceive but do not attend. *Proceedings of the National Academy of Sciences of the United States of America, 100*(9), 5567–5572. doi:10.1073/pnas.0835631100.
Charman, T. (2003a). Predicting language outcome in infants with autism and pervasive developmental disorders. *Int J Lang Comm Disorders, 38,* 265–285.
Charman, T. (2003b). Why is joint attention a pivotal skill in autism? *Philosophical transactions of the Royal Society of London, 358*(1430), 315–324. doi:10.1098/rstb.2002.1199.
Charman, T. (2000). Theory of mind and the early diagnosis of autism. In S. Baron-Cohen, H. Tager-Flusberg & D. Cohen (Hrsg.), *Understanding other minds: Perspectives from*

autism and developmental cognitive neuroscience (S. 422–441). Oxford: Oxford University Press.
Chen, W., Landau, S., Sham, P. & Fombonne, E. (2004). No evidence for links between autism, MMR and measles virus. *Psychological medicine, 34*(3), 543–553.
Chess, S. (1971). Autism in children with congenital rubella. *Journal of Autism and Child Schizophrenia, 1,* 33–47.
Chess, S. (1977). Follow-up report on autism in congenital rubella. *Journal of Autism and Child Schizophrenia, 7,* 69–81.
Chess, S., Fernandez, P. & Korn, S. (1978). Behavioral consequences of congenital rubella. *The Journal of pediatrics, 93*(4), 699–703.
Chevallier, C., Kohls, G., Troiani, V., Brodkin, E. S. & Schultz, R. T. (2012). The social motivation theory of autism. *Trends in Cognitive Sciences, 16*(4), 231–239. doi:10.1016/j.tics.2012.02.007.
Cholemkery, H. & Freitag, C. M. (2014). *Soziales Kompetenztraining für Kinder und Jugendliche mit Autismus-Spektrum-Störungen.* Weinheim: Beltz.
Coben, R., Clarke, A. R., Hudspeth, W. & Barry, R. J. (2008). EEG power and coherence in autistic spectrum disorder. *Clinical neurophysiology: official journal of the International Federation of Clinical Neurophysiology, 119*(5), 1002–1009. doi:10.1016/j.clinph.2008.01.013.
Cohn, R. C. (1994). *Von der Psychoanalyse zur themenzentrierten Interaktion: Von der Behandlung einzelner zu einer Pädagogik für alle* (12. Aufl.). Stuttgart: Klett-Cotta.
Cordes, R. (2005). Frühe Verhaltenstherapie mit autistischen Kindern. In B. Schirmer (Hrsg.), *Psychotherapie und Autismus (S. 37-56).* Tübingen: DGVT-Verlag.
Cordes, R. & Cordes, H. (2009). Elterntraining/Frühe Intervention. In S. Bölte (Hrsg.), *Autismus. Spektrum, Ursachen, Diagnostik, Intervention, Perspektiven* (S. 301–315). Bern: Hans Huber Hogrefe AG.
Cordes, R. & Cordes H. (2006). Intensive Frühförderung autistischer Kinder im Elternhaus. Ergebnisse von zwei Pilotstudien zum Bremer Elterntrainingsprogramm (BET). *Verhaltenstherapie mit Kindern und Jugendlichen, Zeitschrift für die psychosoziale Praxis,* 13–30.
Critchley, H. D., Daly, E. M., Bullmore, E. T., Williams, S. C. R., van Almesvoort, T., Robertson, D. M., Rowe, A., Phillips, M., McAlonan, G., Howlin, P. & Murphy, D. G. M. (2000). The functional neuroanatomy of social behaviour: changes in cerebral blood flow when people with autistic disorder process facial expressions. *Brain and Development, 123,* 2203–2212.
Croen, L. A., Grether, J. K., Yoshida, C. K., Odouli, R. & Hendrick, V. (2011). Antidepressant use during pregnancy and childhood autism spectrum disorders. *Archives of general psychiatry, 68*(11), 1104–1112.
Dadds, M. R., MacDonald, E., Cauchi, A., Williams, K., Levy, F. & Brennan, J. (2014). Nasal Oxytocin for social deficits in childhood autism: A randomized controlled trial. *Journal of Autism and Developmental Disorders, 44*(3), 521–531.
Damiani, V. (1999). Responsibility and adjustment in siblings of children with disabilities: update and review. *Families in Society, 80,* 34–40.
Davis, N. O. & Carter, A. (2008). Parenting stress in mothers and fathers of toddlers with autism spectrum disorders: Associations with child characteristics. *Journal of Autism and Developmental Disorders, 38*(7), 1278–1291.
Dawson, G., Metzloff, A., Osterling, J., Rinaldi, J. & Brown, E. (1998). Children with autism fail to orient to naturally occuring social stimuli. *Journal of Autism and Developmental Disorders, 28,* 479–485.
Dawson, G., Toth, K., Abbott, R., Osterling, J., Munson, J., Estes, A. & Liaw, J. (2004). Early social attention impairments in autism: social orienting, joint attention, and attention to distress. *Developmental Psychology, 40*(2), 271–283. doi:10.1037/0012-1649.40.2.271.
Deruelle, C., Rondan, C., Gepner, B. & Tardif, C. (2004). Spatial frequency and face processing in children with autism and Asperger syndrome. *Journal of Autism and Developmental Disorders, 34*(2), 199–210.

Dewey, D., Lord, C. & Magill, J. (1988). Qualitative assessment of the effect of play materials in dyadic peer interactions of children with autism. *Canadian journal of psychology, 42*(2), 242–260.

Dilling, H., Mombour, W., Schmidt, M. & Schulte-Marktwort, E. (2011). *Internationale Klassifikation psychischer Störungen. ICD-10 Kapitel V(F). Diagnostische Kriterien für Forschung und Praxis* (8. Aufl.). Bern: Hans Huber.

Drew, A., Baird, G., Baron-Cohen, S., Cox, A., Slonims, V., Wheelwright, S., Swettenham, J., Berry, B. & Charman, T. (2002). A pilot randomised control trial of a parent training intervention for pre-school children with autism. *European Child and Adolescent Psychiatry, 11*, 266–272.

Estes, A., Munson, J., Dawson, G., Koehler, E., Zhou, X. & Abbott, R. (2009). Parenting stress and psychological functioning among mothers of preschool children with autism and developmental delay. *Autism, 13*(4), 375–387.

Evans, D. W., Canareva, K., Kleinpeter, F. L., Maccubbin, E. & Taga, K. (2005). The fears, phobias and anxieties of children with autism spectrum disorders and Down syndrome: comparisons with developmentally and chronologically age matched children. *Child Psychiatry and Human Development, 36*(1), 3–26.

Feinberg, E., Augustyn, M., Fitzgerald, E., Sandler, J., Ferreira-Cesar Suarez, Z., Chen, N., Cabral, H., Beardslee, W. & Silverstein, M. (2013). Improving maternal mental health after a child´s diagnosis of autism spectrum disorder: Results from a randomized clinical trial. *JAMA pediatrics, 168*(1), 40–46.

Filipek, P. A., Steinberg-Epstein R. & Book T. Intervention for autistic spectrum disorders. *The Journal of American Society for Experimental NeuroTherapeutics, 2006*(3), 207–216.

Fombonne, E. (2003). Epidemiological surveys of autism and other Pervasive Developmental Disorders: An Update. *Journal of Autism and Developmental Disorders, 33*(4), 365–382.

Freitag, C. M. (2011). Genetic risk in autism: new associations and clinical testing. *Expert opinion on medical diagnostics, 5*(4), 347–356. doi:10.1517/17530059.2011.579101.

Freitag, C. M. (2012). Autistische Störungen-State-of-the-Art und neuere Entwicklungen. Epidemiologie, Ätiologie, Diagnostik und Therapie. *Zeitschrift für Kinder- und Jugendpsychiatrie und Psychotherapie, 40*(3), 139–149.

Freitag, C. M., Cholemkery, H. & Elsuni, L. (2014). Das Autismus-spezifische soziale Kompetenztraining SOSTA-FRA für Kinder und Jugendliche mit Autismus-Spektrum-Störung: Prä-Post-Effekte. *Kindheit und Entwicklung, 23*(1), 52–60.

Freitag, C. M., Cholemkery, H., Elsuni, L., Kroeger, A., Bender, S., Kunz, C. U. & Kieser, M. (2013). The group-based social skills training SOSTA-FRA in children and adolescents with high-functioning autism spectrum-disorder – study protocol of the randomised, multi-centre controlled SOSTA-net trial. *Trials, 14*,6. doi:10.1186/1745-6215-14-6

Freitag, C. M., Feineis-Matthews, S., Valerian, J., Teufel, K. & Wilker, C. (2012). The Frankfurt early intervention program FFIP for preschool aged children with autism spectrum disorder: a pilot study. *Journal of neural transmission, 119*(9), 1011–1021. doi:10.1007/s00702-012-0792-0.

Freitag, C. M. & Jarczok, T. (2014). Autism Spectrum Disorders. In M. Gerlach, A. Warnke & L. Greenhill (Hrsg.), *Psychiatric Drugs in Children and Adolescents. Basic Pharmakology and Practical Applications.* Wien: Springer.

Freitag, C. M., Staal, W., Klauck, S. M., Duketis, E. & Waltes, R. (2010). Genetics of autistic disorders: review and clinical implications. *European child & adolescent psychiatry, 19*(3), 169–178. doi:10.1007/s00787-009-0076-x.

Freitag, C., Herpertz-Dahlmann, B., Dose, M. & Lüken, M. (2011). Stellungnahme zu einem Schreiben der »Pyramid Educational Consultants of Germany UG« vom Mai 2010. *Zeitschrift für Kinder- und Jugendpsychiatrie und Psychotherapie, 39*(6), 417–419.

Frith, U. (1989). *Autism: explaining the enigma* (1. Aufl.). Oxford, UK: Blackwell Publishing.

Fröhlich, U., Noterdaeme, M., Jooss, B. & Buschmann, A. (2014). *Elterntraining zur Anbahnung sozialer Kommunikation bei Kindern mit Autismus-Spektrum-Störungen: Training Autismus Sprache Kommunikation (TASK).* München: Urban & Fischer in Elsevier.

Frost, L. & Bondy, A. (2002). *The Picture Exchange Communication System Training Manual*. Newark: Pyramid Educational Consultants.

Furman, W. & Buhrmester, D. (1985). Children's perceptions of the quality of sibling relationships. *Child Development, 56*, 448–461.

Ganz, J., Davis, J., Lund, E., Goodwyn, F. & Simpson, R. (2012). Meta-analysis of PECS with individuals with ASD: Investigation of targeted versus non-targeted outcomes, participant charactersistics and implementation phase. *Research in developmental disabilities, 33*(2), 406–418.

Gawronski, A., Pfeiffer, K. & Vogeley, K. (2012). *Hochfunktionaler Autismus im Erwachsenenalter: Verhaltenstherapeutisches Gruppenmanual*. Weinheim, Basel: Beltz.

Geretsegger, M., Holck, U. & Gold, C. (2012). Randomised controlled trial of improvisational music therapy's effectiveness for children with autism spectrum disorders (TIME-A): study protocol. *BioMed Central Pediatrics, 12*(2). Abgerufen von http://www.biomedcentral.com/1471-2431/12/2.

Gerlach, M., Warnke, A. & Greenhill, L. (Hrsg.). (2014). *Psychiatric Drugs in Children and Adolescents. Basic Pharmakology and Practical Applications*. Wien: Springer.

Geurts, H., Corbett, B. & Solomon, M. (2009). The paradox of cognitive flexibility in autism. *Trends in Cognitive Sciences, 13*(2), 74–82.

Gevarter, C., O'Reilly, M. F., Rojeski, L., Sammarco, N., Lang, R., Lancioni, G. E. & Sigafoos, J. (2013). Comparisons of intervention components within augmentative and alternative communication systems for individuals with developmental disabilities: A review of the literature. *Research in developmental disabilities, 34*(12), 4404–4414. doi:10.1016/j.ridd.2013.09.018.

Ghaziuddin, M. & Butler, E. (1998). Clumsiness in autism and Asperger syndrome: a further report. *Journal of Intellectual Disability Research, 42 (Pt 1)*, 43–48.

Glasberg, B. A. (2000). The development of siblings' understanding of Autism Spectrum Disorders. *Journal of Autism and Developmental Disorders, 30*(2), 143–156.

Gold, C., Wigram, T. & Elefant, C. (2006). Music therapy for autistic spectrum disorder. *The Cochrane database of systematic reviews, 2*, CD004381. doi:10.1002/14651858.CD004381.pub2.

Goswami, U. (2001). *So denken Kinder. Einführung in die Psychologie der kognitiven Entwicklung*. Bern: Hans Huber.

Granat, T., Nordgren, I., Rein, G. & Sonnander, K. (2012). Group intervention for siblings of children with disabilities: A pilot study in a clinical setting. *Disability and Rehabilitation, 34*(1), 69–75.

Grawe, K. (1998). *Psychologische Therapie*. Göttingen: Hogrefe.

Green, J., Charman, T., McConachie, H., Aldred, C., Slonims, V., Howlin, P., Le Couteur, A., Leadbitter, K., Hudry, K., Byford, S., Barrett, B., Temple, K., Mcdonald, W., Pickles, A. & the PACT Consortium. (2010). Parent-mediated communication-focused treatment in children with autism (PACT): a randomised controlled trial. *Lancet, 375*, 2152–2160.

Green, J., Gilchrist, A. B. D. & Cox, A. (2000). Social and psychiatric functioning in adolescents with Asperger syndrome compared with conduct disorder. *Journal of Autism and Developmental Disorders, 30*(4), 279–293.

Greenson, J., Donaldson, A., Varley, J., Dawson, G., Rogers, S., Munson, J., Smith, M. & Winter, J. (2010). Randomized, controlled trial of an intervention for toddlers with autism: the early start denver model. *Pediatrics, 125*(1), 17–23.

Gruber, K., Fröhlich, U. & Noterdaeme, M. (2014). Effekt eines Elterntrainingsprogramms zur sozial-kommunikativen Förderung bei Kindern mit Autismus-Spektrum-Störungen. *Kindheit und Entwicklung, 23*(1), 42–51.

Hackenberg, W. (1983). *Die psycho-soziale Situation von Geschwistern behinderter Kinder*. Heidelberg: Schindele.

Hackenberg, W. (2008). *Geschwister von Menschen mit Behinderung. Entwicklung, Risiken, Chancen*. München: Ernst Reinhardt.

Hadjikhani, N., Zurcher, N. R., Rogier, O., Ruest, T., Hippolyte, L., Ben-Ari, Y. & Lemonnier, E. (2013). Improving emotional face perception in autism with diuretic bume-

tanide: A proof-of-concept behavioral and functional brain imaging pilot study. *Autism: the international journal of research and practice.* doi:10.1177/1362361313514141.
Happé, F. (1999). Autism: cognitive deficit or cognitive style? *Trends in cognitive sciences*, 3(6), 216–222.
Happé, F. & Frith, U. (2006). The weak coherence account: Detail-focused cognitive style in autism-spectrum disorders. *Journal of Autism and Developmental Disorders*, 36, 5–25.
Hastings, R. P. (2003). Brief report: Behavioral adjustment of siblings of children with autism. *Journal of Autism and Developmental Disorders*, 33(1), 99–104.
Hastings, R. P., Kovshoff, H., Brown, T., Ward, N., Degli Espinosa, F. & Remington, B. (2005). Coping strategies in mothers and fathers of preschool and school-age children with autism. *Autism*, 9(4), 377–391.
Häußler, A. (2012). *Der TEACCH Ansatz zur Förderung von Menschen mit Autismus: Einführung in die Theorie und Praxis.* Dortmund: Verlag Modernes Lernen.
Herbrecht, E., Bölte S. & Poustka F. (2008). *KONTAKT. Frankfurter Kommunikations- und soziales Interaktions-Gruppentraining bei Autismus-Spektrum-Störungen: Therapiemanual.* Göttingen: Hogrefe.
Hill, E. (2004). Executive dysfunction in autism. *Trends in Cognitive Sciences*, 8(1), 26–32.
Hobson, R. P. & Ouston, J. &. L. A. (1988). What's in a face? The case of autism. *British Journal of Psychology*, 79, 441-453.
Hofvander, B., Delorme, R., Chaste, P., Nydén, A., Wentz, E., Stahlberg, O., Herbrecht, E., Stopin, A., Anckarsäter, H., Gillberg, C., Rastam, M. & Leboyer, M. (2009). Psychiatric and psychosocial problems in adults with normal-intelligence autism spectrum disorders. *BioMed Central Psychiatry*, 9, 35.
Holtmann, M., Steiner, S., Hohmann, S., Poustka, L., Banaschewski, T. & Bölte, S. (2011). Neurofeedback in autism spectrum disorders. *Developmental Medicine & Child Neurology.* doi:10.1111/j.1469-8749.2011.04043.x.
Honaga, E., Ishii, R., Kurimoto, R., Canuet, L., Ikezawa, K., Takahashi, H., Nakahachi, T., Iwase, M., Mizuta, I., Yoshimine, T. & Takeda, M. (2010). Post-movement beta rebound abnormality as indicator of mirror neuron system dysfunction in autistic spectrum disorder: an MEG study. *Neuroscience Letters*, 478(3), 141–145.
Howlin, P., Gordon, R., Pasco, G., Wade, A. & Charman, T. (2007). The effectiveness of Picture Exchange Communication System (PECS) training for teachers of children with autism: A pragmatic, group randomised controlled trial. *Journal of Child Psychology and Psychiatry*, 48(5), 473–481.
Howlin, P., Goode, S., Hutton, J. & Rutter, M. (2004). Adult outcome for children with autism. *Journal of child psychology and psychiatry, and allied disciplines*, 45(2), 212–229.
Hultman, C., Sandin, S., Levine, S., Lichtenstein, P. & Reichenberg, A. (2010). Advancing paternal age and risk of autism: New evidence from a population-based study and a meta-analysis of epidemiological studies. *Molecular Psychiatry*, 16, 1203–1212.
Hviid, A., Stellfeld, M., Wohlfahrt, J. & Melbye, M. (2003). Association between thimerosal-containing vaccine and autism. *The Journal of the American Medical Association*, 290 (13), 1763–1766.
Jenny, B., Goetschel, P., Isenschmid, M. & Steinhausen, H. (2011). *KOMPASS – Kompetenztraining für Jugendliche mit Autismus-Spektrum-Störungen: Ein Praxishandbuch für Gruppen- und Einzelinterventionen.* Stuttgart: Kohlhammer.
Joseph, R., Keehn, B., Connolly, C., Wolfe, J. & Horowitz, T. (2009). Why is visual search superior in autism spectrum disorder? *Developmental Science*, 12(6), 1083–1896.
Kaminsky, L. & Dewey, D. (2001). Siblings relationships of children with autism. *Journal of Autism and Developmental Disorders*, 31(4), 399–410.
Kamio, Y., Inada, N. & Koyama, T. (2013). A nationwide survey on quality of life and associated factors of adults with high-functioning autism spectrum disorders. *Autism: the international journal of research and practice*, 17(1), 15–26. doi:10.1177/1362361312436848.
Kanfer, F., Reinecker H. & Schmelzer D. (2006). *Selbstmanagement-Therapie.* Heidelberg: Springer.
Kanner, L. (1943). Autistic disturbances of affective contact. *Nervous Child*, 2, 217–250.

Kasari, C., Freeman, S. & Paparella, T. (2006). Joint attention and symbolic play in young children with autism: a randomized controlled intervention study. *Journal of Child Psychology and Psychiatry*, 47(6), 611–620. doi:10.1111/j.1469-7610.2005.01567.x.

Kasari, C., Gulsrud, A., Freeman, S., Paparella, T. & Hellemann, G. (2012). Longitudinal follow-up of children with autism receiving targeted interventions on joint attention and play. *Journal of the American Academy of Child and Adolescent Psychiatry*, 51(5), 487–495. doi:10.1016/j.jaac.2012.02.019.

Kendall, T., Megnin-Viggars, O., Gould, N., Taylor, C., Burt, L. R. & Baird, G. (2013). Management of autism in children and young people: summary of NICE and SCIE guidance. *BMJ (Clinical research ed.)*, 347, f4865.

Kim, J., Wingram, T. & Gold, C. (2008). The effects of improvisational music therapy on joint attention behaviors in autistic children: A randomized controlled study. *Journal of Autism and Developmental Disorders*, 38(9), 1758–1766.

Kitzerow, J., Wilker, C., Teufel, K., Soll, S., Schneider, M., Westerwald, E., Sachse, M., Marinovic, V., Berndt, K., Valerian, J., Feineis-Matthews, S. & Freitag, C. M. (2014). Das Frankfurter Frühinterventionsprogramm (FFIP) für Vorschulkinder mit Autismus-Spektrum-Störungen (ASS): Erste Ergebnisse zur Sprachentwicklung. *Kindheit und Entwicklung*, 23(1), 34–41.

Knott, F., Lewis, C. & Williams, T. (2007). Sibling interaction of children with autism: development over 12 months. *Journal of Autism and Developmental Disorders*, 37, 1987–1995.

Koegel, R. L., Koegel, L. K. & McNerney, E. K. (2001). Pivotal areas in intervention for autism. *Journal of Clinical Child Psychology*, 30(1), 19–32.

Krishnaswami, S., McPheeters, M. L. & Veenstra-Vanderweele, J. (2011). A systematic review of secretin for children with autism spectrum disorders. *Pediatrics*, 127(5), e1322-5. doi:10.1542/peds.2011-0428.

Landa, R. J. & Garett-Meyer, E. (2006). Development in infants with autism spectrum disorders: A prospective study. *Journal of child psychology and psychiatry, and allied disciplines*, 47(6), 629–638.

Landa, R. J., Holman K. C., O'Neill, A. & Stuart, E. (2011). Intervention targeting development of socially synchronous engagement in toddlers with autism spectrum disorder: a randomized controlled trial. *Journal of Child Psychology and Psychiatry*, 52(1), 13–21.

Lazarus, R. S. & Folkman, S. (1984). *Stress, appraisal, and coping*. New York: Springer.

Lechman, K., Diepers-Pérez, I., Grass, H. & Pfeiffer F. (2009). Das Picture Exchange Communication System (PECS). In S. Bölte (Hrsg.), *Autismus. Spektrum, Ursachen, Diagnostik, Intervention, Perspektiven* (S. 375–386). Bern: Hans Huber Hogrefe AG.

Leekam, S., Nieto, C., Libby, S., Wing, L. & Gould, J. (2007). Describing the sensory abnormalities of children and adults with autism. *Journal of Autism and Developmental Disorders*, 37, 894–910.

Lemonnier, E., Degrez, C., Phelep, M., Tyzio, R., Josse, F., Grandgeorge, M., Hadjikhani, N. & Ben-Ari, Y. (2012). A randomised controlled trial of bumetanide in the treatment of autism in children. *Translational Psychiatry*, 2(12). e202–. doi:10.1038/tp.2012.124.

Leyfer, O. T., Folstein, S. E., Bacalman, S., Davis, N. O., Dinh, E., Morgan, J., Tager-Flusberg, H. & Lainhart, J. E. (2006). Comorbid psychiatric disorders in children with autism: interview development and rates of disorders. *Journal of Autism and Developmental Disorders*, 36(7), 849–861. doi:10.1007/s10803-006-0123-0.

Lichtenstein, P., Carlström, E., Rastam, M., Gillberg, C. & Anckarsäter, H. (2010). The genetics of autism spectrum disorders and related neuropsychiatric disorders in childhood. *The American journal of psychiatry*, 167(11), 1357–1363. doi:10.1176/appi.ajp.2010.10020223.

Lobato, D., Faust, D. & Spirito, A. (1988). Examining the effects of chronic disease and disability on children's sibling relationships. *Journal of Pediatric Psychology*, 13, 389–407.

Lofthouse, N., Hendren, R., Hurt, E., Arnold, L. E. & Butter, E. (2012). A Review of complementary and alternative treatments for autism spectrum disorders. *Autism Research and Treatment*, 870391. doi:10.1155/2012/870391.

Lopez, B. R., Lincoln, A. J., Ozonoff, S. & Lai, Z. (2005). Examining the relationship between executive functions and restricted, repetitive symptoms of Autistic Disorder. *Journal of Autism and Developmental Disorders, 35*(4), 445–460.

Lovaas, O. (1981). *Teaching developmentally disabled children: The me book.* Austin, TX: Pro-Ed.

Magiati, I., Charman T. & Howlin, P. (2007). A two-year prospective follow-up study of community based early intensive behavioral intervention. *Journal of Child Psychology and Psychiatry, 48,* 803–812.

Magiati, I., Moss, J., Charman, T. & Howlin, P. (2011). Patterns of change in children with Autism Spectrum Disorders who received community based comprehensive interventions in their pre-school years: a seven year follow-up study. *Research in Autism Spectrum Disorders, 5*(3), 1016–1027.

Mascha, K. & Boucher, J. (2006). Preliminary investigation of a qualitative method of examining siblings' experience of living with a child with ASD. *The Bristish Journal of Developmental Disabilities, 52,* 19–28.

Mattila, M.-L., Hurtig, T., Haapsamo, H., Jussila, K., Kuusikko-Gauffin, S., Kielinen, M., Linna, S.-L., Ebeling, H., Bloigu, R., Joskitt, L., Pauls, D. L. & Moilanen, I. (2010). Comorbid psychiatric disorders associated with Asperger Syndrome/High Functioning Autism: A community- and clinic-based study. *Journal of Autism and Developmental Disorders, 40,* 1080–1093.

Mazefsky, C. A., Conner, C. M. & Oswald, D. P. (2010). Association between depression and anxiety in high-functioning children with autism spectrum disorders and maternal mood symptoms. *Autism research: official journal of the International Society for Autism Research, 3*(3), 120–127. doi:10.1002/aur.133.

Mazurek, M. & Kanne, S. (2010). Friendship and internalizing symptoms among children and adolescents with ASD. *Journal of Autism and Developmental Disorders, 40,* 1512–1520.

Mc Hale, S., Sloan, J. & Simeonsson, R. (1986). Sibling relationships of children with autistic, mentally retarded, and nonhandicapped brothers and sisters. *Journal of Autism and Developmental Disorders, 16,* 399–413.

McAfee, J. L. (2002). *Navigating the social world. A curriculum for individuals with Asperger`s Syndrome, High Functioning Autism and Related Disorders.* Arlington, TX: Future Horizons, Inc.

McConachie, H. & Diggle, T. (2007). Parent implemented early intervention for young children with autism spectrum disorder: a systematic review. *Journal of Evaluation in Clinical Practice, 13,* 120–129.

McConnell, S. (2002). Interventions to facilitate social interaction for young children with autism: review of available research and recommendations for educational intervention and future research. *Journal of Autism and Developmental Disorders, 32,* 351–371.

Meltzoff, A. & Moore M. (1989). Imitation in newborn infants. Exploring the range of gestures imitated and the underlying mechanisms. *Developmental Psychology, 25,* 954–962.

Millward, C., Ferriter, M., Calver, S. & Connell-Jones, G. (2008). Gluten- and casein-free diets for autistic spectrum disorder. *Cochrane Database of Systematic Reviews, 16*(2). doi: 10.1002/14651858.CD003498.pub3.

Miyahara, M. (2013). Meta review of systematic and meta analytic reviews on movement differences, effect of movement based interventions, and the underlying neural mechanisms in autism spectrum disorder. *Frontiers in integrative neuroscience, 7,* 16. doi:10.3389/fnint.2013.00016.

Moll, H. & Meltzoff, A. N. (2011). How does it look? Level 2 perspective-taking at 36 months of age. *Child Development, 82*(2), 661–673.

Mosconi, M. W., Cody-Hazlett, H., Poe, M. D., Gerig, G., Gimpel-Smith, R. & Piven, J. (2009). Longitudinal study of amygdala volume and joint attention in 2- to 4-year-old children with autism. *Archives of general psychiatry, 66*(5), 509–516. doi:10.1001/archgenpsychiatry.2009.19.

Mottron, L. & Burack J. (2001). Enhanced perceptual functioning in the development of autism. In J. Burack, T. Charman, N. Yirmiya & P. Zelazo (Hrsg.), *The development of autism: Perspectives from theory and research* (S. 131–148). Mahwah, NJ: Erlbaum.

Mottron, L., Dawson, M., Soulières, I., Hubert, B. & Burack, J. (2006). Enhanced perceptual functioning in autism: An update and eight principles of autistic perception. *Journal of Autism and Developmental Disorders, 36*(1), 27–43.

Mouridsen, S., Rich, B. & Isager, T. (2011). A longitudinal study of epilepsy and other central nervous system diseases in individuals with and without a history of infantile autism. *Brain and Development, 33*(5), 361–366.

Mundy, P., Block, J., Delgado, C., Pomares, Y., van Hecke, A. V. & Parlade, M. V. (2007). Individual differences and the development of joint attention in infancy. *Child development, 78*(3), 938–954. doi:10.1111/j.1467-8624.2007.01042.x.

Nazarali, N., Glazebrook, C. & Elliott, D. (2009). Movement, planning and reprogramming in individuals with autism. *Journal of Autism and Developmental Disorders, 39*(10), 1401–1411.

Nickl-Jockschat, T., Habel, U., Michel, T. M., Manning, J., Laird, A. R., Fox, P. T., Schneider, F. & Eickhoff, S. B. (2012). Brain structure anomalies in autism spectrum disorder-a meta-analysis of VBM studies using anatomic likelihood estimation. *Human Brain Mapping, 33*, 1470–1489.

Oosterling, I., Visser, J., Swinkels S., Rommelse, N., Donders, R., Woudenberg, T., Roos, S., van der Gaag, R. & Buitelaar, J. (2010). Randomized controlled trial of the Focus Parent Training for toddlers with autism: 1-year outcome. *Journal of Autism and Developmental Disorders, 40*, 1447–1458.

Orsmond, G. I., Kuo, H. & Seltzer, M. (2009). Siblings of individuals with an autism spectrum disorder: Sibling relationships and wellbeing in adolescence and adulthood. *Autism, 13*, 58–80.

Osterling, J. & Dawson, G. (1994). Early recognition of children with autism: A study of first birthday home videotapes. *Journal of Autism and Developmental Disorders, 24*, 247–257.

Ozonoff, S., Pennington, B. F. & Rogers, S. J. (1991). Executive function deficits in high-functioning autistic individuals: relationship to theory of mind. *Journal of child psychology and psychiatry, and allied disciplines, 32*(7), 1081–1105.

Ozonoff, S., Cook, I., Coon, H., Dawson, G., Joseph, R. M., Klin, A., McMahon, W. M., Minshew, N., Munson, J. A., Pennington, B. F., Rogers, S. J., Spence, M. A., Tager-Flusberg, H., Volkmar, F. R. & Wrathall, D. (2004). Performance on Cambridge Neuropsychological Test Automated Battery subtests sensitive to frontal lobe function in people with autistic disorder: evidence from the Collaborative Programs of Excellence in Autism network. *Journal of Autism and Developmental Disorders, 34*(2), 139–150.

Panerai, S., Zingale, M., Trubia, G., Finocchiaro, M., Zuccarello, R., Ferri, R. & Elia, M. (2009). Special Education Versus Inclusive Education: The Role of the TEACCH Program. *Journal of Autism and Developmental Disorders, 39*(6), 874–882. doi:10.1007/s10803-009-0696-5.

Parsons, S. & Mitchell, P. (2002). The potential of virtual reality in social skills training for people with autistic spectrum disorders. *Journal of Intellectual Disability Research, 46*, 430–443.

Paul, R., Augustyn, A., Klin, A. & Volkmar, F. R. (2005). Perception and production of prosody by speakers with autism spectrum disorders. *Journal of Autism and Developmental Disorders, 35*(2), 205–220.

Petalas, M. A., Hastings, R. P., Nash, S., Reilly, A. & Dowey, A. (2012). The perceptions and experiences of adolescent siblings who have a brother with autism spectrum disorder. *Journal of Intellectual and Developmental Disability, 37*(4), 303–314.

Philip, R., Dauvermann, M., Whalley, H., Baynham, K., Lawrie, S. & Stanfield, A. (2012). A systematic review and meta-analysis of the fMRI investigation of autism spectrum disorders. *Neuroscience and Biobehavioral Reviews, 36*, 901–942.

Pierce, K., Conant, D., Hazin, R., Stoner, R. & Desmond, J. (2011). Preference for geometric patterns early in life as a risk factor for autism. *Archives of general psychiatry, 68*(1), 101–109.

Pillay, M., Alderson-Day, B., Wright, B., Williams, C. & Urwin, B. (2011). Autism Spectrum Conditions-enhancing Nuture and Development (ASCEND): An evaluation of intervention support groups for parents. *Clinical Child Psychology and Psychiatry, 16*, 5–20.

Pineda, J.A., Brang, D., Hecht, E., Edwards, L., Carey, S., Bacon, M., Futagaki, C., Suk, D., Tom, J. B. C. & Rork, A. (2008). Positive behavioral and electrophysiological changes following neurofeedback training in children with autism. *Research in Autism Spectrum Disorders, 2*(3), 557–581.

Pinto, D., Pagnamenta, A. T., Klei, L., Anney, R., Merico, D., Regan, R., Conroy, J., Magalhaes, T. R., Correia, C., Abrahams, B. S., Almeida, J., Bacchelli, E., Bader, G. D., Bailey, A. J., Baird, G., Battaglia, A., Berney, T., Bolshakova, N., Bölte, S., Bolton, P. F., Bourgeron, T., Brennan, S., Brian, J., Bryson, S. E., Carson, A. R., Casallo, G., Casey, J., Chung, Brian H Y, Cochrane, L., Corsello, C., Crawford, E. L., Crossett, A., Cytrynbaum, C., Dawson, G., Jonge, M. de, Delorme, R., Drmic, I., Duketis, E., Duque, F., Estes, A., Farrar, P., Fernandez, B. A., Folstein, S. E., Fombonne, E., Freitag, C. M., Gilbert, J., Gillberg, C., Glessner, J. T., Goldberg, J., Green, A., Green, J., Guter, S. J., Hakonarson, H., Heron, E. A., Hill, M., Holt, R., Howe, J. L., Hughes, G., Hus, V., Igliozzi, R., Kim, C., Klauck, S. M., Kolevzon, A., Korvatska, O., Kustanovich, V., Lajonchere, C. M., Lamb, J. A., Laskawiec, M., Leboyer, M., Le Couteur, A., Leventhal, B. L., Lionel, A. C., Liu, X.-Q., Lord, C., Lotspeich, L., Lund, S. C., Maestrini, E., Mahoney, W., Mantoulan, C., Marshall, C. R., McConachie, H., McDougle, C. J., McGrath, J., McMahon, W. M., Merikangas, A., Migita, O., Minshew, N. J., Mirza, G. K., Munson, J., Nelson, S. F., Noakes, C., Noor, A., Nygren, G., Oliveira, G., Papanikolaou, K., Parr, J. R., Parrini, B., Paton, T., Pickles, A., Pilorge, M., Piven, J., Ponting, C. P., Posey, D. J., Poustka, A., Poustka, F., Prasad, A., Ragoussis, J., Renshaw, K., Rickaby, J., Roberts, W., Roeder, K., Roge, B., Rutter, M. L., Bierut, L. J., Rice, J. P., Salt, J., Sansom, K., Sato, D., Segurado, R., Sequeira, A. F., Senman, L., Shah, N., Sheffield, V. C., Soorya, L., Sousa, I., Stein, O., Sykes, N., Stoppioni, V., Strawbridge, C., Tancredi, R., Tansey, K., Thiruvahindrapduram, B., Thompson, A. P., Thomson, S., Tryfon, A., Tsiantis, J., van Engeland, H., Vincent, J. B., Volkmar, F., Wallace, S., Wang, K., Wang, Z., Wassink, T. H., Webber, C., Weksberg, R., Wing, K., Wittemeyer, K., Wood, S., Wu, J., Yaspan, B. L., Zurawiecki, D., Zwaigenbaum, L., Buxbaum, J. D., Cantor, R. M., Cook, E. H., Coon, H., Cuccaro, M. L., Devlin, B., Ennis, S., Gallagher, L., Geschwind, D. H., Gill, M., Haines, J. L., Hallmayer, J., Miller, J., Monaco, A. P., Nurnberger, J. I., Paterson, A. D., Pericak-Vance, M. A., Schellenberg, G. D., Szatmari, P., Vicente, A. M., Vieland, V. J., Wijsman, E. M., Scherer, S. W., Sutcliffe, J. S. & Betancur, C. (2010). Functional impact of global rare copy number variation in autism spectrum disorders. *Nature, 466*(7304), 368–372. doi:10.1038/nature09146.

Probst, P. (2003). Entwicklung und Evaluation eines psychoedukativen Elterngruppen-Trainingsprogramms für Familien mit autistischen Kindern. *Praxis Kinderpsychologie und Kinderpsychiatrie, 52*, 473–490.

Reichow, B., Steiner, A. & Volkmar, F. (2012). Social skills groups for people aged 6 to 21 with autism spectrum disorders (asd). *The Cochrane Library, 7*, http://www.thecochranelibrary.com.

Reichow, B., Barton, E. E., Boyd, B. A. & Hume, K. (2012). Early intensive behavioral intervention (EIBI) for young children with autism spectrum disorders (ASD). *The Cochrane database of systematic reviews, 10*, CD009260. doi:10.1002/14651858.CD009260.pub2.

Remschmidt, H., Schmidt, M. & Poustka, F. (2001). *Multiaxiales Klassifikationsschema für psychische Störungen des Kindes- und Jugendalters nach ICD-10 der WHO.* (4. Aufl.). Bern: Hans Huber.

Rodrigue, J., Morgan, S. & Geffken, G. (1990). Families of autistic children: psychological functioning of mothers. *Journal of Clinical Child Psychology, 19*(4), 371–379.

Roeyers, H. (1996). The influence of nonhandicapped peers on the social interactions of children with a pervasive developmental disorder. *Journal of Autism and Developmental Disorders, 26*(3), 303–320.

Rogers, S. (2000). Interventions that facilitate socialization in children with autism. *Journal of Autism and Developmental Disorders, 30*(5), 399–409.

Rogers, S. J. & Dawson G. (Hrsg.). (2010). *Early Start Denver Model for young children with autism: Promoting language, learning & engagement.* New York: The Guilford Press.

Rogers, S. J., Hepburn, S. L., Stackhouse, T. & Wehner, E. (2003). Imitation performance in toddlers with autism and those with other developmental disorders. *Journal of child psychology and psychiatry, and allied disciplines, 44*(5), 763–781.

Ross, P. & Cuskelly, M. (2006). Adjustment, sibling problems and coping strategies of brothers and sisters of children with autistic spectrum disorders. *Journal of Intellectual and Developmental Disability, 31*(2), 77–86.

Rühl, D., Bölte, S., Feineis-Matthews, S. & Poustka, F. (2004). *Diagnostische Beobachtungsskala für autistische Störungen (ADOS).* Bern: Huber.

Russell, J. (1998). *Autism as an executive disorder.* Oxford: Oxford University Press.

Sachse, M., Schlitt, S., Hainz, D., Ciaramidaro, A., Schirman, S., Walter, H., Poustka, F., Bölte, S. & Freitag. C. M. (2013). Executive and visuo-motor function in adolescents and adults with autism spectrum disorder. *Journal of Autism and Developmental Disorders, 43*(5), 1222–1235.

Sanders, M., Mazzucchelli, T. & Studman, L. (2003). *Practitioner's Manual for standard Stepping Stones Triple P.* Brisbane: Triple P International Pty. Ltd.

Schirmer, B. (Hrsg.). (2005). *Psychotherapie und Autismus.* Tübingen: DGVT-Verlag.

Schlosser, R.W. & Wendt, O. (2008). Effects of augmentative and alternative communication intervention on speech production in children with autism: A systematic review. *American Journal of Speech-Language Pathology, 17*, 212–230.

Schneewind, K. & Berkic, J. (2007). Stärkung von Elternkompetenzen durch primäre Prävention: Eine Unze Prävention wiegt mehr als ein Pfund Therapie. *Praxis Kinderpsychologie und Kinderpsychiatry, 56*, 643–659.

Schonauer, K., Klar, M., Kehrer, H. & Arolt, V. (2001). Lebenswege frühkindlicher Autisten im Erwachsenenalter. *Fortschritte der Neurologie - Psychiatrie, 69*, 221–235.

Schopler, E. & Mesibov, G. (Hrsg.). (1988). *Diagnosis and Assessement in Autism.* New York: Plenum Press.

Schopler, E. & Mesibov, G. (Hrsg.). (1992). *High-functioning individuals with autism.* New York: Plenum Press.

Schreibman, L. (2000). Intensive behavioral/psychoeducational treatments for autism: research needs and future directions. *Journal of Autism and Developmental Disorders, 30*(5), 373–378.

Schuntermann, P. (2007). The sibling experience: Growing up with a child who has pervasive developmental disorder or mental retardation. *Harvard Review of Psychiatry, 15*(3), 93–108.

Scott-Van Zeeland, A., Dapretto, M., Ghahremani, D., Poldrack, R. & Bookheimer, S. (2010). Reward processing in autism. *Autism Research, 3*(2), 53–67.

Shah, A. & Frith, U. (1993). Why do autistic individuals show superior performance on the Block Design Task? *Journal of Child Psychology and Psychiatry, 34*(8), 1352–1364.

Shattuck, P., Mailick Seltzer, M., Greenberg, J., Orsmond, G. I., Bolt, D., Kring, S., Lounds, J. & Lord, C. (2007). Change in autism symptoms and maladaptive behaviors in adolescents and adults with autism spectrum disorders. *Journal of Autism and Developmental Disorders, 37*, 1735–1747.

Silva, L. & Schalock, M. (2012). Autism Parenting Stress Index: Initial psychometric evidence. *Journal of Autism and Developmental Disorders, 42*(4), 566–574.

Siman-Tov, A. & Kaniel, S. (2011). Stress and Personal Ressource as Predictors of the Adjustment of Parents to Autistic Children: A Multivariate Model. *Journal of Autism and Developmental Disorders, 41*, 879–890.

Simonoff, E. (1998). Genetic counseling in autism and developmental disorders. *Journal of Autism and Developmental Disorders, 28*, 447–456.

Simonoff, E., Jones, C., Baird, G., Pickles, A., Happé, F. & Charman, T. (2013). The persistence and stability of psychiatric problems in adoscents with autism spectrum disorders. *Journal of Child Psychology and Psychiatry, 54*(2), 186–194.

Simonoff, E., Pickles, A., Charman, T., Chandler, S., Loucas, T. & Baird, G. (2008). Psychiatric disorders in children with autism spectrum disorders: Prevalence, comorbidity and associated factors in a population-derived sample. *Journal of the American Academy of Child and Adolescent Psychiatry, 47*, 921–929.

Sinha, Y., Silove, N., Hayen, A. & Williams, K. (2011). Auditory integration trainig and other sound therapies for autism spectrum disorders (ASD). *Cochrane Database of Systematic Reviews, 12*.

Sinzig, J., Morsch, D., Bruning, N., Schmidt, M. H. & Lehmkuhl, G. (2008). Inhibition, flexibility, working memory and planning in autism spectrum disorders with and without comorbid ADHD-symptoms. *Child and adolescent psychiatry and mental health, 2*(1), 4. doi:10.1186/1753-2000-2-4.

Sivertsen, B., Posserud, M. B., Gillberg, C., Lundervold, A. J. & Hysing, M. (2011). Sleep problems in children with autism spectrum problems: a longitudinal population-based study. *Autism, 16*(2), 139–150.

Smalley, S., Loo, S., Yang, M. & Cantor, R. (2005). Toward localizing genes underlying cerebral asymmetry and mental health. *American Journal of Medical Genetics, Part B, Neuropsychiatric Genetics, 135*, 79–84.

Smeeth, L., Cook, C., Fombonne, E., Heavey, L., Rodriques, L., Smith, P. & Hall A.J. (2004). MMR vaccination and pervasive developmental disorders: a case-control study. *Lancet, 364*, 963–969.

Smith, L., Greenberg, J. & Mailick, M. (2012). Adults with autism: outcomes, family effects, and the multi-family group psychoeducation model. *Current Psychiatry Reports, 14*, 732–738.

Stanfield, A., McIntosh, A., Spencer, M., Philip, R., Gaur, S. & Lawrie, S. (2008). Towards a neuroanatomy of autism: a systematic review and meta-analysis of structural magnetic resonance imaging studies. *Europian psychiatry, 23*(4), 289–299.

Sterling, L., Dawson, G., Estes, A. & Greenson, J. (2008). Characteristics associated with presence of depressive symptoms in adults with autism spectrum disorder. *Journal of Autism and Developmental Disorders, 38*(6), 1011–1018.

Stewart, M., Barnard, L., Pearson, J., Hasan, R. & O'Brien, G. (2006). Presentation of depression in autism and Asperger syndrome: a review. *Autism, 10*(1), 103–116.

Stichter, J., Herzog, M., Visovsky, K., Schmidt, C., Randolph, J., Schultz, T. & Gage, N. (2010). Social competence intervention for youth with Asperger Syndrome and HFA: An initial investigation. *Journal of Autism and Developmental Disorders, 40*(9), 1067–1079.

Stoneman, Z. (2005). Siblings of children with disabilities: research themes. *Mental retardation, 43*(5), 339–350. doi:10.1352/0047-6765(2005)43[339:SOCWDR]2.0.CO;2.

Strain, P. & Danko, C. (1995). Caregivers' encouragement of positive interaction between preschoolers with autism and their siblings. *Journal of Emotional and Behavioral Disorders, 3*(1), 2–12.

Strang, J., Kenworthy, L., Daniolos, P., Case, L., Wills, M., Martin, A. & Wallace, G. (2012). Depression and Anxiety Symptoms in Children and Adolescents with Autism Spectrum Disorders without Intellectual Disability. *Research in Autism Spectrum Disorders, 6*(1), 406–412.

Sukhodolsky, D.G., Bloch, M., Panza, K. & Reichow, B. (2013). Cognitive-Behavioral Therapy for Anxiety in Children with High-Functioning Autism: A Meta-analysis. *Pediatrics, 132*(5), e1341–e1350.

Sukhodolsky, D. G., Scahill, L., Gadow, K. D., Arnold, L. E., Aman, M. G., McDougle, C. J., McCracken, J. T., Tierney, E., Williams White, S., Lecavalier, L. & Vitiello, B. (2008). Parent-rated anxiety symptoms in children with pervasive developmental disorders: frequency and association with core autism symptoms and cognitive functioning. *Journal of Abnormal Child Psychology, 36*(1), 117–128. doi:10.1007/s10802-007-9165-9.

Tecchio, F., Benassi, F., Zappasodi, F., Gialloreti, L. E., Palermo, M., Seri, S. & Rossini, P. M. (2003). Auditory sensory processing in autism: a magnetoencephalographic study. *Biological psychiatry, 54*(6), 647–654.

Toth, K., Munson, J., Meltzoff, A. N. & Dawson, G. (2006). Early predictors of communication development in young children with autism spectrum disorder: joint attention, imitation, and toy play. *Journal of Autism and Developmental Disorders, 36*(8), 993–1005. doi:10.1007/s10803-006-0137-7.

Trevarthen, C. & Delafield-Butt, J. T. (2013). Autism as a developmental disorder in intentional movement and affective engagement. *Frontiers in integrative neuroscience*, 7, 49. doi:10.3389/fnint.2013.00049.

van Bourgondien, M., Reichle, N.C. & Schopler, E. (2003). Effects of a model treatment approach on adults with autism. *Journal of Autism and Developmental Disorders*, 33(2), 131–140.

Verté, S., Roeyers, H. & Buysse, A. (2003). Behavioral problems, social competence and self-concept in siblings of children with autism. *Child: Care, Health and Development*, 29(3), 193–205.

Weiss, J., Cappadocia M.C., MacMullin J.A., Viecili M. & Lunsky Y. (2012). The impact of child problem behaviors of children with ASD on parental mental health: the mediating role of acceptance and empowerment. *Autism*, 16(3), 261–274.

Weiss, J. & Lunsky, Y. (2010). Group cognitive behaviour therapy for adults with Asperger Syndrome and anxiety and mood disorder: A case series. *Clinical Psychology and Psychotherapy*, 17, 438–446.

Whittingham, K., Sofronoff, K., Sheffield, J. & Sanders, M. (2009). Stepping Stones Triple P: An RCT of a parenting program with parents of a child diagnosed with an autism spectrum disorder. *Journal of Abnormal Child Psychology*, 37, 469–480.

Williams, J., Whiten, A. & Singh, T. (2004). A systematic review of action imitation in autistic spectrum disorder. *Journal of Autism and Developmental Disorders*, 34(3), 285–299.

Williams White, S., Koenig, K. & Scahill, L. (2007). Social Skills Development in Children with Autism Spectrum Disorders: A review of the intervention research. *Journal of Autism and Developmental Disorders*, 37, 1858–1868.

Wing, L. (1988). The continuum of the autistic characteristics. In E. Schopler & G. Mesibov (Hrsg.), *Diagnosis and Assessement in Autism*. New York: Plenum Press.

Wing, L. (1992). Manifestations of social problems in high-functioning autistic people. In E. Schopler & G. Mesibov (Hrsg.), *High-functioning individuals with autism* (S. 129–142). New York: Plenum Press.

Wing, L. & Gould, J. (1979). Severe impairments of social interaction and associated abnormalities in children: epidemiology and classification. *Journal of Autism and Developmental Disorders*, 9, 11–29.

Wright, B., Sims, D., Smart, S., Alwazeer, A., Alderson-Day, B., Allgar, V., Whitton, C., Tomlinson, H., Bennett, S., Jardine, J., McCaffrey, N., Leyland, C., Jakeman, C. & Miles, J. (2011). Melatonin versus placebo in children with autism spectrum conditions and severe sleep problems not amenable to behaviour management strategies: a randomised controlled crossover trial. *Journal of Autism and Developmental Disorders*, 41(2), 175–184. doi:10.1007/s10803-010-1036-5.

Zipfinger, M., Cordes, R. & Cordes, H. (2014). Evaluation des Bremer Elterntrainingprogramms (BET): Elternstress und Kompetenzentwicklung. In Wissenschaftliche Gesellschaft Autismus Spektrum (Hrsg.), *7. Wissenschaftliche Tagung Autismus-Spektrum* (S. 35). Frankfurt/M.: WTAS.

Stichwortverzeichnis

A

Aktivitäts- und Aufmerksamkeitsstörung 20, 48
Anfangsrunde 68
Angststörungen 20–21

B

Bumetanid 50

D

Depression 20–21
Diäten 49
DSM-5 17, 19

E

EEG 50
Emotionserkennung 23, 32, 40
Epilepsie 20, 22

F

Flexibilität 25
Frühgeburtlichkeit 31

G

geistige Behinderung 24
Geschwisterforschung 56, 59

H

humangenetische Diagnostik 22

I

ICD-10 17, 19
Impfungen 32
Integrationshelfer 39, 124, 127

K

Krankheitskonzept 58

M

Magen-Darm-Erkrankung 33
Medikation
– Atypische Neuroleptika 48
– Melatonin 48–49
– Methylphenidat 21
– SSRI 21
Mutationen 30

O

Oxytocin 49

P

psychisches Befinden der Eltern 45, 54
psychosoziale Situation 34

R

Randomisiert-kontrollierte Studien 36

S

Savants 24
Schlafstörungen 48
Schwangerschaft 31

T

Theory of Mind 26
Therapie 119
– ABA 38
– EIBI 39
– Elterntraining 43
– Ergotherapie 23

- FFIP 39
- Frühförderung 28, 38
- Gruppentherapie 26, 40
- kognitive Verhaltenstherapie 21
- PECS 42
- TEACCH 41
- Therapieziele 27–29, 37

Transferaufgaben 73

W

Wahrnehmung 23–24

Z

zentrale Kohärenz 24
Zwangsstörungen 21

Jed Baker

Soziale Foto-Geschichten für Kinder mit Autismus

Visuelle Hilfen zur Vermittlung von Spiel, Emotion und Kommunikation

2014. XXIX, 185 Seiten mit 220 Abb. und 1 Tab. Kart.
€ 49,99
ISBN 978-3-17-024215-9

Mithilfe von Foto-Geschichten, die eine große Bandbreite sozialer Alltagssituationen abbilden, können Kinder mit Autismus-Spektrum-Störungen und verwandten Entwicklungsstörungen angemessenes soziales Verhalten erlernen. Die Foto-Geschichten, die „richtiges" und „falsches" Verhalten und dessen Folgen anschaulich darstellen, bilden ein geeignetes und beliebtes Instrument in der Therapie von Autismus-Betroffenen. Anhand der Bilderstrecken und angeleitetem Rollenspiel können autistische Kinder sozial adäquates Verhalten verstehen und üben lernen.

Bearbeitet und mit einem Vorwort von Vera Bernard-Opitz (Assoc. Prof. NUS), Klinische Psychologin, Verhaltenstherapeutin und BCBA-D (Board Certified Behavior Analyst-Doctorate). Sie arbeitet als Autorin, Supervisorin und Herausgeberin einer Autismuszeitschrift.

Leseproben und weitere Informationen unter www.kohlhammer.de

Vera Bernard-Opitz

Kinder mit Autismus-Spektrum-Störungen (ASS)

Ein Praxishandbuch für Therapeuten, Eltern und Lehrer

3., überarb. und erw. Auflage 2015. 296 Seiten mit 58 Abb. Kart.
€ 39,99
ISBN 978-3-17-022465-0

Was sind Autismus-Spektrum-Störungen (ASS) und wie werden sie erfolgreich behandelt? Diese häufig von Eltern, Therapeuten und Lehrern gestellte Frage beantwortet dieses Praxishandbuch, das auf dem aktuellen internationalen Wissensstand von Diagnose und Therapie von Kindern mit autistischem Verhalten beruht. Anschaulich zeigt die Autorin konkrete Schritte zum Abbau von Verhaltensproblemen und zur Entwicklung kognitiver, sozialer und kommunikativer Fähigkeiten auf. In ausführlichen Übungssequenzen stellt sie etablierte wie neue Trainingsmethoden (Präzisionslernen, diskretes Lernen, TEACCH, erfahrungsorientiertes Lernen) im Detail vor, die sich auch in der Familie zu Hause praktizieren lassen. Die 3. Auflage bietet eine Erweiterung der Lernaufgaben, ein Update der Literatur sowie Hinweise auf neue Lernmöglichkeiten durch Mobile Apps für iPad und Tablet-PC.

Leseproben und weitere Informationen unter www.kohlhammer.de

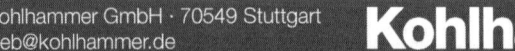

W. Kohlhammer GmbH · 70549 Stuttgart
vertrieb@kohlhammer.de

Kohlhammer